D0625318

*Amor de Don Perlimplín
con Belisa en su jardín*

Letras Hispánicas

Federico García Lorca

Amor de Don Perlimplín con Belisa en su jardín

Edición de Margarita Ucelay

QUINTA EDICIÓN

CATEDRA

LETRAS HISPANICAS

1.ª edición, 1990
5.ª edición, 2002

Ilustración de cubierta: *Florero y animal sobre el tejado,*
dibujo original de Federico García Lorca,
Nueva York, 1929-30.
Colección Carmen del Río de Piniés

© Herederos de Federico García Lorca
© Ediciones Cátedra (Grupo Anaya, S.A.), 1990, 2002
Juan Ignacio Luca de Tena, 15. 28027 Madrid
Depósito legal: M. 39.458-2002
ISBN: 84-376-0899-6
Printed in Spain
Impreso en Closas-Orcoyen, S.L.
Paracuellos de Jarama (Madrid)

Índice

INTRODUCCIÓN

*A la memoria de Laura de los Ríos
y Paco García Lorca*

Ni por un momento se debe considerar *Amor de Don Perlimplín con Belisa en su jardín* obra «menor» de Federico García Lorca. Se trata, sin lugar a duda, de una auténtica joya de nuestra literatura. Su brevedad no desdice de su calidad, pero ha sido causa de que ocupe una cierta posición marginal. Publicada a la sombra de las obras «mayores» del poeta, olvidada por el teatro profesional, sólo cuenta con un número reducido de estudios, en la inmensidad de la bibliografía lorquiana. Es, sin embargo, una creación clave. Apuntemos aquí solamente que es el ejemplo máximo del peso y presencia de la música en la obra dramática de Lorca.

Amor de Don Perlimplín fue publicada póstumamente en Buenos Aires (1938), en plena Guerra Civil, en circunstancias poco favorables para la comunicación. Este hecho justifica, hasta cierto punto, la existencia de variantes que se repiten hasta hoy, a través de las múltiples reimpresiones y que parecen acusar una superposición original de fuentes. Era necesaria, a nuestro modo de ver, una edición crítica que fijase el texto con exactitud.

Pero esta pequeña gran obra tuvo una historia complicada digna de contarse, porque aun antes de llegar a su estreno estuvo en serio riesgo de desaparición. Víctima de aparentes intrigas, pérdidas inexplicables de manuscritos sucesivos, fue incautada por la policía y retenida durante años acusada de inmoralidad. Quizá dediquemos aquí demasiadas páginas a su azarosa vida, pero somos ya pocos los que podemos dar testimonio de la pequeña historia de los teatros de cámara de entonces y del revuelo que produjo aquella prohibición. Por curiosidad hemos tratado de investigar a fondo la motivación de tal condena. Nuestras averiguaciones nos han llevado al más inesperado de los resultados, y creo que las causas de la intervención policial han quedado ya definitivamente establecidas, incluso justificadas.

Gracias a la inestimable ayuda de Isabel García Lorca, podemos incorporar aquí una importante serie de fragmentos o bocetos inéditos conservados en la Fundación García Lorca, que nos permiten seguir muy de cerca el proceso creativo del poeta, y que prestan un especial interés a esta edición. Mi agradecimiento a Isabel, amiga querida de muchos años, es igualmente extensivo a Manuel Fernández Montesinos. Ambos han facilitado en todo momento mi trabajo. En realidad, fueron ellos los que me alentaron a emprender la tarea.

Agradezco también la beca que me otorgó hace algún tiempo el Comité Conjunto Hispano-Norteamericano para Asuntos Educativos y Culturales, gracias a la cual pude, durante un invierno en Madrid, estudiar los desordenados papeles dejados por mi madre, logrando identificar entre ellos el texto que sirvió de base para la primera edición. Finalmente, reconozco mi deuda con Enrique Ucelay Da Cal, a quien debo la cuidadosa investigación y verificación de todo dato histórico aquí consignado.

PREHISTORIA: ALELUYAS DE DON PERLIMPLÍN

Antes de entrar en el estudio de la obra de Federico García Lorca, creeríamos oportuno exponer algunos datos que aclarasen la relación del personaje lorquiano con su homónimo y predecesor.

Intentaremos, pues, estudiar esta deuda con la literatura popular o infantil, concretamente con las aleluyas de Don Perlimplín, y señalar cómo en aquellas historias compuestas de toscos grabados y pareados grotescos supo el poeta intuir un inesperado fondo lírico y hacer un héroe altamente estilizado y trágico de un personaje ridículo, cuya vida y muerte era el regocijo de los niños.

Con tan débil material construyó Lorca una de las obras más profundamente poéticas de nuestro teatro. El conocimiento de estas aleluyas puede ayudarnos a seguir la transformación del Perlimplín tradicional en el protagonista de la farsa, y apreciar así la magia poética que implica la sublimación en lirismo de lo chabacano.

Las aleluyas

Expondremos, pues, a continuación unas breves notas históricas que nos expliquen qué son o, mejor dicho, qué fueron las aleluyas. Más de un erudito ha tropezado en la identificación de tal término[1]. No es mi intención, repito, hacer aquí un estudio detenido de las aleluyas, y por lo que respecta a las de Perlimplín, existe un excelente artículo sobre el particular de Helen Grant, al que refiero al interesado en el tema[2].

---

[1] Tal es el caso del excelente artículo de Francis Fergusson «Don Perlimplín: el teatro-poesía de Lorca» (traducido por Willa Elton e incluido en la colección de ensayos *Federico García Lorca,* editada por Ildefonso-Manuel Gil, Madrid, Taurus, 1973, págs. 175-186), que confunde dos cosas tan dispares como un «valentine» con una aleluya, es decir, un mensaje amoroso o declaración de amor tradicional del día de San Valentín de los países de habla inglesa, generalmente confeccionados en papel de encaje, estampas de colores, cintas, etc., con la vulgaridad de la literatura popular infantil anterior a los tebeos. Fergusson probablemente no es culpable de tal confusión que debió tomar de la traducción de *Amor de Don Perlimplín* por James Graham-Lujan y Richard L. O'Connell, *From Lorca's Theatre. Five Plays of Federico García Lorca,* Nueva York, New Directions, 1963, págs. 105-130, que traduce el subtítulo como «An Erotic Lace-Paper Valentine», corrigiendo así erróneamente una edición anterior (Nueva York, Scribners, 1941) que daba por subtítulo «An Erotic Allelujah», que resultaba incomprensible en inglés.

[2] Helen Grant, «Una aleluya erótica de Federico García Lorca y las aleluyas populares del siglo XIX», *Actas del Primer Congreso Internacional de Hispanistas,* Oxford, Dolphin Book, 1964, págs. 307-314. También «El mundo al revés», *Hispanic Studies in Honour of Joseph Manson,* 1972, páginas 119-137.

Para empezar, la palabra aleluya es de abolengo sagrado. Viene del compuesto hebreo *hallelú:* alabad, y *Yah,* abreviación de Yahvé. Significa, pues, literalmente, «alabad al Señor», y como expresión de júbilo pasó a la Iglesia, donde adquirió un desarrollo análogo al amén, empleándose con preferencia en el tiempo de Pascua. De este primitivo carácter sagrado surgen por analogía las distintas acepciones que, derivadas unas de otras, va adquiriendo el término, rebajando con cada una de ellas su alto significado original. Así, sucesivamente, se llamarán «aleluyas» a una humilde forma de literatura popular que más tarde se hace sólo infantil; más adelante se utiliza la expresión para identificar los versos pareados de arte menor, octosílabos de carácter vulgar; finalmente, la palabra queda convertida en sinónimo de la peor poesía, de versos ridículamente ripiosos.

Es curioso que en la obra de Lorca haya lugar para casi todas estas acepciones. Porque si el dístico octosilábico «Amor de Don Perlimplín / con Belisa en su jardín» es un perfecto ejemplo de «aleluya» en su doble significado peyorativo de forma poética menor y rima de sonsonete, no debemos olvidar que el milagro de la poesía, eleva a nuevas alturas esta «aleluya erótica» hasta conseguir un extraño regusto sagrado, en esa especie de ceremonia ritual del oscuro culto del amor-muerte que pone fin al conflicto.

En el *Diccionario de Autoridades* (1726-1739) encontramos detallado el nuevo significado que para entonces había adquirido la palabra: «Se llaman [aleluyas] las estampas de papel o vitela, que se arrojan en demostración de júbilo y alegría el Sábado Santo, al tiempo de cantarse la primera vez solemnemente por el Celebrante la Aleluya: y se les dio este nombre, porque en ellas está impresa o escrita la palabra Aleluya al pie de la Imagen, o Efigie que está dibujada en la estampa».

Deducimos de esta definición que en la fecha del *Diccionario de Autoridades,* esto es, en la primera mitad del siglo XVIII, no se conocía aún la acepción profana del término que pasa a ser general en el siglo XIX, y hasta diríamos 1936. Es decir, aleluyas, para los que fuimos niños antes de esta última fecha, eran por antonomasia los alegres pliegos de colores en que una serie de estampitas nos contaban lo mismo la historia de Don Barrigón que la del general Cataplún, o el Gran Turco Mustafá, o los héroes de Filipinas o los siete infantes de Lara. Literatura del cordel que podía adquirirse por una cantidad ínfima a la que naturalmente correspondía en calidad, pero que ponía al alcance de los niños todo un mundo de historias y personajes. Y aunque también podían contar vidas de santos, la religiosidad no era ya precisamente su carácter definitorio.

Podían adquirirse tradicionalmente en las droguerías, quizás porque las antiguas familias de impresores fueron a un tiempo grabadores y drogueros, pero colgadas de un clavo también iluminaban con sus colorines las puertas de las cacharrerías donde nunca faltaban, al igual que en los mercados, o en las ferias, siempre vendidas y pregonadas por los ciegos.

Pero entendámonos; si acabaron convirtiéndose en literatura infantil, no es que en su intención original estuvieran hechas para niños, sino que los niños al fin y a la postre se apoderaron del mercado. La repetición continua de las mismas planchas a través de los años les fue haciendo perder contacto con su público, gente sencilla de feria o mercado, para quienes las astucias de Bertoldo o las desgracias de Don Perlimplín, como cosa ya sabida, iban careciendo de interés. Pero esto no presentaba inconveniente alguno para los niños que seguían siendo atraídos por los disparates ingenuos, los crímenes y vulgaridades chocarreras que contaban las aleluyas, aunque las supiesen de memoria. Y si bien es cierto que durante el siglo XIX se lanzaron muchas series de intención didáctica —como abecedarios, por ejemplo— no fue éste su atractivo principal. El hecho es que para principios del siglo XX, antes de la aparición de los tebeos, se habían convertido en la literatura infantil por antonomasia.

En mis días, en Madrid, éstas no eran las aleluyas que, previamente recortadas, se arrojaban al paso de las procesiones en Semana Santa. Para este menester, se vendían otras en las puertas de las iglesias solamente en Pascua y de tema religioso. Naturalmente que eran más caras y más burguesas y nos parecían muy bonitas porque iban iluminadas en varios colores. Con ellas la Iglesia pretendía refrenar una tradición que, olvidada ya de su origen religioso, había permitido durante cerca de dos siglos arrojar en papelitos de colorines al Huerto de los Olivos, pongo por caso, la vida de Don Perlimplín o las astucias de Bertoldo.

Pero las aleluyas, religiosas y profanas, vinieron a desaparecer a un tiempo en 1936, en la conmoción que produjo la Guerra Civil. Aunque se intentó en tan triste ocasión utilizarlas como medio de propaganda política, no se consiguió hacerlas revivir.

Las aleluyas profanas castellanas, como hemos visto, no datan más allá de la segunda mitad del siglo XVIII (prescindimos de algún antecedente solamente aproximado, que recogen los estudiosos, de papelillos de colores ilustrados con versos o no, y arrojados en fiestas muy ocasionales). Esto es por lo que respecta a Castilla, porque la tradición en Cataluña y Valencia de las llamadas «auques» o aucas se pierde en los siglos. Baste notar que su nombre es forma arcaica de la voz oca, y que al juego de la oca de tradición medieval e incluso romana puede remontarse su origen según los folkloristas.

Sobre las aucas catalanas y valencianas existen excelentes estudios[3]; sobre las aleluyas castellanas son escasos[4].

[3] Joan Amades, J. Coromines y P. Vilar, *Imatgeria popular catalana: Les Auques,* Barcelona, 1931, 2 vols.; Joan Amades, «Juego de la oca», *Bibliofilia,* III, 1950; «Auques y aleluyas», *Bibliofilia,* V, 1951; Rafael Gayano Lluch, *Aucología valenciana,* Valencia, 1942; Agustín Durán-Sanpere, *Stampe popolare spagnole,* Milán, 1970, y Barcelona, Gustavo Gili, 1971; Luís Solà y Dachs, «La curiosa història de les auques», *Avui del Diumenge,* Barcelona, 7 de septiembre de 1986, págs. 4-11.

[4] Julio Caro Baroja se ocupa de ellas en *Ensayos sobre la literatura de cordel,* Madrid, Revista de Occidente, 1969, cap. XVIII, págs. 409-426.

Y aunque los catalanes demuestren que estas últimas derivan de sus «auques», los valencianos no se quedan atrás defendiendo la deuda de Castilla con las aucas de Valencia.

Mas, sea como quiera, la forma clásica de unas y otras es la de un pliego de papel de aproximadamente 32 cm por 45 cm, con un número fijo de cuarenta y ocho viñetas casi cuadradas, de 41 mm por 36 mm, distribuidas en ocho filas de seis viñetas cada una.

Usualmente clasificadas según el tiempo de su aparición, se consideran «arcaicas» las anteriores a 1800; su máximo desarrollo corresponde a la mitad del siglo XIX y en 1875 se inicia su decadencia.

Los editores, anónimos por lo general en el siglo XVIII, son ya conocidos en el XIX. Indefectiblemente son siempre catalanes o valencianos. Se puede atribuir exactamente a uno de ellos, al catalán José Marés y Roca, la introducción de «les auques» en Madrid, a donde se trasladó en 1842 y donde fue editor de aleluyas, único nombre con que se conocerán las aucas en castellano.

Por tradición sólo figuraban los editores, que compraban y vendían entre ellos las planchas, reimprimiéndolas una y otra vez con un simple cambio de pie. Otras veces repetían la misma historia pero con distintos grabados y dísticos.

Los dibujantes, así como los responsables de versos, quedan anónimos. Los grabados, bien fuesen xilografías, litografías o cincografías, tampoco iban firmados. Sólo mucho más tarde, en la decadencia del género al fin del siglo, pasan a conocerse, y no en todos los casos, los nombres de grabadores, dibujantes y autores de los pareados.

Considera erróneamente que la *Vida del enano Don Crispín* fue la fuente de Lorca (pág. 42), pero la aleluya de Don Crispín sólo cuenta la vida de un enanito al estilo del Pulgarcito de los cuentos infantiles.

Las aleluyas en un principio eran mudas o apenas llevaban un pequeño enunciado, pero para 1848 encontramos ya nuestra *Historia de Don Perlimplín* publicada en Barcelona por el catalán Pere Simó y presentando como innovación los dos versos rimados al pie de cada viñeta. De aquí que los especialistas dividan las aleluyas en dos grandes grupos: «pre-perlimplinianas» y «post-perlimplinianas», según lleven o no los versos habituales, que por cierto estarán siempre escritos en castellano, sea cual fuere la ciudad en que se publiquen o el origen de su editor.

Estos versos llegarán a ser parte imprescindible de la aleluya, cuyo nombre usurpan, como ya señalamos, y cuyo sonsonete en muchos casos sobrevivirá en la memoria de las gentes a las viñetas o aventuras del texto. Sírvanos de ejemplo el caso de la frase proverbial que recoge el diccionario bonaerense de Caballero Rubió[5]: «Y aquí dio fin la vida de Don Perlimplín», que parece repetir, aunque incorrectamente, el último dístico de una de las aleluyas de Don Perlimplín: «Este fue el funesto fin / del señor Don Perlimplín», sin que quede conciencia de tal personaje o aleluya en Buenos Aires[6].

Pero centremos ya nuestra atención con exclusividad en las aleluyas de Don Perlimplín. Para empezar, existen dos distintas; una de Barcelona, *Historia de Don Perlimplín*, y otra de Madrid, *Vida de Don Perlimplín*. Ambas se reeditan con distinto pie editorial numerosas veces a lo largo del siglo.

La *Historia de Don Perlimplín,* editada por Pere Simó en Barcelona, parece ser la primera. Pasará más adelante a

---

[5] *Diccionario de modismos de la lengua castellana,* Buenos Aires, El Ateneo, 1947. Citado por Daniel Devoto a H. Grant, pág. 312, núm. 10.

[6] Daniel Devoto, «Notas sobre el elemento tradicional en la obra de Federico García Lorca», *Federico García Lorca,* edición de Ildefonso-Manuel Gil, pág. 61, nota 40. Luís Solà y Dachs, *op. cit.,* pág. 10, indica que Zaragoza fue centro importante de exportación de aleluyas a América.

HISTORIA DE D. PERLIMPLIN.

figurar con el número uno en la colección de otro editor catalán, Juan Llorens, de cuya imprenta, que funcionó en Barcelona hasta 1905, salieron gran número de aleluyas.

La segunda versión, la titulada *Vida de Don Perlimplín,* aparece en Madrid sin que tengamos constancia exacta de la fecha. Figura con el número seis en el catálogo de aleluyas del impresor y librero José María Marés, catalán establecido en la capital desde hacía tiempo. Estas mismas planchas son las que se seguirán publicando repetidamente en Madrid cambiando solamente el pie según el editor de turno, dado que Marés vendió sus bojes a Manuel Minuesa en 1876 y éste a Hernando en 1886.

Por lo que respecta al tema, las dos aleluyas son sumamente parecidas. En mi opinión, la del editor Marés, la titulada *Vida* del héroe, es una imitación deliberada de la llamada *Historia,* de la que apenas difiere en alguna que otra cosa, necesaria quizá para justificar su aparición bajo diferente editor.

En la *Historia de Don Perlimplín,* éste es feo, bajo, jorobado y chato. En la titulada *Vida de Don Perlimplín* es igualmente feo, jorobado y de corta estatura, pero narigudo. En ambas sus padres le quieren y le encuentran muy bonito; en una la madre, en la otra el padre, le llevan a un preceptor, que por mal estudiante le azota dando ocasión a ambas viñetas de presentarnos las posaderas de Don Perlimplín. Mueren los padres, queda huérfano y rico; le gusta vestir bien y presumir de elegante; se enamora y se casa celebrando grandes bodas. La novia en *Historia* se llama Eufrasia; en *Vida,* Sempronia. Doña Eufrasia enferma, muere y es enterrada. Doña Sempronia también. Para consolarse, Don Perlimplín en *Historia* marcha a París, donde se instala con gran lujo y vuelve a enamorarse, esta vez de Doña Toribia. A renglón seguido desafía a un rival y lo mata. En *Vida* no va a París, sino a la corte, donde también mata en desafío a un rival. En las dos es encarcelado y escapa de la prisión.

Huye en un buque y aparece ahora en ambas la nota orientalista muy siglo XVIII, porque «unos moros dan con él / y lo conducen a Argel» *(Historia)*. Es llevado ante el sultán, que en *Vida* lo condena a prisión y en *Historia* lo hace su criado. En las dos entra en el serrallo, donde pretende «a una turca encantadora» en *Vida,* y en *Historia* «a una joven ve muy bella / y pretende huir con ella». En ambas es preso; en *Vida* «le dan como criminal / el veneno o el puñal» y «De un rebenton (sic) muere al fin / el Señor Don Perlimplín». En *Historia* le cortan la cabeza y «Este fue el funesto fin / del Sr. D. Perlimplín».

Como podemos ver, se siguen paso a paso una a otra a través de una serie de peripecias que trazan la vida del héroe de la cuna a la muerte. Desarrollo característico, por otra parte, de todas las aleluyas.

Pero así como los dísticos fueron innovación establecida en el mundo de la aleluya con la figura de Don Perlimplín, también le es peculiar a este personaje el tema novelesco, que aparece aquí por primera vez y que constituirá en adelante todo un subgénero. Aún más curioso es el carácter dieciochesco intrínseco a esta figura y que, por cierto, no vuelve a repetirse. Las viñetas tienen buen cuidado en reproducir un ambiente de época que no se da en otros casos. Desde luego que un grabador se limita a copiar lo que con éxito había logrado otro, pero el hecho es que ambos, o por lo menos el primero de ellos, conocían bien la vestimenta de la segunda mitad del siglo XVIII. Me refiero, por ejemplo, al miriñaque corto que deja al aire el tobillo de Doña Eufrasia, Doña Toribia o Doña Sempronia, y que corresponde exactamente a la moda de 1775 a 1786. Igualmente, la casaca y el resto del traje de Don Perlimplín reproducen con exactitud la moda del momento. Pero ¿por qué está éste tan deliberadamente ambientado en el siglo XVIII?, ¿es quizá una caricatura de algún personaje olvidado de la política, de la vida social o de la baja literatura, y posiblemente de Francia?, ¿o sólo encierra la intención crítica de exponer el tipo del joven galante y calavera producto de aquel siglo[7], convertido al modo esperpéntico en un Casanova jorobado?

Pero sea como fuere, Don Perlimplín queda como la figura sobresaliente que domina y modifica la historia de la aleluya en el siglo XIX.

Las viñetas en ambas versiones son bastante detalladas a pesar de la tosquedad que, por lo general, impone el grabado en madera. La comicidad fácil requiere la exageración de los rasgos —la joroba, por ejemplo, del protagonista, o la coleta de su peluca, que más bien parece el rabo de un mono—, pero sobre todo el dibujante está obsesionado con las narices de sus caracteres: todas son ridículamente desproporcionadas, con la excepción de Don Perlimplín, que generalmente no tiene.

Cómicos, por rebuscados, parecen ser también los nombres de las mujeres: Toribia, Sempronia, Eufrasia. Lorca no acepta en su farsa ninguno de éstos, pero es curioso que recurra para buscarle nombre a la criada de Don Perlimplín a otras aleluyas, las de la *Historia de Bertoldo, Bertoldino y Cacaseno* o la *Historia de la vida y astucias de Bertoldo,* de donde toma el nombre de la mujer de Bertoldo, Marcolfa. La Marcolfa de las aleluyas sabe también, como la de Lorca, desenvolverse con soltura ante sus superiores. Por ejemplo, cuando se ve ante los reyes y «Marcolfa cuanta ingeniosa / una fábula curiosa». Puede también aconsejar y, sobre todo, argumentar. Existe, desde luego, cierto parentesco entre las dos Marcolfas.

Por lo que se refiere al nombre del protagonista, debemos acudir al estudio de Helen Grant, donde se traza su origen a «la expresión francesa 'poudre de perlimpinpin', que Larousse define como un polvo que los hechiceros empleaban para adquirir poder mágico, y en sentido figurativo los polvos vendidos por curanderos

---

[7] Fue tema corriente del siglo XVIII. Recordemos como ejemplo las conocidas ilustraciones del inglés William Hogarth, «Rake's progress» (1835).

como panacea para todos los males»[8]. La investigadora cita el diccionario francés Richelet, de 1680, como lugar donde se incluye por primera vez esta palabra, pero bajo la forma de 'prelinpinpin', añadiendo que fue admitida por la Academia Francesa en 1878. Señala, además, que la Enciclopedia Espasa y la Enciclopedia Portuguesa dan la misma definición y que en la última se nos dice que es frase usada por prestidigitadores en las ferias[9].

Definitiva es, desde luego, la aportación de la erudita inglesa. Más adelante verificaremos la importancia que tendrá para nuestro tema este cruce del bajo mundo de charlatanes y pregoneros de aleluyas. En su momento comprobaremos cómo todavía en el año 1925, en España, «polvo o polvos de perlimpin o perlimpinpin» era frase habitual de pregón de feria.

De seguro efecto grotesco e inmediata comicidad había de ser la adjudicación a un personaje del nombre del medicamento milagroso, el curalotodo de los charlatanes, con su ridícula cadencia afrancesada y un respetuoso Don delante. Pero no es fácil hoy apreciar la comicidad que la lectura de la historia o vida de Don Perlimplín produjo en sus días. Entendemos que la fealdad y deformidad física han sido motivo tradicional de burla. No hay mejor lector que los niños para incurrir en la triste crueldad de tal reacción. El contraste requerido para producir la hilaridad había de residir en lo inapropiado de que un jorobado casi enano tratase de llevar la vida de un joven calavera presumiendo de elegancia, arrojo, valentía y amor.

No nos cabe duda de que en Lorca queda el recuerdo de ese trasfondo patético de la aleluya. Su Don Perlimplín, el de la farsa, el de la aleluya erótica, humillado por el amor, tiene —como sólo saben apreciar los Duendes— «el alma chica y asustada como un patito recién nacido», como quizás tuvo también para el niño Federico

[8] *Op. cit.,* pág. 312, nota 10.
[9] *Ibíd.*

el otro Perlimplín, el de la aleluya, objeto de risas durante siglos, víctima inocente de su fealdad.

Aparentemente, de la humilde aleluya apenas pasa a la obra el personaje central. Sin embargo, ésta no es deuda pequeña, porque aquél representa precisamente un tema fundamental: el de la amarga inadecuación del amor con la fealdad o la vejez. Ambos Perlimplines serán igualmente grotescos y patéticos; si el uno es un jorobado mujeriego, el otro será un viejo enamorado. Podríamos aplicar el subtítulo «aleluya erótica» no sólo a la farsa, sino también a la aleluya misma, porque en ella, aunque soterrado, ya estaba presente el tema erótico-trágico.

También heredado es el ambiente dieciochesco que prestaba un particular encanto a la aleluya y que magistralmente conserva el poeta presentando una visión a un tiempo infantil y galante de la elegancia de un mundo pasado. Así, las perspectivas ingenuas de los interiores de las viñetas se reflejarán en las instrucciones escénicas de la farsa: los muebles pintados en los telones del cuadro primero o prólogo, las paredes verdes color de pliego de aleluya, el comedor en el cuadro tercero donde «las perspectivas están equivocadas deliciosamente». Decorados éstos de la casa de Don Perlimplín que nos evocan aquella otra casa «escelente» que el Perlimplín de la aleluya compró en París «de repente» y que reproducen los dibujos.

La fuerte impresión visual en verde y negro del decorado y el traje de Don Perlimplín responde también al color del papel de aleluyas, pero éstas pervivirán, sobre todo, en el persistente eco infantil, carácter básico que aunque sumergido se puede intuir a través de toda la farsa, desde el viejo con alma de niño hasta los Duendes, niños viejos; incluso el jardín solemne del sacrificio ritual lleva tácitamente implícito el recuerdo del 'jardín del amor' de la canción infantil.

Las aleluyas de Don Perlimplín representan, pues, para Lorca una vivencia más, paralela a las canciones, las retahílas y las cantilenas de niños, los juegos, el teatro de

VIDA DE DON PERLIMPLÍN

1. Llega del mundo al confín la Ama de D. Perlimplín.
2. Los padres con gran cariño requieran al tierno niño.
3. Toda la casa solito andaba con un carrito.
4. Es travieso y muy mimado, y esto le hace arrestado.
5. El padre con tierno amor le llevó á un preceptor.
6. El maestro le dió la mano y el niño se pone ufano.

7. Por su poca aplicación le azotan sin compasión.
8. Le sentó mal la ventosa, y pone pies en polvorosa.
9. A los quince años de edad quedóse en triste orfandad.
10. Grande caudal heredó cuando el padre falleció.
11. Viéndose rico y galante, se pasea muy campante.
12. Por ver su rostro agraciado un espejo se ha comprado.

13. Se luce D. Perlimplín el más ágil bailarín.
14. Quiso aprender el florete para hacerse un matasiete.
15. A doña Sempronia vió y de ella se enamoró.
16. Un billete la entregó y la hermosa lo aceptó.
17. Muy satisfecho y ufano le pidió al padre su mano.
18. En señal de eterno amor le dió alhaja de valor.

19. Muy gozosos y anhelantes firman los tiernos amantes.
20. El sacerdote bendice esta boda tan feliz.
21. Fué espléndido el festín del señor D. Perlimplín.
22. Bailaban él y su novia al estilo de Varsovia.
23. De derretidos que estaban sin cesar se acariciaban.
24. Primer año de casado, teatros, bailes y prado.

25. Lavativas de agua tras receta el doctor Valdivia.
26. De su esposa la virtud llora al pie del ataúd.
27. Contra su vida atento, pero el tiro no salió.
28. Al fin, ya mas consolado, á la corte se ha marchado.
29. Una tarde muy solito halló á su amigo Agapito.
30. A la lotería entró, y el gran premio le tocó.

31. De los dones á porfía los obsequios recibía.
32. De otro rival celoso le desafía furioso.
33. Se bate, y con feliz suerte al contrario dá la muerte.
34. Sabe el lance la justicia, y le coge con pericia.
35. Noche y día cavilosa se halla en un calabozo.
36. Por la reja, su pichona, Un disfraz le proporciona.

37. Vestido de ... asegura de la cárcel ... echa á fuera.
38. Marchóse á un puerto de mar y se dispuso á embarcar.
39. Libre se ve de repente navegando felizmente.
40. Una tempestad furiosa todo el bergantín destroza.
41. De rodillas sobre el suelo pide el socorro del Cielo.
42. Por los moros apresado, á discreción se ha entregado.

43. Mandá encontrarle el sultán por su arrogante ademán.
44. Como un negro trabajaba, y al sustento así ganaba.
45. Sin más ni más, muy osado en el serrallo ha entrado.
46. A una turca encantadora declara cuánto la adora.
47. Le dan como criminal, el veneno ó el puñal.
48. De un reventón muere al fin el señor D. Perlimplín.

MADRID. — Despacho: Librería y Casa Editorial Hernando (S. A.), Arenal, 11.

juguete o el guiñol. Elementos todos que utilizará el poeta como pertenecientes al recuerdo colectivo de una infancia intemporal. Son experiencias vividas, pero nos llegarán como historias viejísimas contadas por niños de siempre.

Este paso de la aleluya al teatro y a la poesía viene dado en una serie de bocetos y fragmentos inéditos, que estudiaremos a continuación.

FRAGMENTOS Y BOCETOS INÉDITOS

Conservados en la Fundación García Lorca se encuentran cinco bocetos de *Amor de don Perlimplín con Belisa en su jardín*. Cuatro de ellos son inéditos. Existe, además, un sexto fragmento ya publicado más de una vez.

Todos estos proyectos del *Perlimplín* están inacabados. Breves, y bruscamente interrumpidos, nos dan la sensación de algo provisional en lo que el poeta no se ha ocupado más que ocasionalmente. Son como intentos hechos en el entusiasmo de la inspiración, divertimentos en los que se entretiene. La mayor parte podían haber sido escritos de una vez y abandonados después en el cajón. No parece trabajo seriamente proyectado, con excepción del fragmento final. Y, sin embargo, su número es evidencia de que Lorca se esforzó en su propósito de recrear en el teatro la figura del Don Perlimplín de la aleluya.

Pero apenas planteamos su examen nos encontramos con el problema inicial que presenta el hecho de que solamente dos de los seis fragmentos pueden fecharse con exactitud. Ha sido necesario, por tanto, concederles un cierto orden en el tiempo marcándolos de A a F.

Así pues, la primera fecha conocida, que nos sitúa en Granada en el verano de 1925, correspondería, en nuestra opinión, al tercer fragmento, el C, al que antecederían los que hemos designado como A y B. Situaríamos el primer proyecto, el A, de 1922 a 1923. Entre estas fechas tentativas y la verificada de 1925 estaría el inédito B. Los bocetos asignados como D y E quedarían muy cercanos al último fragmento, el F, que está fechado como correspondiente a los finales de enero de 1926.

Las fechas que hemos mencionado como ciertas han sido asignadas a dos cartas del poeta a su amigo y consejero Melchor Fernández Almagro y corroboradas por las respectivas contestaciones de éste. Estamos ante un ejemplo más de la importancia básica que para el estudio de la obra de Lorca tiene su correspondencia[1]. Gracias a estas dos cartas podemos situar, como más arriba indicamos, cuatro de los seis fragmentos, los C, D, E, y F, entre el verano de 1925 y enero de 1926. El que estos proyectos queden agrupados en un espacio de seis meses es prueba de un esfuerzo continuado de creación. No se trata, pues, como juzgaríamos a primera vista, de proyectos inconexos empezados y abandonados aquí y allá en el tiempo, sino de un primer intento de acercamiento de la aleluya al teatro, quizá de 1923, retomado dos años después y trabajado en todas sus diferentes posibilidades durante seis meses, hasta llegar en el último fragmento muy cerca de la redacción final.

Debemos señalar que la presencia entre los papeles familiares de estos ensayos y fragmentos inéditos no deja de producirnos cierta extrañeza. Entendemos, naturalmente, la razón de que Lorca conservase sus textos inconclusos. Eran tarea futura anotada a modo de memorándum, apuntes que confirmaban los proyectos discutidos con amigos o corresponsales de prensa, que por esquemáticos que fuesen siempre dejaban intuir la inten-

---

[1] Nos atendremos siempre a este respecto a la bien documentada opinión de Christopher Maurer expuesta en *Epistolario,* Madrid, Alianza Editorial, 1983, 2 vols. Las dos cartas en cuestión se encuentran en *Epistolario* I, págs. 101, 132; la primera corrige la fecha «otoño 1924» asignada por Antonio Gallego Morell en *Cartas, postales, poemas y dibujos,* Madrid, Ed. Moneda y Crédito, 1968, pág. 68. En la segunda, erróneamente marcada «finales de febrero de 1926», debe leerse «finales de enero» como justifica ampliamente la nota de la página 140. Maurer corrige con frecuencia a A. Gallego Morell.

ción de su autor, al que podían servir como referencia. Hoy día son de definitiva importancia para el estudio y la comprensión de lo que pudo llegar a ser la obra truncada. Evidentemente, su conservación no fue casual.

Sin embargo, no entendemos con exactitud la motivación que condujo al poeta a preservar estos borradores o intentos diversos del *Perlimplín*. La redacción final sobrepasa a todos ellos en valor. Aun aceptando como cierta la idea de que *Amor de Don Perlimplín* no era más que una «versión de cámara», promesa de una obra más larga o desarrollada, los fragmentos no aportarían nada que no estuviese ya conseguido. Con la excepción del fragmento D, todos ellos están utilizados de una manera u otra en la *Aleluya erótica*. ¿Los consideraría su autor como material todavía aprovechable quizá en guiñol o en el malogrado «teatro planista» de que hablaremos más adelante?

Mas, sea como fuere, estos distintos proyectos son del máximo interés, puesto que nos permiten seguir la génesis de una creación. A través de su estudio podemos verificar cómo Lorca, partiendo del simple deseo de utilizar en algún modo un personaje, indudable pervivencia de sus recuerdos de infancia, concibe un gracioso pareado de aleluya como enunciado de una obra hipotética. El título, *Historia de Perlimplín / y Belisa en su jardín,* queda no obstante meramente apuntado en el primer inédito en espera de una posible redacción. Que el poeta no tenía una idea preconcebida de la futura farsa, parece probado por estos bocetos que aparentemente tratan de seguir cualquier camino posible, marcando en ocasiones rumbos opuestos que harían esperar resultados diferentes, incluso totalmente contradictorios.

Nos encontramos así ante la curiosa evidencia de un título en espera de una obra. Se trata, a primera vista, de una simple aleluya, cuyo sonsonete ingenuo nos haría imaginar un juguete cómico, una farsa, pero su sencillez es sólo aparente, porque si nos fijamos en los nombres de los protagonistas, notaremos que presagian ya un futuro conflicto: la unión poco plausible entre un héroe chabacano de la baja literatura infantil y una heroína de nombre lírico, anagrama de Isabel al estilo de Lope. El título está anunciando así el extraño matrimonio de lo grotesco con lo poético y trágico.

El dístico de aleluya *Amor de Don Perlimplín | con Belisa en su jardín* queda fijo como título a partir, por lo menos, del inédito C, que corresponde a la carta mencionada de 1925 en que el poeta confirma el cambio de la palabra inicial «Historia» por «Amor». El subtítulo *Aleluya erótica* no aparece hasta la segunda carta en cuestión, la de 1926, que acompañaba el envío del fragmento F a Fernández Almagro. Pero así como en el título los nombres de los personajes nos dejan intuir su inadecuación, los términos del subtítulo, *Aleluya erótica,* encierran también una rara matización agridulce, porque las aleluyas podían tratar de todo lo habido y por haber, pero el erotismo, por principio, había sido tema totalmente ajeno a ellas, no tenía lugar posible en la literatura infantil.

Mas aparte ya de la complejidad de un título, falsamente sencillo o ingenuo, y antes de pasar al estudio de los distintos fragmentos, trataremos de señalar algunos datos comunes a ellos. Tal es el caso de la atención al detalle y el espacio que se da a instrucciones escénicas, trajes y decorado en las pocas páginas que componen tan esquemáticos bocetos, hecho que, por otro lado, también suele aparecer en sus textos inconclusos[2]. Curiosa es así la insistencia en colores fijos, verde y negro esencialmente, que encontramos en los trajes y telones pintados en los fragmentos A, B y C, y que podremos reconocer en la farsa, porque todos estos elementos persistirán hasta la obra definitiva.

También, y a pesar del poco espacio, está indicada la música que acompaña a cada fragmento. Queda, pues, marcado el sonsonete monocorde al estilo aleluya de voces infantiles en el inédito A, las coplas populares con

---

[2] Véase Marie Laffranque, *F. G. L. Teatro inconcluso; fragmentos y proyectos inacabados,* Granada, Universidad de Granada, 1987.

que comienzan B y C, el canto y baile andaluz con acompañamiento de guitarras y castañuelas en D, la serenata de flauta y acordeón en F. Sólo falta la música en uno de los bocetos, el inédito E.

Presente está ya también, en cuatro de los seis bocetos, el carácter de dúo que marcará la obra definitiva. Con la excepción de A, consideramos los demás proyectos adscritos al tiempo concreto que les adjudica la aleluya de Don Perlimplín, esto es, el siglo XVIII, que queda reflejado en la moda que viste el protagonista en B y C. En cambio, no hay indicación de lugar en cinco de ellos, siendo la única excepción D, cuyo ambiente lo sitúa en Andalucía.

Por lo que respecta a su correspondencia con la obra, podemos asignar fácilmente cinco de los seis proyectos, siempre eliminando el fragmento D que contiene la escena popular andaluza y que quedará definitivamente descartado. Comprobamos así que los inéditos B y C, que llevan ambos por nombre «Casa de Don Perlimplín», son esbozos del primer cuadro de la farsa. En E tenemos un boceto del cuadro tercero en la exposición en una serie de monólogos del conflicto matrimonial. F, el fragmento enviado a Fernández Almagro, identificado por el mismo Lorca como la Escena Segunda del Cuadro Tercero, corresponde —según la división posterior de la obra en cuatro cuadros— a la escena segunda del cuadro cuarto. El inédito A reaparece reflejado en la escena final.

En otras palabras, a través de los seis fragmentos el proyectado Perlimplín va recorriendo un rumbo zigzagueante al pasar sucesivamente del lirismo agudo de tono modernista del boceto A, al espíritu infantil de guiñol, a lo «Cristobícas», en los inéditos B y C, continuando en D con el andalucismo, estilo *Títeres de cachiporra,* para recaer en la farsa lírica en E y desembocar en tragedia en F, volviendo inesperadamente en la última escena al espíritu trascendido del primer inédito, el A.

Los bocetos podrían, en efecto, considerarse a primera

vista como proyectos de obras distintas o tanteos de posibles caminos, pero es evidente que el poeta, una vez eliminada la nota local andaluza, no quiso prescindir de ninguna otra posibilidad y, en un acto de decisión, fundió los elementos más dispares —trágicos, cómicos o líricos—, desde la farsa grotesca hasta el sacrificio ritual, en la total originalidad de una sola obra.

Fragmento A

TEATRO DE ALELUYAS

FACSÍMIL, TRANSCRIPCIÓN LITERAL Y ESTUDIO

Teatro de aleluyas.

Encuadradas en un margen obscuro se irán viendo las
escenas sobre fondos violetas amarillos y blancos. Las
figuras irán siempre vestidas de negro con las
manos y caras del color del fondo y los rasgos
dibujados en negro.

La inexpresión y la quietud mas absoluta son
los rasgos característicos de este teatro. Hay
por lo tanto una trágica expresión con subirse
en los actos y palabras de sus figuras. Ya oscura
los personajes y los versos tiemblan sus caretas.
Los ~~cosa~~ trascendentales del mundo amor y
hechos
muerte ~~aparecerán~~ aparecerán desnudos y
saldrán y entrarán en escena con la misma
importancia y hueco que cualquier acto
trivial. A veces un acto vulgar ó hecho
sin trascendencia vibrara de una manera

- Teatro de aleluyas -

Encuadradas en un margen obscuro se irán viendo las
escenas sobre fondos verdes amarillos y blancos. Las
figuras irán siempre vestídas de negro. con las
manos y caras del color del fondo y los rasgos
dibujados en negro.
La inexpresión y la frialdad mas absoluta son
los rasgos caracteristicos de este teatro. Hay
por lo tanto una tragica expresion casi sublime
en los actos y palabras de su figuras. La escena
los personajes y los versos tendran sus caretas.
Los *[actos]* trascendentales del mundo amor y
   hechos
muerte *[seran meros]* apareceran desnudos y
saldran y entraran en escena con la misma
importancia y hueco que cualquier acto
trivial. A veces un acto vulgar o hecho
sin transcendencia vibrara de una manera

dramática intensísima junto a un hecho universal e interno que pasará inmanente. Las voces de los personajes se mantendrán en un solo tono y tendrán un eco infantil.

Historia de ▮▮ Perlimplín y Belisa en su jardín.

Esta historia es de una austeridad y inexpresión anacreónticas. Ya imprenta que tiene que dar es que está geometrizada y contada por niños de hace siglos. Es el pan nuestro de cada día. No tiene que tener emoción humana sino una emoción astral petrificada lejanísima. Como niño se mira con los ojos a niño se ha de mirar esta historia. Sus más emocionantes escenas duraran un segundo. El lector un espectador tendrá

dramatica intensisima junto a un hecho
universal e intenso que pasara mansamente.
Las voces de los personajes se mantendran
en un solo tono y tendran un eco infantil.

———

[Las conversaciones len]
 Historia de *[Don]*[1] Perlimplin y Belisa en su
jardin.
Esta historia es de una austeridad *[y]* e inexpresion
marcadisimas. La impresion que tiene
que dar es que esta geometrizada y contada
por niños de hace siglos. Es el pan nuestro
de cada dia. No tiene que tener emocion
humana sino una emoción *[astral y]*
        - y petrificada
lejanisima. Como friso se mira con los
ojos a si se ha de mirar esta historia.
Sus mas *emocionantes* escenas duraran
un segundo. El lector u espectador tendrá

---

[1] La tachadura es ilegible, pero se trata sin duda del *Don* que acompaña
tradicionalmente el nombre del personaje.

siempre un jarro de agua fría en la cabeza.

El caminar como el final estarán a una
misma tensión. Pero sin embargo el
efecto debe ser terriblemente expresivo y
trágico. La vida de los personajes se debe
ver ligada al ritmo del mundo y
y se les verá caer en su destino sin
que puedan echarse atrás.

El único miedo de los personajes es el de que
termine la aleluya.

En las escenas de amor habrá una melancolía
aguda sin que los personajes se den cuenta.
El personaje no se debe dar cuenta de nada
pero sí el público. El drama debe estar
en el público pero no en los personajes.
Ellos no saben que los están viendo. Agitan
la vida sin meditarla y tal como es se

siempre un jarro de agua fria en la cabeza.
El comienzo como el final estaran a una
misma tension. Pero sinembargo el
efecto debe ser terriblemente expresivo y
tragico. La vida de los personajes se debe
ver ligada al ritmo del mundo *[le y]*
[de un] y se les verá caer en su destino sin
que puedan echarse atras.
El unico miedo de los personajes es el de que
termine la aleluya.
En las escenas de amor habra una melancolia
aguda sin que los personajes se den cuenta.
El personaje no se debe dar cuenta de nada
pero si el publico. El drama debe estar
en el publico pero no en los personajes.
Ellos no saben que los estan viendo. Aceptan
la vida sin meditarla y tal como esta se

les ofrece. Forman parte del mundo. Pero
el espectador debe darse cuenta rápida de la
pasión y el dolor de ellos. Ellos explican
sin querer lo que ve el espectador.
Son fórmulas matemáticas fijas y
el público lee el problema que llevan
dentro como los personajes.
con pocos elementos se trata de conseguir
la emoción.

les ofrece. Forman parte del mundo. Pero
el espectador debe darse cuenta exacta de la
pasion y el dolor de ellos. Ellos explican
sin querer lo que ve el espectador.
Son formulas matematicas frias y
el publico lee el problema que llevan
dentro como los personajes.
Con pocos elementos se ha de conseguir
la emocion.

Estudio del fragmento A:
Teatro de aleluyas

El fragmento inédito, que llamaremos A, consta de cuatro hojas de 14,6 cm por 17,9 cm, escritas a lápiz por una sola cara.

La letra es firme, reposada, estrecha y alta en los dos primeros párrafos, haciéndose más grande y espaciada en las últimas páginas. Su fácil lectura nos haría pensar en una fecha relativamente temprana. Los titubeos, tachaduras o sustituciones de una palabra por otra, aunque escasos, representan una primera redacción, como si se tratase de algo escrito en el entusiasmo de una inspiración momentánea, de un tirón, y abandonado luego sin llegar a una conclusión definitiva.

El título, Teatro de aleluyas, bien situado en lo alto de la página y entre guiones, identifica claramente la intención del fragmento. Las primeras veinte líneas, que ocupan la primera hoja y parte de la segunda, son las que responden propiamente a tal enunciado, porque hacia la mitad de la segunda página, una raya bien definida corta e interrumpe el texto. Pasa entonces el inédito a identificar la obra que se proyecta. En el renglón siguiente, sin subrayar ni entrecomillar, pero bien espaciado, leemos: «Historia de Perlimplín y Belisa en su jardín». Mas apenas enunciado este título, parece dejarse de lado, porque sin detenerse a darnos el menor detalle sobre ambiente, acción o personajes que se intentan, se continúan las disquisiciones de los primeros párrafos, para acabar el fragmento meditando sobre la interacción entre personajes y público.

Comienza con una original descripción de cómo ha de ser el teatro de aleluyas. Este atrevido intento de representar una aleluya, es decir, de moverla, de hacerla vivir, debemos, a nuestro entender, visualizarlo en lo que Lorca llamó «teatro planista». Término, este último, usado por el poeta por primera vez en una carta a Melchor Fernández Almagro[1], al referirse a la representación del *Auto de los Reyes Magos* en la fiesta del Día de Reyes de 1923[2].

Hermenegildo Lanz había copiado, para la ocasión, las figuras del códice medieval de Alberto Magno, conservado en la Universidad de Granada, que pintadas y recortadas en cartón se movían sobre un fondo de miniaturas del mismo códice reproducidas en un telón y forillo, produciendo la impresión de una estampa en movimiento.

Esta representación fue hecha en un teatro de guiñol cuya embocadura tendría apenas metro y medio de ancho[3], y en el que las figuras fueron movidas por el mismo Federico y su hermana Concha.

Recordando este procedimiento entendemos las instrucciones que imparte el primer párrafo del inédito A y nos damos cuenta de que, siguiéndolas, se podrían conseguir efectivamente el impacto visual del pliego de aleluyas. Esto es, la impresión del negro mate de viñetas

[1] Granada, fines de diciembre de 1922, *Epistolario,* vol. I, página 62 (carta núm. 10).
[2] Véase Francisco García Lorca, *Federico y su mundo,* edición y prólogo de Mario Hernández, Madrid, Alianza Editorial, 1980, pág. 274; Andrés Soria, «Una fiesta íntima de arte moderno en la Granada de los años veinte», *Lecciones sobre Federico García Lorca,* Granada, Comisión Nacional del Cincuentenario, 1986, págs. 149-179; Ian Gibson, *Federico García Lorca,* Barcelona, Grijalbo, 1985, vol. I, págs. 334-339.
[3] Francisco García Lorca, *ibíd.* Se publicaron buenas fotografías en *La Esfera* de enero de 1923, en un artículo de José Francés; también se encuentran en José Luis Cano, *García Lorca,* Barcelona, Destino, 1962, págs. 38-39. En la exposición *Federico García Lorca y su teatro,* organizada por el Ayuntamiento de Madrid en el Teatro Español, 1984-1985, se exhibieron varios forillos y un frente de este teatro, reproducidos en el catálogo de la misma, a cargo de Fernanda Andura y Ana Eizaguirre.

enmarcadas y líneas duras de grabado xilográfico, destacando en contraste violento sobre el color chillón del papel.

La presencia y valoración del color es una constante en Lorca, sobre todo en su teatro, donde la visión lo requiere. El ambiente, pues, que se intenta en este Teatro de aleluyas está definido en las primeras cuatro líneas a base de este elemento, que queda restringido aquí a la combinación exclusiva de dos colores; a saber, negro-verde, o negro-amarillo, o negro-blanco.

Cuando a renglón seguido añade que serán rasgos característicos «la inexpresión y la frialdad más absoluta», no nos extraña, pues ésa exactamente es la sensación que esas caras y manos verdes, amarillas o blancas, marcadas en negro, nos habían producido.

En los actos y palabras de las figuras pide el poeta «una trágica expresión, casi sublime». La tragedia, pues, debe alcanzar casi el punto máximo: la sublimidad. Nada más lejos del espíritu que esperaríamos en un teatro de muñecos o guiñol.

Y crípticamente se añade: «La escena, los personajes y los versos tendrán sus caretas». Suponemos que nos advierte así que existe un fondo detrás de la vulgaridad de la aleluya. Que la comicidad, los dísticos ripiosos, las aventuras disparatadas, son apenas una máscara detrás de la que se esconde algo muy serio, dramático, incluso lírico.

Tradicionalmente las aleluyas llevaban al héroe de la cuna a la tumba, contaban su vida. El teatro de aleluyas seguirá esta misma pauta, representará «vidas». Por eso se nos señala que «el único miedo de los personajes es el de que termine la aleluya». En este teatro, pues, deben tener su lugar «los hechos trascendentales del mundo», aunque éstos, para Lorca, no sean el consabido comienzo y fin de toda aleluya, es decir, nacimiento y muerte, sino «amor y muerte», que por cierto deben aparecer aquí «mansamente», sin sobresalir de la trivialidad del resto.

Así como empezó describiendo el color, termina esta

pequeña introducción marcando el sonido. Notas ambas imprescindibles en el teatro de Lorca, aunque se trate, como en este caso, de un simple boceto de «guiñol planista».

Tropezamos a continuación con el título de la obra que se proyecta representar. Leemos: *Historia de Perlimplín y Belisa en su jardín.*

El tachón ante el nombre del protagonista nos indica que el Don le fue puesto y quitado posiblemente en el intento de redondear el dístico de la aleluya.

Nos extraña encontrar aquí, en este primer intento de teatro de aleluyas, un título tan cercano al definitivo, y tan lejano al mismo tiempo de lo que llegaría a ser la obra titulada *Amor de Don Perlimplín con Belisa en su jardín.* Vemos, sin embargo, que contiene los elementos esenciales. Para empezar, tenemos ya los nombres de los dos protagonistas representando en su contraste —como ya señalamos— un enlace imposible: Don Perlimplín, nombre ridículo, de un personaje feo, grotesco de la tradición literaria infantil, y Belisa, anagrama de abolengo lírico que automáticamente nos acerca a Lope de Vega.

No menos importante es encontrarnos en fecha tan temprana con el jardín de Perlimplín, que identificaremos con el jardín de cipreses y naranjos de cuadro cuarto de la redacción definitiva, donde tendrá lugar el desenlace dramático, la «sublime tragedia» que dará fin a la obra.

Aparte de la omisión del Don, que siempre había acompañado al nombre del personaje tradicional, es de notar también la conjunción —Perlimplín y Belisa— que une los nombres, dándoles una equivalencia, y que será sustituida más tarde por la preposición —Perlimplín con Belisa—, que parece adjudicar al primero mayor protagonismo. Pero todavía falta para llegar al título definitivo una importante sustitución, la de la palabra Historia por Amor. *Historia de Don Perlimplín* era exactamente, como sabemos, el título de una de las dos aleluyas de nuestro héroe; *Vida de Don Perlimplín,* el de la otra. Historia y vida quedarán en adelante condensadas por el poeta en la palabra *Amor*.

Es curioso que el espíritu de este teatro de aleluyas, profundamente lírico, trascendido, dramático, que pide una «emoción lejanísima», una «melancolía aguda» en las escenas de amor, es precisamente el que correspondería a la escena final de la obra, la del sacrificio y muerte del protagonista en su jardín. Incluso puede intuirse la posibilidad del tema ritual amor-muerte, de la «Liebestod» que señalaría Fergusson[4].

Esa emoción lejana a que se alude puede ser la que la lectura de la aleluya inspiró al Federico niño, ya petrificada en el recuerdo. De aquí que la repetición de términos como geometrizado, petrificado, frialdad, austeridad, inexpresión, lejanía, unidos al de la línea monocorde de sonido, nos comunique la sensación de encontrarnos ante algo muerto, quizá su propia infancia, a la que ha intentado volver para encontrar el «eco infantil» que debe animar el espíritu de este *Teatro de aleluyas*.

Por cierto, esos «niños de hace siglos» a los que se alude más arriba reaparecerán corporeizados en los maravillosos Duendes del cuadro segundo de la *Aleluya erótica*.

No deja de ser interesante también la disquisición a que va derivando el fragmento. Como si el poeta se dejase llevar por la pluma, nos encontramos en el último párrafo con cierta teoría de la relación personaje-público, tema éste, como podemos ver, constante en Lorca y que llevará a su máximo desarrollo en 1930, en *El Público*. Llegamos así al fin del fragmento que termina abruptamente, resumiendo en una sola frase: «Con pocos elementos se ha de conseguir la emoción», idea que se mantendrá en el carácter de «versión de cámara» de la obra definitiva.

Difícil es cualquier intento de fechar el boceto que nos ocupa. Debemos señalar aquí, sin embargo, la posible relación existente entre el *Teatro de aleluyas* y otros dos

---

[4] Francis Fergusson, *op. cit.*, pág. 349.

inéditos que conserva el archivo de la Fundación García Lorca. Al menos el título los acerca. Me refiero a los llamados *Teatro de animales* y *Teatro de almas,* que junto con el *Teatro de aleluyas* parecen formar una extraña trilogía.

El primero de estos tres inéditos, el *Teatro de animales,* es seguramente el primero también en el tiempo. Consta de once páginas, es el único terminado y está fechado el 2 de marzo de 1919. Eutimio Martín, en un estudio recientemente publicado[5] lo considera la primera obra dramática de Lorca.

Igualmente interesante es el *Teatro de almas,* cuya redacción queda interrumpida al comienzo de la novena página. Sin acabar y sin fechar, parece posterior al *Teatro de animales,* principalmente por la grafía, porque el contenido religioso-filosófico de ambos los acerca mucho, separándolos, no obstante, la nota sensual ausente en el primero y el lirismo mucho más intenso en el segundo.

Es curioso en el *Teatro de almas* el carácter de auto sacramental que parece tener la obra proyectada, donde el protagonista es el Hombre, que dialoga con Voces y Sueños, y en la que el reparto de personajes promete la aparición de la Lujuria, el Amor, la Sombra de Cristo, la Muerte, una Estrella y el Bien y el Mal. Aún más peculiar es la primera página en que el Actor que descorre la cortina se dirige al público en una larga exposición explicando el significado de este teatro exactamente al modo que hará Lorca en el fragmento de *El Dragón*[6], *La zapatera prodigiosa, El retablillo de Don Cristóbal, Comedia sin título,* o en tantas otras ocasiones en que se encargó de presentar personalmente la obra al público en las actuaciones de La Barraca o Anfistora.

Por el lirismo, la seriedad dominante, el tratamiento de

───────────

[5] «Federico García Lorca, ¿un precursor de la 'Teología de la liberación? (Su primera obra dramática inédita)», *Lecciones sobre García Lorca,* Granada, Comisión Nacional del Cincuentenario, 1986, págs. 25-33.

[6] Publicado recientemente por Marie Laffranque en *Teatro inconcluso,* págs. 115-116 y 207-213.

los temas religiosos o filosóficos y la ausencia total de comicidad o ironía, están los teatros de *animales, almas* y *aleluyas* estrechamente relacionados. Acaso se pudiese aplicar a los tres el encabezamiento de la primera página del *Teatro de animales,* donde sobre este título se lee, bien centrado y escrito en letras de mayor tamaño, *Del Amor,* a modo, quizá, de designación de una serie.

El *Teatro de aleluyas* es el más corto de los tres fragmentos. Apenas llega a cuatro páginas. Indudablemente es posterior a los otros, y no sólo por lo que respecta a la grafía. En él, como hemos visto, no se da más que el nombre de la posible obra a representar, pero en la teorización que lo compone, está ausente por primera vez la preocupación religiosa. Los comentarios filosóficos se relacionan sólo con el tema teatral básico para Lorca, de la relación personaje-espectador. El fragmento consiste esencialmente en el análisis del espíritu de la aleluya y el lirismo, desde luego presente en alto grado, ya no es desbordante como en el *Teatro de almas.*

En resumen, y a nuestro modo de ver, es de extremo interés la relación entre el *Teatro de aleluyas* y el *Perlimplín* definitivo, aunque a primera vista no parezca existir entre ambos textos otro punto de contacto que el largo nombre común en rima de aleluya. Pero esto en Lorca puede tener importancia. Un título, para él, es algo que fija una idea. Baste ver cómo los textos del *Teatro inconcluso,* más arriba citado, consisten básicamente en título, lista de personajes y —con dos excepciones— una pocas páginas, a veces sólo unas líneas que apenas constituyen una escena. Y no obstante, la obra proyectada está ahí. Por eso es grande la deuda de *Amor de Don Perlimplín* con este primer manuscrito, porque ese título encierra ya en sí nada menos que el tema, los personajes y el lugar de la acción. Y por lo que respecta al espíritu del fragmento, ya indicamos anteriormente su coincidencia con el que domina el desenlace de la farsa.

Finalmente, es importante notar que, a diferencia de los dos «teatros» anteriores, el *Teatro de aleluyas* sí podría ser representable en guiñol, siguiendo la técnica de «teatro planista» utilizada en la presentación del *Auto de los Reyes Magos,* en la fiesta de Reyes de enero de 1923.

Esta relación que creemos ver entre el *Teatro de aleluyas* y el «teatro planista» nos lleva a intentar una fecha cercana a este último.

Ya sabemos que la primera mención del concepto de «teatro planista» se encuentra en una carta de Lorca de diciembre de 1922[7], en la que se anuncia la fiesta proyectada.

La importancia cultural de la fiesta de Reyes de 1923 está hoy bien establecida[8]. Es obvio que los participantes —Lorca, Falla, Lanz— tuvieron que quedar complacidos del resultado. Lorca lo expresa así en diferentes cartas a sus amigos. Pero vamos a detenernos seis meses después, en una carta de 30 de julio de 1923[9] en la que leemos:

> En el mes de septiembre preparamos Falla y yo la segunda representación de los títeres de cachiporra, en la que representaremos un cuento de brujas, con «música infernal» de Falla, y además colaborarán Ernesto Halffter y Adolfito Salazar.

No sería extraño esperar que en este nuevo intento se incluyese también «teatro planista».

Poco después de la fiesta de Reyes, José Mora Guarnido publicó dos interesantes artículos sobre el teatro de títeres andaluz[10]. En el primero de ellos, en que se describe la fiesta, señala la importancia del «teatro planista», porque, según él, esta nueva forma conseguía la revalorización del guiñol, el cual al poder funcionar lo

---

[7] Carta núm. 10 a Melchor Fernández Almagro, *Epistolario,* I, pág. 61. Fechada por Maurer a fines de diciembre de 1922.

[8] Véase el mencionado artículo de Andrés Soria, donde se estudia ampliamente dicho acontecimiento.

[9] Carta núm. 2 a José de Ciria y Escalante, *Epistolario,* I, página 72.

[10] «Crónicas Granadinas: El teatro "cachiporra" andaluz», *La Voz,* 12 de enero de 1923, pág. 2; «Crónicas Granadinas: El teatro "cachiporra" de Andalucía», *La Voz,* 19 de enero de 1923, pág. 4.

mismo en Cristobical que en anónimo medieval, se acercaba en su opinión al arte puro. En el segundo artículo encontramos otro dato que nos interesa: Lanz, se nos dice, preparaba un cierto repertorio «planista» entre el que figuraba el llamado «escenas de brujas en la noche».

El proyecto anunciado por Lorca parecía, efectivamente, estar en marcha. El hecho de que en el repertorio de Lanz figurasen las «escenas de brujas» coincidiendo con el «cuento de brujas» mencionado en la carta a Ciria da la impresión de que al menos parte del programa podía estar preparado.

Ahora bien, ¿sería el *Teatro de aleluyas* algo que destinaba el poeta para esta segunda representación?

Lo único que sabemos sobre el particular es que, por una razón u otra, el proyecto fue abandonado. Igual suerte corrió el *Teatro de aleluyas,* y por lo que respecta al «teatro planista», no volvemos a oír hablar de él.

Nos atreveríamos, pues, a pesar de tan débiles datos, a fechar el *Teatro de aleluyas* hacia el verano de 1923.

Fragmento B

CASA DE DON PERLIMPLÍN

FACSÍMIL, TRANSCRIPCIÓN LITERAL Y ESTUDIO

~~Casa de Don Perlimplín~~

~~dos~~ dos sillas el fondo pintadas en la pared
una mesa real y dos sillas. Al fondo
un balcón por el cual se verá una torre
y tres pájaros volando en el aire.

—

Criada.   Las vecinas de mi calle
  (cantando)   llevan jarros en el talle;
               ¡esta calle es mucha calle!
               cien bordados y un tonel
               hacen siempre mi papel
               ¡Ay flor del ~~tata~~ perifollo!

Per. (dentro)

Chi. (a todos.)   Don Perlimplín!
                  Don Perlimplín.

Per.   ¿Me llamas?

Ci.   Sí

≡ Casa de Don Perlimplín ≡

Una si
dos sillas al fondo pintadas en la pared
una mesa real y un sillon. Al fondo
un balcon por el que se verá una torre
y tres pajaros volando en el aire.

———

Criada. cantando	Las vecinas de mi calle llevan lazos en el talle. ¡Esta calle es mucha calle!
Per- (dentro)	Cien borrachos y un tonel hacen siempre mal papel ¡Ay flor de lata flor de oropel![1]

———

entrando. Cri-	Don Perlimplín, Don Perlimplín.
Per-	¿Me llamas?
Cri	Si

———

[1] Las primeras seis líneas quedan encerradas en un recuadro indicando que van cantadas.

Jornada cuarta. (pausa)

Cri   Don Perlimplín
           Don Perlimplín,

(Por dentro y más triste)
           ¿Qué quieres, hija?

Cri.   Quiero......

Per.   ¡Demonios!

Cri.   ¡Vengase aquí!

Per.   Me estoy estirpinando
           mi casaquín!

Cri (llorando) Don Perlimplín
                Don Perlimplín,

Per saliendo)   Tonta retovta
                del retortín.

La criada duda. (pausa)

Cri   Don Perlimplín
             Don Perlimplín.

Per (dentro y mas fuerte)
             ¿Que quieres ? di?

Cri-   Quiero.....

Per-   ¡Demonios!

Cri-   ¡Vengase aqui!

Per-   Me estoy poniendo
             mi casaquin.

Cri- (llorando) Don Perlimplín
                 Don Perlimplín.

Per saliendo)   Tonta retonta
                 del retontín.

Parlanghin viste de verde y tamarilla negras.

Cri — ¡Malas noticias van a venir!

Par — ¿Que estás diciendo? ...El tumulto

Cri. ¡De estas!

Par. ¿De mí? (pausa) Particular
      (cada vez mas)

—————————————————————

(¿Me falta mucho para morir?

Cri. ¡Naturalmente!

Par — ¿Respiro?

Cri. Sí.

Par (alegre) Con un le cena
              pastel y vino

Perlimplín viste de verde y trencillas
negras.

Cri   ¡Malas noticias van a venir!

Per-   ¿Que estas diciendo?.....(tiembla)

Cri   ¡De usted!

Per-   ¿De mi? (pausa, Per tiembla
                       cada vez mas?

Cri[1]
               ¿Me falta mucho para morir?

Cri.   ¡Naturalmente!
Per -   ¿Respiro?

Cri-   Si.

Per (alegre)   Pon en la cena
               ya pastel y vino

---

[1] Ilegible.

(Suena una campanilla)

Cri	Tinintintín.
Per-	[1]Tinintintín,
Son	¡Son las noticias!
Cri-	¿Que hago?
Per-	¡Abrir! - (sale la criada)
-Per-	*Gracias*
	Gracias a Dios Perlimplín
	tu vin
	La muerte no viene por ti.
La voz de la muerte[2]	Detras de la puerta *esta* estoy
	y algun dia llegará
	que voy que voy que voy
Per- (de rodillas)	Pero ahora no no no no
	Perlimplín es como un sol.
	¡Oh dias verdes y cuadrados
	llenos de pajaros pintados!

---

[1] La T parece corregir la R.

[2] Ilegible (cercana?)

; ¡Este piñata! ¡eloquid... de la puerta!
¡p... ...

Cri   ; En la ciudad de Alejandría
           Su madre ha muerto hace los dí...

Per.   ¡Quien lo diría! (saca un pañuelo
y llora.   ¡La niña la tó insulta)

Cri-   ¡Quien lo diría!
Per-   ¡Hace diez años
           estava viva.

Cri.   Ye daba la teta.
           despues, lo dormía,
Pr-   No llevó a la escuela
           me llevó a la misa.

Chi.   Doña y retedoña
           en Alejandría

                    ¡Estate quieta! ¡esta quieta!
                    sigue siempre detras de la puerta!
                    Gracias a Dios Perlimplín
                    tu alelulla no da fin.

Cri   ¡En la ciudad de Alejandria
                    Su madre ha muerto hace dos dias!

Per-   ¡Quien lo diria! (saca un pañuelo
y llora. La Criada lo imita)

                    Ha
Cri-   ¡Quien lo diria!

Per-   Hace diez años
                    estava viva.

Cri-   Le daba la teta.
                    despúes lo dormia,

Pr-   Me llevó a la escuela
                    me llevó a la misa.

Cri.   Doña y retedoña
                    en Alejandría

Pe -   Yo era Porcimplín
        y ella Parcimplina.

On (llorando) En mi testamento
con letra cursiva
dice que te cases.
         Casate enseguida.

Par (irritada) No puedo casarme
mi cama es muy chica.
Tiene medio metro.

            ¡Poco mas!

            ¡Mentira!

Par.   ¡Se puede medir!

Cn

Par.   ¡No me contradigas!

On (enfadado) ¿Que hacemos?

Par (enfadada) Que hacemos

Per-	Yo era Perlimplín Y ella Perlimplina
Cri. (llorando)	En su testamento con letra cursiva dice que te cases. Casate enseguida.
Per (irritado)	No puedo casarme mi cama es muy chica.
Cri-	Tiene medio metro.
Per Cri Per.	¡Poco mas! ¡Mentira!
Cri	¡Se puede medir!
Per.	¡No me contradigas!
Cri. (sentandose)	¿Que hacemos?
Per- (sentándose)	¿Que hacemos?

Cri.

Par.   Medit
                                 Medita,

(se ponen las manos sobre la frente).

Cri.   Medite

Per-   [1]Medita.

(se ponen las manos sobre la frente)

---

[1] Ṁ escrita sobre una P.

Estudio del fragmento B:
Casa de Don Perlimplín

El fragmento inédito, que identificamos como B, consta de dos hojas arrancadas de un cuaderno, de 21,6 cm por 15,1 cm, que dobladas por la mitad forman, a modo de librillo, ocho páginas de 11 cm por 5 cm, de las cuales sólo siete se utilizan. Están sin numerar y escritas a lápiz por las dos caras.

Consiste en un rápido diálogo rimado de unas noventa y cuatro líneas, que queda interrumpido apenas comenzada la séptima página.

La escritura es de un trazado rápido, nervioso, de lectura difícil, con tachaduras y añadidos entre líneas en letra diminuta —incluso, en dos casos, ilegible. Se trata, desde luego, de un primer borrador. En comparación con el anterior fragmento, supone un gran avance hacia la grafía de los textos posteriores, a los que se acerca mucho.

Vemos también que este inédito lleva un título muy concreto, *Casa de Don Perlimplín,* y un decorado cuidadosamente descrito en las primeras cuatro líneas.

El contenido, sin embargo, es puramente esquemático. Se trata de una sola escena entre dos personajes, a los que se añade en «off» la voz de un tercero.

El protagonista —Don Perlimplín— y su criada están en su casa, pero fuera de escena, al comienzo de la obra. Se oye a la criada cantar una copla. Suponemos que desde el lado opuesto llega la voz de Don Perlimplín cantando otra copla. Quizá se trate de la misma canción, quizá no.

Entra en escena la criada llamando desesperadamente a Don Perlimplín, que tarda en salir porque avisa desde dentro que se está poniendo «su casaquín», es decir, que se está vistiendo. Aparece finalmente vestido «de verde y trencillas negras». La criada, que no ha parado de llamarle, incluso llorando, anuncia malas noticias para su señor. Parece una premonición, pues no se sabe cómo o por qué han llegado a su conocimiento.

Malas noticias para Perlimplín significan automáticamente un aviso de su muerte, pero la criada le tranquiliza, y alegre, porque al parecer otra cosa ya no le importa, pide festejar la ocasión con una buena cena. Suena en ese momento la campanilla. La criada, con miedo, sale a abrir cuando se oye detrás de la puerta la voz de la Muerte. Don Perlimplín, horrorizado, pidiéndole que se mantenga siempre detrás de la puerta, recuerda su juventud aleluyesca y agradece a Dios que su «aleluya no dé fin» en tal momento. Vuelve la Criada. La noticia de la Muerte se refiere a la madre de Don Perlimplín. Ésta ha muerto en Alejandría. Mientras la lloran y recuerdan conocemos que se llamaba Doña Perlimplina.

La criada tiene ahora un testamento, que suponemos ha recibido de la Muerte, y que contiene una orden o deseo de la madre de Don Perlimplín de que éste se case. Se revela aquí el conflicto. Don Perlimplín reacciona irritado, su cama es muy pequeña, no hay sitio para otra persona. La Criada le contradice. Sigue una discusión entre ambos que termina con los dos personajes sentados frente a frente, meditando qué hacer ante tal problema.

Termina así este inédito, que si a primera vista parece un intento ligero, casi un juguete o disparate entretenido, analizado con más detenimiento revela un paso fundamental.

Debemos destacar, ante todo, que el fragmento B está escrito indudablemente con la intención de una representación de títeres. Se trata, pues, de un giro total en la aproximación al tema de Don Perlimplín. Estamos muy lejos del espíritu lírico o filosófico que animaba al *Teatro de aleluyas* del fragmento A. Entramos, por tanto, en el mundo de los «títeres de cachiporra».

De su relación con la aleluya sobrevive un elemento importante, la rima, ajena por tradición a la sencillez primitiva del guiñol. Su ritmo mantiene vivo el recuerdo del sonsonete monocorde de la aleluya.

Las primeras veintiocho líneas del texto son pentámetros, rimando el verso segundo con el cuarto. La rima es aguda en i, acercándonos de esta manera al sonido chillón que el pito de caña da a la voz de los muñecos. Escritos los versos con cierto desorden, sin cortar la línea ni colocar un verso debajo de otro, su rima puede pasar inadvertida a menos que sean leídos en voz alta.

Coincidiendo con la presencia de la Muerte, cambia el ritmo a partir de la línea treinta. Las siguientes diez líneas, de la treinta y dos a la cuarenta y dos, son versos de ocho, nueve, incluso diez sílabas en rima de aleluya, esto es, dísticos monorrimos. Vuelve a las cinco sílabas de la línea cuarenta y tres a la cuarenta y ocho, pero con una rima diferente, en ía. A partir de la línea cuarenta y nueve el verso pasa a las seis sílabas, manteniendo hasta el final la rima en ía.

Del carácter dieciochesco original del personaje —que, por cierto, ha recuperado aquí definitivamente el *Don*— queda un detalle: el «casaquín». Y si reparamos en que no deja de ser extraño que en tan esquemático fragmento se marque taxativamente el color del traje del personaje o muñeco, que «viste de verde con trencillas negras» —es decir, trazos negros sobre verde—, nos damos cuenta de cómo en la mente del poeta va unido el recuerdo del pliego de aleluyas a su visualización cromática, que ya vimos bien definida en el fragmento A, y que aquí persiste en el color de ese traje de Don Perlimplín que queda inalterable, casi como carácter definitorio. Y se vuelve a insistir en esta fijación del color verde cuando ante el miedo a la muerte nuestro héroe, agradeciendo a Dios que «su aleluya no dé fin», evoca su vida —o sea, su aleluya— como «días verdes y cuadrados / llenos de pájaros pintados».

Estos pocos rasgos de moda y color, aunque dados tangencialmente, permiten reconocer en el títere al personaje de aleluya, que, por otra parte, tendrá una personalidad muy diferente de la original. Porque en la aleluya, Don Perlimplín no fue precisamente un solterón, sino que se casó dos veces y por mujeriego encontró la muerte sin llegar a viejo.

El hacer un carácter más del elenco de los Cristobicas de un héroe de aleluya es perfectamente comprensible. Cristóbal y Don Perlimplín eran sendos protagonistas de dos géneros literarios, dramático uno, literario el otro, pero igualmente primitivos y dirigidos exactamente a un mismo público. Es natural, también, que en la encarnación de Don Perlimplín como muñeco se prescinda del tema aventurero que dominó su vida literaria y que no se aviene con la simple representación de títeres. Queda así, en este nuevo medio, más ligado a la tradición infantil de juegos, canciones y retahílas.

Menciono este punto en relación con la presencia de esa Muerte que espera detrás de la puerta amenazando, sin atreverse a traspasar el umbral, y que nos puede parecer un tanto fuera de lugar en una representación de títeres. Y, sin embargo, no creo que ningún niño se extrañase de la llamada de tal Muerte a la casa de Don Perlimplín, porque encaja dentro de su mundo infantil. No puedo menos de recordar como ejemplo uno de tantos juegos infantiles de infancia que yo conocí y que parece parangonar esa misma escena:

> Tan, tan, a la puerta llaman,
> Tan, tan, yo no quiero abrir,
> Tan, tan, si será la Muerte,
> Tan, tan, que vendrá por mí[1].

---

[1] Fernando Llorca en *Lo que cantan los niños,* Madrid, Editorial Llorca, sin fecha, pág. 91, recoge una versión muy semejante.

Por otra parte, siempre había en el guiñol algún muñeco encargado de asustar al ingenuo público, generalmente el Diablo. De cualquier forma, es interesante notar cómo temas lorquianos por excelencia como muerte, puerta, umbral, pueden aparecer en las más inocentes y sencillas escenas de muñecos.

La importancia de este fragmento B reside básicamente en el hecho de que en él tenemos un bosquejo de la primera escena de *Amor de Don Perlimplín con Belisa en su jardín.*

Los personajes, amo y criada, son aquí los mismos de la obra definitiva. Don Perlimplín es el solterón dependiente de la criada. Ésta, entrometida y respondona que lo cuida y mangonea, es el alter ego de su madre. El carácter de dúo, que será definitorio del drama, parece fijado por su dependencia del guiñol.

El tema es exactamente el que dará comienzo al cuadro primero de la redacción final; esto es, la discusión entre el solterón que se resiste y la criada insistente que quiere empujarlo al matrimonio.

El lugar de la acción, la casa de Don Perlimplín, es el mismo en ambos casos. Incluso el decorado está formado por análogos elementos, porque, no obstante lo esquemático del fragmento B, la decoración está bien determinada.

Si recordamos ahora la decoración del cuadro primero de *Amor de Don Perlimplín,* veremos que no difiere de este primitivo intento más que en el forillo. El telón de fondo es igual: en él siguen las sillas pintadas y se abre el mismo gran balcón. Solamente a través de él, en lugar de la torre, se verá el balcón de Belisa. Hasta existe cierto parentesco entre los tres pájaros volando en el aire que se ven a través del balcón de este fragmento B y la bandada de pájaros de papel negro que lo cruzan al final de dicho cuadro primero.

Pero pasemos ya al problema que presenta el intento de fijar la fecha de este inédito, porque el hecho es que no consideramos posible, dados los datos que tenemos, fechar con exactitud el fragmento B que aquí nos ocupa. Por la grafía, parece posterior en años al fragmento A; por el contenido, cae de lleno dentro de los intentos de teatro para guiñol. Como tal, el fragmento B es perfectamente representable y, aunque la acción se interrumpa bruscamente, tiene sentido y podría resultar de efecto cómico.

Entendamos en este punto que la tradición de los Cristobicas que Federico recrea es la de los llamados muñecos de guante, o de mano.

Lorca, aparte de su creación literaria, fue un excelente folklorista[2], y sabemos que investigó directamente los restos ya muy debilitados del guiñol andaluz donde los Cristobicas todavía mantenían cierta supervivencia[3].

Se nos puede argüir la condición imprecisa entre personas y muñecos que parecen tener los caracteres de la *Tragicomedia de Don Cristóbal y Doña Rosita*. Francisco García Lorca se ocupa extensamente sobre el particular[4]. Pero la tradición andaluza de la que el poeta habla y sobre la que quiere basar sus títeres, los de garrotazo y tentetieso, era guiñol, esto es, muñecos de mano.

En los títeres de guante, desde luego los más primitivos, se acciona la cabeza del muñeco con tres dedos, índice, corazón y anular, una de las manitas con el pulgar y la otra con el meñique. Así pues, utilizando las dos manos y cambiando la voz, el titerero se bastaba sólo para la representación, pero los personajes presentes a un tiempo no podían —como es natural— pasar de dos. Baste recordar cómo los dialoguillos tradicionales, en la mayor parte de los casos, consistían en un personaje sólo, Cristóbal, y el titerero, que desde dentro se encargaba de dar la réplica, o a lo más en dos personajes en escena y la intervención del titerero como tercera voz.

Como la presencia de un muchacho ayudante era corriente, podía excepcionalmente manejarse un tercer

---

[2] Véase Federico de Onís, «García Lorca, folklorista», *España en América,* Madrid, Librería Villegas, 1955, págs. 765-769.

[3] *Epistolario,* I, pág. 38.

[4] *Op. cit.,* págs. 276-278.

muñeco, quizá hasta un cuarto, pero nunca pasar de ahí dado el espacio que dos personas con los brazos en alto ocuparían detrás del escenario.

Si me he detenido en esta descripción ha sido con el intento de señalar uno de los posibles orígenes del reducido reparto de *Amor de Don Perlimplín* y el peculiar carácter de dúo que tiene la obra, que como ya indicamos anteriormente queda establecido desde este fragmento B.

El interés de nuestro poeta por retener y recrear el teatro de títeres andaluz data, que sepamos, del invierno o primavera de 1921. Deducimos esta fecha de la carta que en el verano de ese año escribe a Adolfo Salazar[5], en la que menciona los «Cristobitas» como algo ya previamente discutido entre ellos, y cuenta lo que ha podido averiguar en Andalucía de tal tradición. Al preguntar a Salazar qué es lo que piensa hacer al respecto, entendemos que se refiere quizá a investigación musical sobre el particular, ya que se está dirigiendo a un musicólogo que fue también crítico musical, pero no compositor. Porque el interés de Lorca por conseguir la colaboración de Manuel de Falla en los títeres andaluces existe desde el primer momento. Podemos afirmar este punto basándonos en otra carta casi de la misma fecha que la anterior. En ella, Federico menciona que su ida a Granada había tenido como propósito «tratar un asunto precioso con Falla. Se trata de los *títeres de cachiporra* que estoy *fabricando,* en los que el maestro tendrá parte activa»[6].

El hecho es que el poeta trabajó solo sobre el proyecto, dando como terminado un año más tarde uno de los manuscritos de *Títeres de cachiporra: Tragicomedia de Don Cristóbal y Doña Rosita,* fechado el cinco de agosto de 1922. Por Francisco, su hermano[7], sabemos que existen dos versiones más de la misma obra.

---

[5] Carta de 2 de agosto de 1921, *Epistolario,* I, pág. 36.

[6] Carta a Melchor Fernández Almagro, *Epistolario,* I, pág. 43. C. Maurer fecha la carta a finales de julio o primeros de agosto de 1921. El subrayado es de Lorca.

[7] *Op. cit.,* pág. 275.

Tiene lugar finalmente, a principios del siguiente año de 1923, la extraordinaria fiesta de Reyes, que ya mencionamos, en que se consiguió, aunque efímeramente, la maravillosa colaboración de dos figuras de la altura de Lorca y Falla.

Se suceden en aquel invierno las noticias en carta sobre los títeres, pero paulatinamente va quedando desplazado el interés en éstos, ante la posibilidad de colaboración con el compositor en un proyecto más ambicioso, el de una «obra poemática» musical, u «operita», que habría de ser *La comedianta.*

A pesar de que en el verano del mismo año de 1923 anuncia[8] una segunda representación de Títeres de cachiporra con Falla, Halffter y Salazar, sabemos que sólo fue éste otro proyecto malogrado[9].

El entusiasmo parece decaer después de aquel verano de 1923, pero Lorca no había abandonado sus títeres. En el verano de 1925[10] tenemos noticia de que está escribiendo lo que consideramos el siguiente inédito: el fragmento C.

En resumen, solamente podemos señalar que este fragmento B pudo ser escrito entre el invierno de 1923 —pasado el éxito de la fiesta de Reyes— y el invierno de 1925, en que se ocupa del inédito que estudiaremos a continuación.

Aventuraríamos, tratando de afinar un poco más, que quizá podría datar del verano de 1923, como parte de la proyectada segunda representación de títeres que no llegó a realizarse. Quizá se trate simplemente de una primera redacción, no muy distante en el tiempo del fragmento C.

---

[8] Carta a José de Ciria y Escalante, *Epistolario,* I, pág. 73.

[9] Ya estaba hecho este pequeño resumen cuando ha aparecido un buen artículo sobre el particular, de Piero Menarini: «Federico y los títeres: cronología y dos documentos», *Boletín de la Fundación F. G. L.,* núm. 5, junio 1989, págs. 103-128.

[10] *Epistolario,* I, págs. 101-103.

FRAGMENTO C

CASA DE DON PERLIMPLÍN

FACSÍMIL, TRANSCRIPCIÓN LITERAL Y ESTUDIO

Casa de Don Perlimplín.

(un donde se verán Habitación con cuatro puertas. Latro... y un balcón al fondo
y en mayor de cefaca)   ¡Marcolfa! ¡Marcolfa!
(entrando por la puerta de enfrente) ¡Tendré que tirarte del
pelo!

Mar; (saliendo por la puerta del lado) Don Perlimplín. Don
Perlimplín, (entra) ¡Que sienvante! (sale)

Mar y Per (dentro y a la vez)   Don Perlimplín Marcolfa.
                                 Don Perlimplín Marcolfa (alto)
(saliendo los dos por puertas distintas y ... irritados enfrente)
a gritos)   Marcolfa - Don Perlimplín:
Al verse callan de repente. (pausa)
Mar -   ¿Llamaba... m excelencia?
Per -   ¿Yo? ..... ¿Tricante te lo ha dicho?
Mar - (cojiendose el delantal)   Creia ...
Per -   ¿Por que gritabas de esa manera?
Ma - (seria) ¡Excelencia yo no lo comprendo lo Catín!
Per - ¡Hablando de esto! (se enoja echandos)

76

. Casa de Don Perlimplín.

Habitación con cuatro puertas laterales y un balcon al fondo **por donde se veran una torre y pajaros pintados.**

Per (saliendo por una puerta)
    y en mangas de casaca)   ¡Marcolfa! ¡Marcolfa!
(entrando por la puerte de enfrente) Tendré que tirarte del
    irritadísimo
pelo!.

Mar (saliendo por la puerta del lado) Don Perlimplín, Don
    Perlimplín. *entre* ¡Que señor este!. (entra)

Mar y Per (dentro y a la vez.   Don Perlimplín Marcolfa.
                                Don Perlimplín Marcolfa
                                (alto)

(saliendo los dos por puertas distintas y *entre* situadas
enfrente)
a gritos)   Marcolfa - Don Perlimplín.

Al verse callan de repente. (pausa)
Mar-   ¿Llamaba su excelencia?

Per-   ¿Yo?.......¿Quien te lo ha dicho?

Mar- (cojiendose el delantal)   Creía....

Per-   ¿Por que gritabas de esa manera?

Mar- (seria)   ¡Excelencia yo no he despegado los labios!

Per-   *¡Habra sido en la calle!* (se encoge de hombros)

77

Par.— A propósito... ya que estás aquí ..... ¿Recuerdas cuanto
costó mi casaca verde?

Mar.— Eres ......
¿Has visto en tu vida una prenda igual?

Par.— ¡Y qué hermoso forro de tafetán amarillo!

Mar.— Don Perlimplín con su primo el forro es verde también
(se rasca la cabeza)

Per.— (Sí).....

Mar.— ¡Ya verá su excelencia! (sale)

Par.— (levantando las manos) ¡Gracias a Dios!

Mar.— Mire... (se acerca y pone la casaca)

Par.— ¡Y qué bien me sienta! Ponerse una
casaca de seda es como bañarse en agua
templada. ¡Ah!.....

Mar.— ¡Qué bien está su excelencia con ese color
de melón.

Par.— ¡Marcolfa! ......Marcolfa?

Mar.— Si hubiese dicho... de mañana ¿se
habría disgustado mi señor?

Per.— No

Mar.— Y ¿qué diferencia hay de una
mañana a un melón?

Per.-	A proposito.. ya que estas aqui....¿Recuerdas cuanto costó mi casaca verde?
Mar-	Tres onzas.
Per-	**¿Has visto en tu vida una prenda igual?**

                                   tiene
                   Yo que hermoso forro de tafetan amarillo

                                   también
Mar-	Don Perlimplín con su permiso el forro es verde *tan*

                   (se rasca la cabeza)

Per-	¿Si?.... *no*
Mar-	¡Ya vera su excelencia! (sale)
Per. **(levantando las manos)**	¡Gracias a Dios!

                                   le
Mar-	Mire... (se acerca y pone la casaca)
Per-	*Y que bien me sienta!* Ponerse una casaca de seda es como bañarse en agua templada. ¡Ah!...
Mar **(cruzando las manos en señal de admiración)**	Y Que bien esta su excelencia con ese color de melón.
Per-	¡Marcolfa!
Mar-	**Pero ¿por que Marcolfa?**
Per-	**¡Marcolfa!**
Mar-	Si hubiese dicho. de manzana ¿se habría disgustado mi señor?
Per-	No
Mar-	Y ¿Que diferencia hay de una manzana a un melon?

Per. (en la mano
(en la puerta)   Ninguna.

Mar.-   ¿Qué frutas es más lista que la otra?

Per.-   Las dos iguales, ¿en de particular tiene que yo
Mar.-   Entonces --- de ¿qué   bien esta
: su excelencia en los   melón!
                  nada de particular
Per.-   Gracias Mercedita.

Mar.- (alegre)   ¡Claro que--¡ (Los cristales del
balcón   ¿qui suenan estrepitosamente)

Per.-   ¿Qué es eso?

(Suenan al debomerque la puerta) Los gallos de la
ciudad cante recanta más agudo)

Per -   ¡Ay tú! (se escucha debajo de la mesa)
Mar.-   ¡Ay! ¡(tiemblan abrazados   debajo de la mesa)
(La voz de la muerte en la calle)
canta de una manera lúgubre)
                        El gato maya. La gallina cacarea
                        yo soy la muerte que está en la puerta
                        Pellorquito en el culo
                        ¡Abrid la puerta!

Per.-   ¡No abras! (en baja voz)

Per- (con la mano
    en la frente)Ninguna.

Mar-   ¿Que fruta es mas lista que la otra?

Per-   Las dos iguales.
                                 que de particular tiene que
                                        yo diga
Mar-   Entonces....¡Que *bien es* bien esta
                                    vestido de
                  su excelencia *en hermandad con el* melon!
                  nada de particular
Per-   *Ninguna* Gracias Marcolfa.

Mar- (alegre)   ¡Claro que...! (los cristales del
balcon *trepi* suenan estrepitosamente)

Per-   ¿Que es eso?

(Suenan aldabonazos en la puerta) Los gallos de la
ciudad canta su canto mas agudo)

Per-   ¡Ay! *ti (se esconde debajo de la mesa)*

Mar-   ¡Ay! *(se esconde debajo de la mesa)*
                                    tiemblan abrazados

(La voz de la muerte en la calle)
canta de una manera lúgubre)

                  El gato maya. La gallina cacarea
                  Yo soy la muerte que está en la puerta
                  Pellizquito en el culo
                  ¡Abrid la puerta!

Per-   ¡No abras! (en baja voz)

Mar —   (¿Qué hacemos?)
Per —   (¿Vendrá por mí?)
Ma —   (¿Qué edad tiene su esposa?)
Per —   Cincuenta y cuatro años.
Mar —   Entonces no.
Per —   Pero... (¿si si es por mí?)
Mar.   Si es por mí... los engañaré.

Por la voz de la muerte.

¡Ay! que viene la policía con un sargento
abrid que tengo mucho miedo
Don Perlimplín
que te voy a tirar de los pelos

Mar (decidida)   Ea... (se asoma al balcón)
                              ¿Vienes por Don Perlimplín?
F.
Musita.   No
Mar. (a don Perlimplín)   ¡Dice que no!
                              (Don Perlimplín se limpia el
                              melón)

Mar-	¿Que hacemos?
Per-	¿Vendra por mi?
Ma-	¿Que edad tiene su excelencia?
Per-	Cincuenta y cuatro años.
Mar-	Entonces no.
Per-	Pero...¿y si es por ti?
Mar-	Si es por mi la engañare.

[1]La voz de la muerte.

Los gallos ponen banderillas
en el morro blanco del cielo
¡Abrid!
¡Que os voy a tirar del pelo!

¡Abrid! que viene la policia con un
                                    sargento
abrid que tengo mucho miedo.
Don Perlimplín
Que te voy a tirar de los pelos

Mar- (decidida)	Ea... (se asoma al balcon)
P[1]	¿Vienes por don Perlimplin?
Muerte.	No
Mar- (a Don Perlimplin)	¡Dice que no!
	(Don Perlimplin se limpia el sudor)

---

[1] P debajo de L

Mar.- ¡Entonces qué quieres? (entrando) Trae una
carta. Voy a recogerla... (sale)

Per(cantando pero alegre el miedo y castañeteando los dientes)
Cien borrachos y un tonel
hacen siempre (mal) papel.

Mar(entrando furiosa) ¡Ay Don Perlimplín!

Mar(retirándose y aminorando ¡Auuuuuurrruuuú......
el ruido)

Per-   ¿Pero qué pasa hijita? ¡Ay Marcolfita
que estás tan grande!

Mar-(llorando) . En la ciudad de Alejandría
Tu madre ha muerto hace dos días.

Per(sacando pañuelo)¡Quién lo diría!
Mar-(sacando pañuelo)¡Quién lo diría!
Hace diez años estaba viva.

Per-   Diez grullas van a la luna
Mar-   llevando su desventura. (suenan las
                                      campanas doblando)

Per-   El sol mandará mañana
Que repique la campana.

Mar-   ¿Entonces que quieres? (entrando)
Muer   Trae una carta. Voy a recogerla... (sale)

Per (cantando para alejar el miedo y castañeteando los dientes)

              Cien borrachos y un tonel
              hacen siempre mal papel.

Mar (entrando llora)¡Ay Don Perlimplín!

Muerte retirandose y aminorando
el sonido)   ¡Auuuuuuuuuuuuuuuuuu!.........

Per-   ¿Que pasa hijita? ¡Ay Marcolfita
            que susto tan grande!

Mar- (llorando) En la ciudad de Alejandria
            Su madre ha muerto hace dos dias.

Per-(saca un pañuelo) ¡Quien lo diria!

Mar-(saca un pañuelo) ¡Quien lo diria!

Per-   Hace diez años estaba viva.

Mar-   Diez grullas van a la luna
            llorando su desventura. (suenan las
                           campanas do-
                           blando)

Per-   El rey mandara mañana
            Que repique la campana.

Mer- Ya iran los curas cantando
y los niños alumbrando.

(por el balcón pasa un entierro)
pintado doble

Por-. Ya caja la pagará
el capitán general.

Mer- (Entierro...)
...de Portugal

Mar y coro del testamento: Escribe en su testamento
Que te cases al momento (con el gentío)
y casa de llanes)

Por (saliendo de un entierro) (¿Yo me case?)

Mar- (¿Yo va a ser soltero su
excelencia?)

Por- Yo bien quisiera casarme pero mujer
esta casa es muy chica y no cabremos.

Mar- ~~Ya mañana haceruna casita~~
~~Alli se caben dos.~~
Donde caben dos caben tres.

Pri- Pero mujer mi cama es decen-
ciacho estrecha y .....

Mar A ti no pasa frío.

Por - Pero ...¿y la mujer?

Mar-	Ya iran los curas cantando y los cirios alumbrando. 　　　　(por el balcón pasa un entierro 　　　　　　　　pintado) *dobla*
Per-	La caja la pagara El capitan general.
Mar-	Enterraron ya por fin la madre de Perlimplin[2]
Mar-(con el testamento)	Escribe en su testamento Que te cases al momento 　　　　(cesa el entierro 　　　　y cesan de llorar)
Per (saliendo de un sueño)	¿Que me case?
Mar-	¿Que va a ser soltero su excelencia?
Per-	[3]Yo bien quisiera casarme pero mujer esta casa es muy chica y no cabemos.
Mar-	*Ya procuraremos hacer un tu sitio* *Asi no pasaremos frio* Donde caben dos caben tres.
Per-	Pero mujer mi cama es dema- siado estrecha y.....
Mar	Asi no pasa frio
Per-	Pero...¿y la mujer?

---

[2] Dos líneas encerradas en un círculo, no sabemos si intenta tacharlas o no.
[3] P debajo Y.

ESTUDIO DEL FRAGMENTO C:
CASA DE DON PERLIMPLÍN

Consiste este tercer inédito, que identificamos como C, en seis cuartillas de 14,9 cm por 21,2 cm, escritas en tinta por una sola cara y numeradas de 1 a 6.

La grafía es ya semejante a los textos de fines de los años veinte. Aunque contiene un buen número de supresiones y adiciones al modo de una primera redacción, parece escrito con cierto reposo y es fácil de leer.

Lleva el mismo título y desarrolla la misma escena que el fragmento B. Es un poco más extenso, tiene ciento catorce líneas. Contiene el diálogo entre la criada y Don Perlimplín, la llegada de la Muerte con la noticia del fallecimiento de la madre de éste y el testamento en que pide que se case, terminando con la renuencia de Don Perlimplín a aceptar el deseo de su madre.

Se trata, pues, de una nueva redacción del mismo texto anterior, pero más elaborada. Para empezar, esta vez no está rimada más que en una pequeña parte. El diálogo es en prosa hasta la línea noventa y uno, donde comienza la rima con el llanto por la madre del protagonista. A partir de la línea noventa y seis hasta la ciento seis, los versos son octosílabos pareados monorrimos, esto es, aleluyas, que se interrumpen para volver al diálogo en prosa en las últimas diez líneas.

Desde luego, seguimos inmersos en el teatro de títeres y en la intención del poeta de adaptar la aleluya al guiñol. A este efecto encontramos que la criada se llama ahora Marcolfa, nombre por cierto de tan rancio abolengo como el de su amo, y quizá más[1], porque Marcolfa es la mujer de Bertoldo en las aleluyas de este personaje[2]. No deja de ser curioso que Lorca vuelva a la misma tradición para buscar un nombre que resulte equivalente en origen y rango al de Don Perlimplín.

Marcolfa tiene más personalidad que la antigua criada del fragmento anterior. Su extracción campesina original se aviene con su nuevo oficio de sirvienta. Ya no es sólo dedicada, fiel, respondona y entrometida, ahora; como la antigua mujer de Bertoldo, también es irónica, astuta y razonadora, tan segura de su capacidad dialéctica que hasta se cree suficientemente hábil como para engañar a la Muerte. En realidad el personaje tiene más dimensión de la que esperaríamos en un muñeco, pero la acción y el movimiento son puro guiñol.

La decoración sigue siendo similar a la de la primera redacción de la Casa de Don Perlimplín. Tenemos al fondo el mismo balcón, y por él se ve el forillo con la consabida torre[3] y los pájaros, que en este caso en lugar de tres son en número indeterminado. En vez de las sillas pintadas en el telón de fondo, se abren cuatro puertas laterales que facilitan las entradas y salidas rápidas y encontradas del principio. De hecho, queda más cerca de la decoración del cuadro primero de la obra definitiva, la del fragmento anterior, el B. Las cuatro puertas de esta segunda versión vienen requeridas por las disparatadas

---

[1] Helen Grant, *op. cit.*, pág. 313, lleva la ascendencia de Marcolfa hasta los diálogos de Salomón y Marcolfo. Este último, convertido en Marcolfa, pasa a ser la mujer del rústico Bertoldo, personaje de cuentos del folklore italiano. La primera versión literaria del Bertoldo es de Giulio Cesare della Croce, del siglo XVII.

[2] Se conocen dos aleluyas de Bertoldo: *Historia de la vida y astucias de Bertoldo* y la *Historia de Bertoldo, Bertoldino y Cacaseno*, de los editores Llorens y Hernando, respectivamente, aunque reeditadas en ocasiones con distinto pie.

[3] La insistencia en esa torre vista a través del balcón nos recuerda uno de los forillos que se conservan del teatro de guiñol, construido y pintado por el mismo Federico, que efectivamente representa una casa con una torre. Este forillo se reprodujo en el catálogo de la exposición del Teatro Español, *Federico García Lorca y su teatro*, pág. 64, ya mencionado.

carreras de los muñecos en busca uno de otro, típicas del teatro de títeres y de seguro efecto cómico sin duda alguna.

El carácter de época característico de Don Perlimplín no está olvidado. Por el contrario, el tratamiento de excelencia que le da la criada lo refuerza, y en lo que se refiere al traje, la casaca dieciochesca es aquí, junto con su color, tema central de discusión. El personaje aparece al comienzo de este fragmento a medio vestir, mas la acotación no dirá «en mangas de camisa», sino «en mangas de casaca», en sí un imposible, pero que deja bien claro la prenda que todavía no se ha puesto. Conocemos a continuación todo lo referente a esta casaca, adscrita al personaje como testimonio inalterable de su origen. Se nos dice así su precio, el material de que está hecha, cómo está forrada, la sensación que produce la seda y, cómo no, su color, porque como sería de esperar es verde por dentro y por fuera. El color verde es precisamente motivo de discusión entre amo y criada, y base para que ésta entre en un razonamiento, al estilo de Bertoldo, en el que naturalmente vence a Don Perlimplín, aunque sólo sea por cansancio.

Interrumpe la escena la llegada de la Muerte. El estrépito de los cristales, los aldabonazos en la puerta, la nota chillona de los gallos contrastando con la voz lúgubre de aquélla, aterrorizan a amo y criada, y de paso, suponemos, a los niños del público. Pero lo que la Muerte canta tiene todo el aire de una cantilena infantil. Precisamente ese «pellizquito en el culo» identifica la retahíla de «aceitera, vinagrera» que precedía una versión un tanto complicada del escondite[4].

---

[4] La retahíla, según recuerdo, decía: Aceitera, vinagrera / ras con ras / dar sin duelo / que se ha muerto mi abuelo / dar sin reír / dar sin hablar / un pellizquito en el culo / y echar a volar. Fernando Llorca, *op. cit.,* pág. 114, da una versión más completa. En el juego, «la madre» sujetaba la cabeza del niño que «se quedaba», que con los ojos cerrados y doblado por la cintura tenía que aguantar una serie de azotes y el pellizco final de cada uno de los otros niños, que a continuación corrían a esconderse y a los que tenía que alcanzar una vez que la madre lo soltaba.

Se trata, sin duda alguna, de una Muerte muy peculiar, incluso cómica, que tiene miedo de la policía y que aunque pide que se abra la puerta —siempre esa puerta—, su amenaza se reduce a un tirón de pelos, casi un castigo de juego infantil. Marcolfa, que es capaz de emprender un razonamiento con cualquiera, sale a entenderse con esta Muerte infantilizada que espera en la calle, que actúa como recadero trayendo y llevando noticias —malas siempre, naturalmente—, la muerte de la madre de Perlimplín en este caso, pero que incluso trae objetos como el testamento de ésta, que por cierto encierra también otra mala noticia.

En la escena del llanto por la muerte de la madre, comienza la rima. En este punto, en que se mantiene durante diez líneas la rima de aleluya, se reproduce casi exactamente el fragmento B; hay incluso siete líneas idénticas. Pero tras el último dístico en que se le notifica el deseo de su madre, Don Perlimplín, como despertando a un problema vital —«saliendo de un sueño», dice la acotación—, interrumpe abruptamente el ritmo monótono de la aleluya al preguntar espantado: «¿Que me case?».

Sigue la argumentación con Marcolfa más o menos en la misma línea conocida, pero este fragmento C va un poco más lejos que el anterior, hasta quedar interrumpido ante la pregunta básica que hace Don Perlimplín: «Pero... ¿y la mujer?».

Termina así el inédito que nos ocupa. Sin embargo, el hecho de que dé fin al pie de la página seis, nos deja en la duda de que quizá se continuase la escena y que las páginas siguientes se hayan extraviado.

Pero parece también que el poeta se ha detenido precisamente aquí, al encontrarse ante la disyuntiva de continuar, añadiendo un tercer personaje o disociar a Don Perlimplín del teatro de títeres. El hecho es que después del fragmento C no volvemos a encontrar a Marcolfa o Perlimplín como muñecos de guiñol. En adelante ambos se encarnarán en seres humanos.

La interrogante que pone fin al fragmento C queda al parecer sin respuesta. No obstante, sabemos que esa mujer por la que pregunta Don Perlimplín estaba ya identificada en el manuscrito A con el poético nombre de Belisa. La irrupción de este personaje en la obra dará paso al drama humano, que quedará ya fuera del escenario restringido y cómico de la farsa de títeres.

A nuestro parecer, es a este fragmento al que se refiere Lorca en la carta a Melchor Fernández Almagro, que Maurer sitúa en el verano de 1925[5] y que contiene la primera noticia que nos da el poeta de su trabajo:

> Y ahora hago una obra de teatro grotesca:
> *Amor de don Perlimplín*
> *con Belisa en su jardín*

que identifica más claramente al añadir:

> Son las aleluyas que te expliqué en Savoia ¿Recuerdas?

En otras palabras, está trabajando aquel verano sobre algo proyectado al menos desde el invierno de 1925[6], en que pudo tener ocasión de entrevistarse con su amigo, en Madrid, en el bar de un antiguo hotel hoy desaparecido.

La línea siguiente de la carta:

> Disfruto como un idiota. No tienes idea.

está totalmente justificada para nosotros, porque las escenas de la *Casa de Don Perlimplín* —esto es, el manuscrito C— son, efectivamente, muy divertidas y visualizándolas en guiñol puede predecirse su total comicidad.

---

[5] Carta núm. 20, *Epistolario,* I, pág. 101. Maurer corrige la fecha de otoño de 1924 dada por Gallego Morell *(op. cit.,* pág. 68). Por prestarse a confusión repetimos este dato ya consignado más de una vez.

[6] Corrobora este punto una carta de Lorca a sus padres, escrita desde Madrid y recientemente publicada por M. García Posada («Lorca, cartas inéditas, 1916-1925», *ABC Literario,* 3 de febrero, 1990, pág. 11). En dicha carta que puede fecharse como de 1.º de abril de 1925, el poeta expresa su deseo de «trabajar en una nueva obra teatral que he comenzado». Alusión que creemos aplicable al primer intento de redacción del futuro *Perlimplín.*

Pero el carácter menor de este nuevo trabajo parece claro para el poeta, que líneas más arriba ha señalado: «Ahora estoy sin proyectos». Es decir, que su teatro grotesco, sus aleluyas de Perlimplín no habían alcanzado todavía para él la categoría de «proyecto». No cabe duda, sin embargo, de que Lorca se divierte escribiéndolo, pero tiene también la conciencia de que está dedicando mucho esfuerzo y tiempo a lo que parece considerar solamente una diversión, un juguete:

> Mi poesía es un pasatiempo.
> Mi vida es un pasatiempo.

apunta con cierto desánimo al comienzo de su carta, y como justificándose añade, al referirse a su Perlimplín de guiñol:

> Pero luego estas cosas *son malas*
> ¿Pero es que no lo sabes? Muy malas.
> Si yo tuviera fe en ellas[7]...

Es posible que estemos aquí en el punto en que el poeta, dudando del valor literario de su «teatro grotesco», decide volver atrás y retomar la nota lírica del primer inédito. El título que menciona ahora en esta importante carta de 1925, *Amor de Don Perlimplín / con Belisa en su jardín,* podría afirmarnos en ello, porque nos demuestra que realmente no se había abandonado aquel primer intento poético del teatro de aleluyas, donde el nombre de la obra quedó casi establecido. Pero ahora, en este fragmento C, presentará por fin el título su forma definitiva con la sustitución de la palabra inicial «historia» por «amor», pequeño gran cambio que marca la clave lírica del futuro desarrollo de la obra.

---

[7] El subrayado es de Lorca.

Fragmento D

FACSÍMIL, TRANSCRIPCIÓN LITERAL Y ESTUDIO

~~Cuadro 2º~~

~~Sala principal de la casa de Don Perlimplín~~

Moro.
Cuando salgas al balcón
No te llamarás Belisa
Tu marido te habrá puesto
El nombre de Perlimplina.

~~Eva~~ Moro 2º
~~Hija~~ Y Moro ~~te~~ estará quitando
Las diademas de ~~sedalina~~

Moro 3º y te arrastrará el caballo

~~Bonito~~
~~pelito~~ sin peinas y sin horquillas

~~Suenan las guitarras. Sale la luna.~~

No 1   arbolé de las ramas verdes
No 2   arbolé de las ~~blancas~~ niñas
Mo 3ª   Los mercaderes de naranjas
        Vienen cantando de la Chira
Mujer 1ª   Se dice---
Mu 2ª   (quemándole tapándole la boca)   Pero silencio (sien)
Mujer 3ª   Se nos dice...

96

La

Cuadro 2°

Sala principal de la casa de Don Perlimplin

Mozo.   Cuando salgas al balcon
        No te llamarás Belisa
        Tu marido te habra puesto
        El nombre de Perlimplina.

         ―――――

Muj
 Mozo 2.° Ahora se[1] estará quitando,
Niña   las chambras de sedalina

Mozo 1°   y le arrastrará el cabello
        sujeto
        pendi y sin peinas y sin horquillas.

 Suenan las guitarras. Sale la luna.

Mo 1   arbolé de las ramas verdes

Mo 2   arbolé de las *blancas* niñas
         blanca
Mo 3°   Los mercaderes de naranjas
        Vienen cantando de la China

Mujer 1ª   Se dice...

M 2ª (queriendole tapar la boca) Pero silencio (rien)

Mujer 1ª   Se nos dice...

―――――――

[1] s escrita sobre l.

97

Mujer 4ª (interviniendo)   - - - - Soy Belisa...

Mujer 2ª   No ~~me~~ ~~conoce~~
Mozo 1º   ~~Aquí~~
               Hoy he visto un cierro mucho.

Mujer 1ª viendo A las niñas-...

Mujer 2ª   Aquel balcón
               tiene la luz encendida. (nieve)
Mujer   ~~todos~~
               compró una caperú de
Mujer 3ª   con las colchas amarillas
Mujer 4ª   ¿De qué le sirvió?
Mujer 1ª   ¿Se dijo?.
Mu 4ª   ~~Todo lo sabe~~
Mo 2º   ¡ Viva el baile de Sevilla!
                          (empiezan una guitarras
                          y castañuelas)
- Bailarina -

           Los peces miran ~~hacia~~
                             la barca
           Puede van los marineros
           Altos la luna empañada
           y la barca mira al viento

        ¡ Cádiz que te cubre el mar
           No te vayas tan adentro!

           Vestidos de plata y oro
           pasean las marineros
           Los peces suben las alas
           y los bajan para verlos.

98

Mujer 4ª (interviniendo) ....Que Belisa...

Mujer 2ª   *No me extraña*

Mozo 2º   *Ayer*
Hoy he visto un ciervo mocho.

Mujer 1ª riendo ¡Ay niñas..!..

Mujer 2ª   Aquel balcon
Mujer 1ª   Tiene la luz encendida. (rien)

           dentro esta Don Perlimplin.
2ª   **¿Estará tambien Belisa?**
                      niquel
Mujer 3ª   Compro una cama de *plata*
con las colchas amarillas

Mujer 4ª   ¿De que le sirvió?

Mujer 1ª   ¿Se dijo?...

Mujer 4ª   *Usted lo sabe*

Mozo 2º   ¡Viva el baile de Sevilla!
                (empiezan a sonar guitarras
                y castañuelas)

-blailalina-   Los peces miran *el mar*
                    la barca
Donde van los marineros
Ellos la luna empañada
Y la barca mira al viento

————

¡Cadiz que te cubre el mar
No te vayas tan adentro!

Vestidos de plata y oro
pasean los marineros
Los peces suben las olas
y las bajan para verlos.

Estudio del fragmento D

Está formado el fragmento, que llamaremos D, por dos cuartillas de 14,9 cm por 21,6 cm, escritas en tinta por una sola cara, sin numerar. Publicado ya por nosotros como parte de un estudio[1], consiste en treinta y cuatro versos octosílabos, con la sola excepción de cuatro endecasílabos —líneas nueve a doce— que al parecer componen una canción. La rima asonantada en los versos pares, en -ía, sólo cambia en los diez versos finales que forman el poema con que termina el texto.

La primera página aparece encabezada con un título claramente tachado, pero donde se puede leer: «Cuadro 2º» «Sala principal en la casa de Don Perlimplín». Nada más comenzar vemos que, efectivamente, queda fuera de lugar. El poeta, al empezar a escribir, ha cambiado de idea y con tres trazos seguros ha anulado el título y la intención que éste sugiere, sin molestarse en cambiar de papel. La acción, pues, no ocurre dentro de la casa, sino en la calle, al pie del balcón de la alcoba de Don Perlimplín. Los caracteres que interpretan la escena tampoco hubiesen encajado bien en la «sala principal». Es un grupo de gente del pueblo —cuatro mujeres, tres mozos, una bailarina— que comenta ruidosamente, a modo de cencerrada, la noche de bodas del viejo, entre canciones, guitarras, castañuelas y carcajadas.

[1] «*Amor de Don Perlimplín con Belisa en su jardín* de Federico García Lorca. Notas para la historia de la obra», *Essays on Hispanic Literature in honour of Edmund L. King,* Londres, Tamesis Books, 1983, págs. 233-243.

Nos extraña, a primera vista, encontrarnos con un grupo tan abigarrado de personajes y un ambiente tan ajeno a la escueta trayectoria de los bocetos anteriores. Inesperadamente, nos vemos en el mundo andaluz de la *Tragicomedia de Don Cristóbal y Doña Rosita.* Mas no se trata ya de muñecos ni de auténtico guiñol. Este último ha quedado relegado a su carácter teatral específico, que vemos, por ejemplo, en la adjetivación de *La zapatera prodigiosa* como farsa «guiñolesca», o en la definición que de esta misma obra hace Lorca al presentarla como una «comedia al estilo de Cristobical»[2] o en su identificación del *Perlimplin* como «teatro de monigotes humanos»[3]. Pero los muñecos de guante, los Cristobitas, o incluso la naturaleza equívoca de los caracteres de la *Tragicomedia* han desaparecido. En esta escena, los que hablan, cantan y bailan son actores de carne y hueso.

A diferencia de los inéditos anteriores, en este fragmento D no encontramos elemento alguno que pase a integrarse en la redacción final. No se trata de un boceto que más o menos estilizado podamos reconocer en ella. Es una escena completa muy elaborada, que corresponde a la noche de bodas del cuadro segundo, relativamente con pocas correcciones, que se omite del texto en un proceso de depuración. Los siete u ocho personajes desaparecen, reanudándose así el carácter de dúo que se mantiene a través de todos los bocetos. La vivacidad estrepitosa de guitarras y castañuelas que acompañan las dos canciones y el baile pasa a la obra aminorada en el alejamiento, quedando reducida a una «música suave de guitarras» que subraya líricamente el erotismo de Belisa, o a unas «flautas» lejanas que anuncian la aparición y desaparición de los Duendes. Estos serán los únicos encargados de reflejar el comentario social de la noche de bodas, sustituyendo con el encanto mágico de lo sobre-

---

[2] Carta a Melchor Fernández Almagro, de julio de 1923, *Epistolario,* I, pág. 82.

[3] «Un estreno de García Lorca en El Español en gran función de gala», F. G. L. *Obras Completas,* II, 21.ª, Aguilar, pág. 990.

natural e infantil las bromas pesadas e insinuaciones gruesas de los mozos y mujeres del pueblo.

Es más que probable que la feliz adición de los Duendes fuese de redacción posterior al fragmento D y la causa directa de que éste fuese suprimido, ya que ambas escenas cumplen la misma función. En otras palabras, el fragmento en cuestión debió de ocupar el lugar que tiene hoy el maravilloso diálogo de los Duendes que vino a sustituirlo. Por el título tentativo del boceto sabemos que el primer intento del poeta fue colocar ese comentario social en el interior, en la «sala principal». La calle que aparece en el texto que aquí nos ocupa no es, sin embargo, un elemento ajeno a esta farsa. Don Perlimplín vive, ama y muere sin salir de su casa o su jardín, aunque sabemos que ocasionalmente pasea bajo sus propios balcones envuelto en su capa roja.

Por otra parte, la omisión de este fragmento supone la supresión —a nuestro modo de ver, muy acertada— del elemento popular tan presente en *La zapatera prodigiosa,* o en los *Títeres de cachiporra,* incluso, en cierto aspecto, en *Lola la comedianta.* El mismo poema con que termina la escena tiene un marcado aire marinero, un tanto extraño a la ocasión. Estamos, pues, ante un ejercicio de decantación, de limpieza, que denota una clara visión de propósito en el artista, que sabe dominar su exuberancia natural.

Al mismo tiempo vemos volver como un eco líneas, nombres, ideas presentes lo mismo en sus intentos de juventud que en obras posteriores. Valga, por ejemplo, el nombre de «Perlimplina» que se pretende aquí para Belisa, y que en otro fragmento, el que llamamos B, es el nombre que se da a la madre del protagonista; o esa canción del «arbolé» que, en otra variante, conocemos del libro de *Canciones* y de *Lola la comedianta*[4] como:

---

[4] Piero Menarini, *F. G. L., Lola la comedianta,* Madrid, Alianza, 1981, págs. 161, 181. Fernández Almagro, en la revista *España* de 13 de octubre de 1923, menciona ya este poema en un artículo sobre Lorca. Yo personalmente se lo oí cantar acompañándose al piano en 1933.

«Arbolé, arbolé / seco y verdé», y en otro lugar[5] como «Canción del arbolé».

También es interesante la graciosa invocación a Cádiz que forma parte del poema que, cantado y bailado, pone fin al fragmento, y que en dos ocasiones más volverá a utilizar el poeta, a saber: en un poema de tema relacionado y de estructura análoga, inédito hasta fecha muy reciente[6], y en el ya propiamente titulado «Canto nocturno de los marineros andaluces»[7], donde presenta una variación: «Cádiz que te cubre el mar / no avances por ese sitio». Pero ninguno de estos tres poemas mereció ser considerado por su autor digno de publicación. Sólo recientemente han sido sacados del olvido.

Consideramos de interés el poema incluido en el texto que nos ocupa. Se trata, como podemos ver, de un nocturno marinero de indudable belleza. De estructura sencilla, está formado por dos cuartetos de octosílabos asonantados, entre los que queda intercalada la invocación a Cádiz. En ella el poeta —igual que hizo el rey Don Juan en el romance de Abenámar— habla a la ciudad como a una mujer, la llama, la interpela, porque, ajena al peligro, alegre y descuidada, se ha alejado demasiado de la playa, entrándose en el mar.

Las estrofas nos presentan una visión de pesca nocturna. El reflejo dorado del foco que ésta requiere, junto a la luz difusa de la luna empañada, visten de oro y plata a los marineros, que olvidados del trabajo contemplan la luna. Solamente la barca parece preocuparse del viento, mientras los peces, atraídos por los destellos de luz, quedan olvidados de todo peligro, mecidos en las olas, admirando la belleza de la barca y sus marineros.

---

[5] Incluido en carta a Fernández Almagro, probablemente de septiembre de 1924, *Epistolario*, I, pág. 99; también en *Federico García Lorca, Obras Completas,* I, 19.ª ed., Madrid, Aguilar, pág. 735. Todas las subsiguientes referencias serán a esta edición a no ser que se especifique otra.

[6] Publicado por Piero Menarini, *F. G. L. Canciones y Primeras canciones,* Madrid, Espasa-Calpe, 1986, págs. 306-307.

[7] «Otros poemas sueltos», *O. C.,* I, págs. 777-778.

Trataremos de establecer la posición que podría ocupar este fragmento D entre la serie de intentos o bocetos que han ido dibujando distintos momentos de la concepción de la obra.

Creemos que tanto este texto como el inédito siguiente quedan muy cerca de la «Escena» que Lorca envía a Melchor Fernández Almagro en carta de enero de 1926[8] y que identificamos en el presente estudio como fragmento F. En otras palabras, entre esta carta y la anterior del verano de 1925[9] en que Lorca se queja de su desgana y califica de grotescas y divertidas, pero malas, sus aleluyas del Perlimplín, es obvio que el poeta ha reaccionado alejando la obra del guiñol y derivando poéticamente hacia una solución dramática. Podemos, pues, pensar para fines de 1925 en un manuscrito muy completo. Al otoño de este año adscribiríamos el fragmento D que aquí nos ocupa.

Este fragmento D es, pues, el único texto desechado, excluido, en oposición a los demás bocetos que conservamos y que se incorporan con más o menos alteraciones a la redacción final.

[8] *Epistolario,* I, pág. 132.
[9] Carta núm. 20, *Epistolario,* I, pág. 101.

Fragmento E

FACSÍMIL, TRANSCRIPCIÓN LITERAL Y ESTUDIO

Mar - (rompiendo a llorar) '¡Ay mi señor Don Perlimplín vámonos de este sitio!'

Per (reaccionando) '¡Basta de llriqueos! Y procura que no te llenen la cabeza de suciedades. Belisa es mi esposa y no quiero que se la ofenda.

Mar. '¡No le volveré a hablar! (inicia el mutis)

Per. Marcolfa .... y dices que ....

Mar. '¡Que se acabaron los consejos!'

Mar. '¡Es lo que quería ....!' (vase Mar)

Per - (enérgico)

Per - (solo)

'¡Tienes que ser feliz Perlimplín!'

Porque ... tu razón en el banquete, te la quita alguno ...

¿Pues que mas quieres? (en un arranque) '¡Ay!' ....

'¡Silencio Perlimplín!' '¡Las cosas como ...

(Aparece por una puerta Belisa en esplendido traje de calle. No ve a Per. Este se oculta un ...)

Be - (desde la puerta) '¡Adios!' '¡Hasta cuando tu quieras!'
(enviando besos con la mano)

Mar- (rompiendo a ¡Ay mi señor Don Perlimplín vamonos
       llorar)   de este sitio!

Per- (reaccionando) ¡Basta de lloriqueos! Y procura que
                    no te llenen la cabeza de chismes. Belisa
                    es mi esposa y no quiero que se la
                    ofenda.

Mar-   ¡No le volveré a hablar! (inicia el mu-
                    tis)

Per-   Marcolfa.....y dices que.......

Mar-   ¡Que se acabaron los consejos!
                              yo queria
Per- (energico)   ¡Es lo que   deseo! (vase Mar)

Per- (solo)
         que
     ¡Tienes ser feliz *a la fuerza* Perlimplín!
Porque... tu racion en el banquete ¿te la *quita* alguien?
                                        disputa
¿Pues que mas quieres? (en un arranque) ¡Ay....[1]
                              pasan   tienen que pasar
¡Silencio Perlimplin! ¡Las cosas como *son*!

(Aparece por una puerta Belisa en esplendido traje de *t* calle
No ve a Per. Este se oculta en un rincon)

Be- (desde la puerta) ¡Adios! ¡Hasta cuando tu quieras!
    (envia un beso con la mano)

---
[1] Ilegible (recuerda?).

(se dirige al balcón) Tiene la piel morena y sus ojos son verdes. Los besos que me dio tenían ~~que~~ eran intensos y perfumados con el clavo y el azafrán...... ¡Adiós!... ~~se... ojos befros~~

(Perlimplín sale del rincón)

Be - (lo ve y queda) (indiferente) ¡~~Oh Perlimplín!~~ ¡Estabas ahí!

Per - Te esperaba.

Be - ¿Para qué?

Par - Para verte.

Be - ¡Parece mentira que estés como los primeros días de casados!

Par - ¿Quieres que demos un paseo?

De - No

Par - ¿Quieres que vayamos a la confitería?

De - No.

Par - Entonces me quedaré contigo

De - Yo con tu permiso me voy a descansar un poco.

(se dirige al balcon) tiene la piel morena y sus ojos son verdes. Los besos que me dio *tenian un extraño perfume* **eran intensos y perfumados como** el clavo y el azafrán....¡Adios!.... envia otro beso)

(Perlimplin sale del rincon)

lo ve y queda¡*Oh Perlimplín!*	
Be- (indiferente)	¿Estabas ahi?
Per-	Te esperaba.
Be-	¿Para que?
Per-	Para verte.
Be-	¡Parece mentira que estés como los primeros dias de casado!
Per	¿Quieres que demos un paseo?
Be	No
Per-	¿Quieres que vayamos a la confitería?
Be-	No.
Per-	Entonces me quedaré contigo
Be-	Yo con tu permiso me voy a descansar un poco.

-damente).

(Entra Belisa)

De Ni de chiquita ni de doncella puede dormir al
mediodía. Hoy he recibido tres cestas.... pero las tres
me dicen lo mismo. En el fondo... ningún hombre me
desea por lo que valgo. Todos hacen castillos en el aire
y van al país de los sueños, mientras abandonan el
castillito de tierra sobre tierra ~~que yo~~ que yo piso
y quiero. ¡Ay de mí!.

Per. (dentro) ¡Belisa!

De (sobresaltada)   ¿Qué?

Per (entra)   ¡Te busco para hablar contigo!
                     ¡Estoy contento!

De.   ~~Es ¿~~ ¿Qué te pasa Perlimplín?

Per   ¡Ay! muchas cosas! Pero lo
             importante es que nos entendemos.

De.   ¡Tu dirás!

Per   Mira... entre nosotros hay que ser
             ~~francos~~ leales

(Entra Belisa)

Be- Ni de chiquita ni de doncella pude dormir al mediodía. Hoy he recibido tres cartas... pero las tres me dicen lo mismo. En el fondo.. ningun hombre me desea por lo que valgo. Todos hacen castillos en el aire y van al pais de los sueños, mientras abandonan el castillito de tierra *con ti* sobre tierra *que yo* que yo piso y quiero. ¡Ay de mí!

Per- (dentro)   ¡Belisa!

Be- (sobresaltada)   ¿Que?

Per- (entra)   ¡Te busco para hablar contigo! ¡Estoy contento!

Be-   *Qu t* ¿Que te pasa Perlimplin?

Per-   ¡Ay! ¡Muchas cosas! Pero lo importante es que nos entendamos.

Be-   ¡Tu diras!

Per-   Mira... entre nosotros, hay que ser *francos* leales

Estudio del fragmento E

Este quinto fragmento, inédito, está formado por tres cuartillas de 14,9 cm por 20,9 cm, escritas en tinta por una sola cara, claramente numeradas 2, 3, 5. Esta numeración inconexa ha sido, sin duda, la causa de que el archivo de la Fundación García Lorca las considerase como dos fragmentos distintos formados, respectivamente, por las páginas 2 y 3 el primero, y por la página 5 el segundo. Sin embargo, a pesar de la falta de las páginas 1 y 4, su lectura permite la reconstrucción de una secuencia conocida.

Estamos aquí ante restos de un manuscrito ya muy articulado, en el que entre dudas y variantes se puede entrever la redacción definitiva. Se trata, desde luego, del comienzo del cuadro tercero. Las primeras nueve líneas de la página 2 del inédito corresponden al final de lo que sería la escena primera de aquel cuadro, esto es, la discusión de Perlimplín y Marcolfa y la salida de ésta. En la misma página, de las líneas diez a quince, un monólogo de Don Perlimplín formaría una escena segunda. La entrada de Belisa, en la línea quince, marcaría el comienzo de la escena tercera, que se prolongaría durante diecinueve líneas ocupando toda la página 3. Dado que en la última línea de esta página se despide Belisa y que la página 5 comienza con la entrada de la misma, suponemos a Don Perlimplín solo durante la inexistente página 4, formando así una cuarta escena, lo que haría del monólogo de Belisa de la página 5 una escena quinta, y con la subsiguiente entrada de Don Perlimplín y el diálogo de ambos, una escena sexta, inacabada.

Estas seis escenas que reconstruimos según el manuscrito E se reducen en la obra a dos, que forman el cuadro segundo, dando un total de 45 líneas y 716 palabras. Si comparamos estos números con las 233 palabras distribuidas en 55 líneas del inédito E, veremos que las tres páginas que lo componen representan nada menos que un tercio de todo el cuadro segundo del texto definitivo.

Comienza este texto en la página numerada 2, con Perlimplín regañando a Marcolfa. Deducimos que ésta, en la primera página inexistente, le ha advertido sobre la dudosa conducta matrimonial de Belisa, que aquél se propone ignorar tal como ocurre en la farsa. La pelea y salida con llanto de Marcolfa ofendida con que termina la discusión viene de muy lejos. De hecho, amo y criada eternamente argumentan sobre cualquier punto, porque así lo demanda su origen guiñolesco. Claramente lo vimos en los fragmentos B y C, que siguen proyectándose en esta relación.

El monólogo de Perlimplín que viene a continuación es sumamente interesante. Revela la intención original por parte del poeta de explicar su personaje, quizá sugiriendo una posible impotencia física o psíquica, quizá simple cobardía o debilidad moral. Este único intento de analizar la psicología del marido consentido se suprime en adelante, acertadamente a nuestro modo de ver. No encontraremos, pues, en la obra otra explicación de la conducta de Don Perlimplín que la que nos da el bellísimo poema de la herida del amor, que pone fin al cuadro primero y que por cierto constituye su único monólogo.

Continuando ya en la página 3 del fragmento E, la entrada de Belisa interrumpe el monólogo del protagonista, que, oculto en un rincón, la escucha. La acción sigue ahora el mismo desarrollo que conocemos del cuadro tercero de la obra. El monólogo de Belisa es muy cercano al definitivo. Su comparación puede servirnos de ejemplo:

Fragmento E	Texto
...Tiene la piel morena y sus ojos son verdes. Los besos que me dio *[tenían un extraño perfume]* eran intensos y perfumados como el clavo y el azafrán.	Debe tener la piel morena y sus besos deben perfumar y escocer al mismo tiempo como el azafrán y el clavo.

Notamos, sin embargo, que en el fragmento E Belisa habla de un hombre concreto y una experiencia vivida. Son tiempos de indicativo los que usa. No se está refiriendo al joven de la capa roja, al menos tal como lo conocemos, puesto que ella nunca llegará a ver su rostro, a no ser transfigurado en Don Perlimplín. En el texto de la obra, en cambio, la descripción del joven es sólo producto del erotismo de Belisa que lo recrea en su imaginación, y la sensación de lejanía que le presta la duda o probabilidad implícita en la perífrasis parece acrecentar el lirismo y el deseo.

El diálogo cortado que ocupa el resto de esta tercera página es también muy semejante al del cuadro tercero. Incluso las líneas doce, trece y catorce son idénticas. Pero a pie de página, la salida de Belisa marca ya una divergencia, porque en la obra, como ya indicamos, ella permanecerá en escena hasta el final del cuadro.

Nos encontramos ahora ante la falta de la página 4 del fragmento E, que nos hace suponer un segundo monólogo de Don Perlimplín, que al comienzo de la página 5 tampoco está en escena.

Empieza esta última cuartilla, numerada 5, con el final de una acotación. En el ángulo superior izquierdo leemos: «-damente)». Se trata, pues, de un adverbio que modificaría una acción, posiblemente la salida de Don Perlimplín, único personaje que había quedado en escena. La línea siguiente marca la entrada de Belisa. Viene a continuación un segundo monólogo de ésta. En la línea doce está la nueva entrada de Don Perlimplín y se inicia durante ocho líneas un diálogo que queda inacabado a pie de página.

El fragmento E, a pesar de lo inconexo de sus tres páginas, nos permite apreciar un primer momento en la construcción del cuadro tercero de la obra. Vemos, pues, cómo la estructura del acto parece todavía muy forzada. El movimiento escénico no está conseguido aún. Valgan esas seis escenas que se suceden en entradas y salidas más o menos precipitadas. Si este tipo de acción que vimos en los fragmentos B y C cumplía una función plenamente justificada en el guiñol y esencialmente cómica, aquí sólo parece dar ocasión a los personajes de enunciar una sucesión de monólogos al quedar solos. En la obra, como era de esperar, encontramos estos monólogos convertidos en diálogos y las seis escenas reducidas a dos.

Pero es interesante apreciar cómo en este fragmento el poeta tiene ya la clara intención de utilizar el tercer cuadro para presentar los conflictos psicológicos de sus personajes. Resumidos en pocas palabras, encontramos aquí estudios introspectivos de sus motivaciones. Vemos, pues, a ambos protagonistas, de cara al público, tratando de explicarse a sí mismos en sus cortos monólogos, y si el de Don Perlimplín resulta innecesario y se omite en lo sucesivo, no será así en el caso de Belisa, porque en las siete líneas de su segundo monólogo está la raíz de los parlamentos básicos, únicos en que se analiza a la protagonista.

Comparemos, a este efecto, los parlamentos de Belisa del cuadro tercero de la obra con el monólogo de la página 5 del fragmento E:

Fragmento E	Texto
Hoy he recibido tres cartas ... pero las tres me dicen lo mismo. En el fondo... ningúr. hombre me desea por lo que valgo. Todos hacen castillos	Las cartas de los hombres que yo he recibido... [...] me hablaban de países ideales, de sueños y de corazones heridos... pero estas cartas de él

en el aire y van al país de los sueños, mientras abandonan el castillito de tierra sobre tierra que yo piso y quiero. ¡Ay de mí!

[...] Hablan de mí... de mi cuerpo [...] ¿Para qué quiero tu alma? me dice. El alma es el patrimonio de los débiles, de los héroes tullidos y las gentes enfermizas. Las almas hermosas están en los bordes de la muerte, reclinadas sobre cabelleras blanquísimas y manos macilentas. Belisa ¡No es tu alma la que yo deseo!, ¡Sino tu blanco y mórbido cuerpo estremecido!

Lo primero que salta a la vista es la enorme distancia poética que media entre ambos parlamentos. Aparte de la alta calidad lírica del texto definitivo, representa también un gran acierto la forma indirecta en que Belisa narra, recreándose, el contenido de una carta, en lugar de autoanalizarse en un monólogo frente al público. Pero, sin embargo, en nuestro fragmento E aparece ya obviamente retratada: sabe que es sólo materia, que sus pies bien plantados en la tierra la mantienen lejos de los sueños o el vuelo de la imaginación, que ella también es tierra, cuerpo sin alma. En realidad, bastarían esas pocas líneas para que pudiésemos identificarla entre la larga lista de caracteres femeninos del teatro de Federico García Lorca.

A nuestro modo de ver, la mayor importancia del fragmento E reside precisamente en esos dos monólogos de Belisa ya mencionados. El personaje está aquí ya claramente diseñado.

Repetimos, para terminar, nuestra creencia en la posibilidad de que este fragmento date de fines de 1925, muy cercano en el tiempo, por tanto, a la escena que estudiaremos a continuación, de fines de enero de 1926, y que identificamos como fragmento F.

Fragmento F

TRANSCRIPCIÓN* Y ESTUDIO

* Corregimos según el apógrafo de 1928: en negritas las palabras añadidas en éste, que no figuran en el fragmento F; en cursiva (y entre corchetes para mayor claridad) palabras y frases que figuran en el fragmento F y que se omiten en el apógrafo.

ESCENA SEGUNDA (CUADRO TERCERO)

(Empieza a sonar una **dulce** serenata. Don Perlimplín se esconde detrás de unos rosales.) *[las guitarras atropellan deliciosamente a la flauta y el acordeón.])*

Voces *[Fuera]*	Por las orillas del río se está la noche mojando, y en los pechos de Belisa se mueren de amor los ramos.
Don Perlimplín	¡Se mueren de amor los ramos!
Voces	La noche canta desnuda sobre los puentes de marzo. Belisa lava su cuerpo con agua salobre y nardos.
Don Perlimplín	¡Se mueren de amor los ramos!
Voces	la noche de anís y plata relumbra por los tejados. Plata de arroyos y espejos y anís de tus muslos blancos.
Don Perlimplín *(Llorando)*	¡Se mueren de amor los ramos!

(Aparece Belisa por el jardín. Viene espléndidamente *[des]*vestida. La luna *[le]* ilumina **la escena** *[un seno de oro y el otro de plata. Una estrella salta como un cigarrón].)*

Belisa - ¿Qué voces llenan de dulce armonía el aire de una sola pieza de la noche? He sentido tu calor y tu peso delicioso, joven de mi alma... ¡Oh!... [Sí... *¡Se mueven las ramas!*] ...**las ramas se mueven**

(**Aparece** un hombre envuelto en una *[gran]* capa roja *[de torero]* **y** cruza el jardín **cautelosamente**)

Belisa - **Chist**... ¡Es aquí! **¡aquí!**... *[¡Mírame!]*... (El hombre indica con la mano que ahora vuelve.) ¡Oh! ¡Sí! Vuelve amor mío. Jazminero flotante y sin raíces, el cielo caerá sobre mi espalda sudorosa. ¡Noche!... ¡Noche mía de menta y lapislázuli!

(*[La voz sensual y engolada de Belisa suena como un chorro gordo de agua entre frescuras.]* Aparece Perlimplín)

Perlimplín - (*[Haciéndose el]* sorprendido) ¿Qué haces aquí?

Belisa - Paseaba.

Perlimplín - ¿Y nada más? (*[Pausa]*)

Belisa - En la clara noche.

Perlimplín - (Enérgico) ¿Qué hacías aquí?

Belisa - (Sorprendida) ¿Pero no lo sabías?

Perlimplín - Yo no sé nada.

Belisa - *[Sorprendida]* Tú me enviaste el recado.

Perlimplín - (Concupiscente) Belisa... ¿Lo esperas aún?

Belisa - *[¡Sí!]* **¡Con más ardor que nunca!**

Perlimplín - (Fuerte) ¿Por qué? *[sí]*?

Belisa - Porque lo quiero.

Perlimplín - (*[Suave]*) ¡Pues vendrá!

Belisa - El olor de su carne le pasa a través de su ropa. Le quiero, Perlimplín. ¡Le quiero! **¡Me parece que soy otra mujer!**

Perlimplín - ¡Ése es mi triunfo!

Belisa - ¿Qué triunfo?

Perlimplín - El triunfo de mi imaginación.

Belisa - (*[Tierna]*) Es verdad que me ayudaste a quererlo.

Perlimplín - Como ahora te ayudaré a llorarlo.

Belisa - (Extrañada) Perlimplín ¿Qué dices?

(El reloj da las diez. Canta*[n los]* **el** ruiseñor*[es]*)

Perlimplín - ¡Ya es la hora!

Belisa - Debe llegar en estos instantes.

Perlimplín - Salta las tapias de mi jardín.

Belisa - Envuelto en su capa roja.

Perlimplín - (Sacando un puñal) **Roja** como su sangre. *[Ahora lo veré]*

Belisa - (Sujetándole) ¿Qué vas a hacer?

Perlimplín - (Abrazándola) Belisa ¿Le quieres?

Belisa - (Con fuerza) ¡Sí!

Perlimplín - Pues en vista de que le amas tanto **yo no quiero que te abandone. Y para que sea tuyo completamente se me ha ocurrido que lo mejor es clavarle este puñal en su corazón galante. ¿Te gusta?** *[voy a clavarle este puñal para que nunca pueda huir de tu lado]*

Belisa - ¡Por Dios Perlimplín!

Perlimplín - *[¿No te parece, hijita?]* Ya muerto lo podrás acariciar siempre en tu cama *[tan pálido y]* tan lindo y **peripuesto** sin que tengas el temor de que deje de amarte. **Él te querrá con el amor infinito de los difuntos** y yo quedaré libre de esta **oscura** *[clara]* pesadilla de tu cuerpo grandioso. (Abrazándola) Tu cuerpo que nunca podría descifrar **(Mirando al jardín)** Míralo por dónde viene [**¡Oh sea** enhorabuena! *[Dios mío]* qué bello *[qué bello]* **y galán que** es...][1] Pero suelta, Belisa ¡Suelta! (Sale corriendo).

Belisa - (Desesperada) Marcolfa *[Marcolfa]* bájame la espada del comedor que voy a atravesar la garganta de mi marido.

(A voces)   Don Perlimplín
                     marido ruin.
                     Como le mates
                     Te mato a ti.
                     [¡Don Perlimplín!
                     ¡Don Perlimplín!]

(*[Sale entre gritos]*)

---

[1] Corregido según el texto de 1928. Las trece palabras entre corchetes que forman dos frases fueron tachadas por Lorca en 1933.

ESTUDIO DEL FRAGMENTO F

Este fragmento, enviado por Lorca en carta a Melchor Fernández Almagro, ha sido repetidamente publicado. No obstante, no existe boceto o copia alguna de él en el archivo de la Fundación García Lorca.

Fue dado a conocer por primera vez en 1968 por Antonio Gallego Morell en *García Lorca, cartas, postales, poemas y dibujos*[1]. Pasó en adelante a ser incluido en las *Obras completas* de Aguilar[2] y finalmente fue recogido por Christopher Maurer en su *Epistolario*[3].

Dado que Lorca no solía fechar sus cartas, que con frecuencia utilizaba papel sin membrete y que este fragmento debió de ser incluido por separado, ha existido cierta confusión sobre la carta exacta a que fue adscrito. Gallego Morell lo da a continuación de la que comienza: «Los muchachos *novísimos* de Granada...», señalando solamente el año 1926 y Granada como lugar de procedencia. Aguilar reproduce exactamente el texto anterior. Maurer rectifica en una larga nota explicativa[4], identificando por una serie de datos muy concretos la carta en que debió ser incluida la escena de *Don Perlimplín*, como la núme-

---

[1] Madrid, Editorial Moneda y Crédito, 1968, págs. 83-85.

[2] II, pág. 1095.

[3] I, págs. 135-138.

[4] *Op. cit.*, I, pág. 140. Como ya señalamos anteriormente, debemos atribuir a una errata el hecho de que en la página 132, encabezando la carta 28, leamos «finales de febrero de 1926» junto a la llamada a la nota que explica las razones por las que precisamente esta carta debe fecharse como de finales de enero. La carta que comienza: «Los muchachos *novísimos* de Granada» a la que Gallego Morell adscribe el fragmento es la número 30 en *Epistolario,* I, pág. 152, posiblemente de febrero o marzo de 1926.

ro 28 de las dirigidas a Fernández Almagro. La contestación en que éste acusa recibo de «el fragmento de *Don Perlimplín* que me ha gustado enormemente»[5] puede fecharse el 1 de febrero de 1926. La escena que nos ocupa estaba, pues, ya escrita en enero del mismo año.

Lo completo de este texto y su cercanía al definitivo parecen probar que para esta fecha el *Perlimplín* podía darse como terminado. Es muy posible, no obstante, que el poeta escogiese estas páginas como muestra por ser las más acabadas. Se trata de la escena segunda del cuadro cuarto, muy cerca del final de la obra, que tendrá lugar apenas dos escenas más adelante.

Encabezando el fragmento encontramos dos líneas de Lorca dirigidas a su amigo: «Te mando este trozo de mi *aleluya erótica* "Amor de Don Perlimplín con Belisa en su jardín"». Vemos, pues, que título y subtítulo son ya decisivos. El subtítulo, como ya indicamos anteriormente, presenta una aparente contradicción de términos porque, si el erotismo por tradición había sido un elemento ajeno al mundo de la aleluya, su presencia aquí nos está indicando la clave poética de la obra.

Que Lorca trabajaba, revisaba, corregía y reescribía los textos es evidente. Este fragmento F bien lo demuestra. Cotejándolo con la obra, sus diferencias, adiciones y omisiones nos permiten seguir el trabajo del artista y el esfuerzo de depuración a que se somete.

Para empezar, en unas 86 líneas[6] que ocupa el texto contamos 96 palabras omitidas y 75 añadidas, lo que supone un total de correcciones bastante elevado. Vemos que las cifras se inclinan hacia las omisiones y que éstas representan principalmente frases enteras descartadas. La intención del poeta es, desde luego, de decantación o limpieza, mas el examen de estas correcciones también

<hr />

[5] Publicada también por C. Maurer, «De la correspondencia de García Lorca, datos inéditos sobre la transmisión de su obra», *Boletín Fundación F. G. L.,* pág. 66.

[6] El número varía de 85 a 87 según el tamaño de página de las distintas ediciones.

nos revela que significan algo más que simples toques finales a un texto prácticamente acabado.

El poema-canción que da principio a la escena está también publicado en *Canciones* con el nombre de *Serenata* y subtitulado «Homenaje a Lope de Vega»[7].

Es curioso señalar que las correcciones, en su gran mayoría, no corresponden al texto, que fluye casi sin alteraciones. La excepción son los dos últimos parlamentos de Don Perlimplín, donde se sustituye un par de líneas para expresar más explícitamente su propósito. Pero las frases clave, las definitorias de las motivaciones de ambos protagonistas, estaban perfectamente conseguidas y quedan sin tocar.

Por contraste, son las direcciones escénicas y las acotaciones donde recae la mayor parte de supresiones y cambios. A nuestro modo de ver, es revelador el interés que pone el poeta en rehacer o retocar lo que a primera vista podría considerarse secundario, incluso incidental. Estamos acostumbrados, sin embargo, a encontrar en los textos dramáticos de Lorca instrucciones escénicas detalladas a modo de notas de un director teatral, que podrían incluso formar un guión de dirección, porque movimiento, voz, color, luz, actitud, etc., están indicados con toda precisión. Pero el hecho es que en este fragmento F las acotaciones son muy peculiares, tienen carácter literario, son capricho poético, algo al modo de las acotaciones de Valle Inclán. Leemos, por ejemplo:

> Una estrella salta como un cigarrón
>
> la luna le ilumina [a Belisa] un seno de oro y el otro de plata.
>
> Las guitarras atropellan deliciosamente a la flauta y el acordeón.
>
> La voz sensual y engolada de Belisa suena como un chorro gordo de agua entre frescuras.

---

[7] «Serenata» pertenece a la serie «Eros con bastón», fechada en 1925, pero incluida en Canciones, que se publicó en 1927. *Obras Competas,* I, página 354.

Todas estas acotaciones no aparecerán en la obra. Al omitirlas se prescinde del tono irónico que prestaban al texto. Es el caso también de la «gran capa de torero» con la que se transfigura el viejo Perlimplín en el soñado amante de Belisa, y que quedará reducida en adelante a «una gran capa roja». Se borra así este toque andaluz que parece tan fuera de lugar, pero que emparenta con el fragmento D, donde el grupo popular que canta y baila al pie del balcón de los recién casados representa también otra nota claramente andaluza.

A nuestro modo de ver, la desaparición de estos elementos de ironía, comicidad y andalucismo todavía presentes obedece a un propósito claro de limpiar la escena de todo aquello que pudiese desviarla de la clave lírica que la dedicatoria a Lope de Vega de la *Serenata* nos hizo esperar. Sólo quedará como resto, en la redacción definitiva, el retorno momentáneo a la aleluya con que finaliza el fragmento F y que anuncia, con la inesperada irrupción del sonsonete infantil, el momento crítico en que la farsa va a derivar en tragedia.

HISTORIA DE LA OBRA

Para los primeros meses de 1926, y basándonos en lo acabado del fragmento F, podemos considerar el *Perlimplín* como obra ya conseguida. Pasarán, sin embargo, siete años antes de que llegue a estrenarse, tiempo durante el cual sufrirá toda clase de vicisitudes. Víctima de intrigas, incautaciones, pérdidas inexplicables de manuscritos, *Amor de Don Perlimplín* estuvo en serio riesgo de desaparición. Intentaremos seguir en lo posible los avatares por que pasó, y cómo éstos ocasionaron la superposición de textos que hoy, a nuestro modo de ver, hace necesario el estudio y edición crítica que intentamos.

Tomando, pues, como punto de partida la carta de fines de enero de 1926[1] a que acompaña dicho fragmento F, pasaremos a consignar cronológicamente aquellas noticias que, aunque esporádicas, nos permiten en cierta forma trazar la suerte que correrá el *Perlimplín* en el ambiente teatral del Madrid de aquellos años hasta el

---

[1] Fecha establecida por Maurer a base de la contestación de M. F. Almagro acusando recibo del fragmento de *Don Perlimplín* («que me ha gustado enormemente»). Contestación identificada como de 1 de febrero de 1926 (véase *Epistolario,* I, 140, nota, y *Boletín de la Fundación F. G. L.,* I, 66), rectificando así la opinión de Gallego Morell *(op. cit.,* pág. 77), que considera dicha carta y fragmento del *Perlimplín* del verano de 1926. Posiblemente se basa en esta última suposición Agustín Sánchez Vidal *(Buñuel, Lorca, Dalí: el enigma sin fin,* Barcelona, Planeta, 1988, pág. 350), que en su cronología indica, sin otra base que sepamos, que en 1926 «Lorca trabaja durante todo el verano... en su obra de teatro *Amor de don Perlimplín con Belisa en su jardín».* Dato, por otra parte, que también recoge sin justificar Arturo del Hoyo aunque atribuyéndolo al otoño de 1826 *(O. C.,* II, 1.278).

momento de su estreno. Por necesidad prescindimos siempre de la obra poética para atenernos exclusivamente a la actividad del dramaturgo.

1926

Del aparente silencio de este último aspecto de Lorca se hace eco Jorge Guillén en su conocida presentación del poeta en el mes de abril en Valladolid[2]: «Lástima que no lea nada de su teatro», comenta en aquella ocasión. El hecho es que Lorca, como habitual y excelente lector de su poesía, era un gran transmisor de la misma, conocida por muchos antes de ser publicada, y en cambio, por necesidad de tiempo y extensión, había sido naturalmente más parco en las lecturas dramáticas.

Pero esto no quiere decir que sus amigos íntimos no estuviesen al tanto de toda su producción teatral. Precisamente creemos que corresponde a la primavera de este mismo año el episodio que registra Luis Buñuel en sus memorias:

> Entre 1925 y 1929 volví varias veces a España y vi a mis amigos de la Residencia. Durante uno de aquellos viajes Dalí me anunció, entusiasmado, que Lorca había escrito una obra magnífica, *Amor de Don Perlimplín con Belisa en su jardín.*
>
> —Tengo [sic] que leértela.
>
> Federico se mostró reticente [...] De todos modos, ante la insistencia de Dalí, accedió a leerme la obra. Los tres nos reunimos en el bar del sótano del Hotel Nacional [...].
>
> Lorca empezó la lectura. Como ya he dicho, leía admirablemente. Sin embargo, había algo que me desagradaba en aquella historia del viejo y la muchacha que, al final del primer acto, terminan en una cama con dosel y cortinas. Entonces, de la concha del apuntador sale un

---

[2] Incluida en el Prólogo de *Obras Completas,* pág. LIV.

gnomo que dice: «Pues bien, respetable público, enton-
ces don Perlimplín y Belisa...»
Yo interrumpo la lectura dando una palmada en la
mesa y digo:
—Basta, Federico. Es una mierda.
Él palidece, cierra el manuscrito y mira a Dalí. Éste,
con su vozarrón, corrobora:
—Buñuel tiene razón. Es una mierda.
No llegué a saber cómo terminaba la obra[3].

El recuerdo de su brutal exabrupto parece muy vivo
en la memoria de Buñuel porque lo cuenta también a
Max Aub, que nos da una versión coincidente algo más
atenuada:

Recuerdo que una vez, cuando volvió de Nueva York
me dijo: «Tú eres mu bruto y no entiendes na de na,
pero que te diga éste (Dalí) qué tal es lo que he hecho.»
Y Dalí, con ese acento catalán, que no ha perdido
nunca, me aseguraba: «Sí, sí, es una cosa magnífica,
magnífica». Total, que quedamos en que Federico nos
leyera su *Don Perlimplín*... Y al final del primer acto salía
no sé quién de la concha del apuntador, o algo así. Y yo
le dije: «Esto es muy malo.» Federico se levantó muy
indignado: «Pues Dalí no opina lo mismo. No mereces
ser amigo mío.» Y volviéndose hacia Dalí, le pregunto:
«¿Verdad?», y Dalí dijo: «Pues sí, no es muy bueno, no.»
Entonces Federico se levantó airadamente, recogió sus
papeles y se fue[4].

Este cruel incidente tiene gran importancia para nosotros: es prueba de que el *Perlimplín* estaba ya concluido.
Incluso la mención de la concha del apuntador que tanto
irritó al Buñuel, a pesar de no ser completamente exacta[5], señala el punto preciso en que se interrumpió la
lectura.

---

[3] *Mi último suspiro,* Barcelona, Plaza & Janes, 1982, págs. 100-101.
[4] *Conversaciones con Buñuel,* Madrid, Aguilar, 1985, pág. 104. Recogido
por Sánchez Vidal, pág. 125.
[5] Los duendes no salen de la concha del apuntador, sino que se sientan

Creemos poder determinar con exactitud la fecha de tal episodio como ocurrido en la primavera de 1926, al ser ésta la última ocasión en que estuvieron juntos Lorca, Dalí y Buñuel. Dado que este último residía en París desde enero de 1925, si intentásemos fijar una reunión anterior de los tres nos llevaría a fines de 1924, cuando la obra en cuestión estaba apenas proyectada. Su presencia y encuentro en Madrid en la mencionada primavera de 1926 es fácilmente comprobable en la biografía de cada uno de ellos. Buñuel, por ejemplo, escribe desde París a Federico en el mes de febrero una carta amistosa (parece no haber entrado todavía en la fase anti-Lorca) en la que anuncia:

> Si esta primavera fueses a Madrid iría a verte. Dalí creo que irá también allí por esa época[6].

Efectivamente, a mediados de marzo Federico vuelve a la Residencia de Estudiantes[7]. Y por lo que respecta a Salvador Dalí, sabemos que llega a la capital el 28 de abril, permaneciendo en ella hasta presentarse al examen de la Escuela Superior de Bellas Artes de San Fernando el 14 de junio y conseguir la definitiva y deseada expulsión que le permitirá abandonar Madrid y volver a Cataluña[8].

Señalaremos, para terminar este punto, que debemos considerar como un error de Buñuel en la versión de Max Aub la referencia que sitúa esta fallida lectura del *Perlimplín* poco después de la vuelta de Federico de Nueva York, dado que éste llega a España el 30 de junio

---

en ella. La escena ocurre aproximadamente hacia la mitad del segundo cuadro.

[6] Sánchez Vidal, *op. cit.,* pág. 155, corrige la transcripción «fuese» en lugar de «fueses» que da Ian Gibson en *Federico García Lorca,* Barcelona, Grijalbo, 1985, I, pág. 446.

[7] Ian Gibson, *op. cit.,* I, pág. 446.

[8] Antonina Rodrigo, *Lorca, Dalí. Una amistad traicionada,* Barcelona, Planeta, 1981, págs. 75-86.

de 1930 y Dalí, como acabamos de señalar, estuvo ausente de Madrid desde junio de 1926⁹.

Aparte de este percance, Lorca parece concentrar todo su esfuerzo durante 1926 y parte del siguiente año en conseguir la puesta en escena de *Mariana Pineda,* estreno que había de afirmarle no sólo ante sí mismo, sino ante su familia, borrando así el fracaso de *El maleficio de la mariposa.*

Mas no por eso dejará en todo momento de intentar cualquier posibilidad de representar el resto de su teatro, ya sea lo que tiene terminado o lo que parece solamente imaginar. «Lo que no cabe duda es que *siento el teatro»,* confiesa en otra carta a Fernández Almagro, del mismo año de 1926 que aquí nos ocupa, donde al mencionar una comedia apenas concebida «cuyos personajes son ampliaciones fotográficas» quiere saber de antemano antes de escribirla si se podrá poner en «el teatrillo de Cipriano». «Teatrillo nuevo» donde contempla también un posible estreno de sus «títeres»¹⁰.

De lejos vienen los intentos de colaboración de Lorca con Cipriano Rivas Cherif. Su relación se remonta al menos a 1921¹¹. Pero ya desde 1923 venía tratando el poeta de interesar a «el *simpático y culto comediógrafo»,* en la posible puesta en escena de su teatro corto¹². Cuando los proyectos que abrigaba desde 1924 de representar *Cristo-*

---

⁹ Sánchez Vidal sitúa este incidente en su Cronología (pág. 358) en 1931 a pesar de que en la pág. 361 reconoce que Lorca y Dalí no se habían vuelto a ver desde el verano de 1927 hasta octubre de 1935. I. Gibson, II, 382 da como fecha del reencuentro el 28 de septiembre de 1935.

¹⁰ Carta de Granada, finales de febrero-primeros de marzo, 1926, *E,* I, 146. El subrayado es de Lorca. En *Teatro Inconcluso,* 170-175, aparecen dos bocetos de una página cada uno de la presunta obra aquí mencionada.

¹¹ Rivas le publicó en *La Pluma,* enero de 1921, «Veleta», «Sólo tu corazón caliente», «Mi corazón reposa junto a la fuente fría». Fueron los primeros poemas de Lorca publicados fuera de Granada. Reseñó también en *La Pluma,* núm. 15, agosto 1921, la aparición del *Libro de poemas.* Véase Ian Gibson, *FGL,* I, 412, 612, 645.

¹² Carta a M. F. Almagro, de julio de 1923, *E,* I, 82. El subrayado es de Lorca. Dice aquí tener terminado el primer acto de *La zapatera,* cuyo reparto envía, pidiendo le sea leído a Rivas y le proponga colaborar con él en «otra cosa» que no identifica.

bica, Mariana Pineda o *La zapatera* con Martínez Sierra en el Eslava[13] fallan definitivamente, nuestro poeta, siempre buscando caminos para su teatro, recurre a su amigo Rivas, activo desde hacía tiempo en los intentos experimentales.

Teatro de cámara o grupo experimental: del Mirlo Blanco a El Caracol

El nombre de Cipriano Rivas Cherif y el de los grupos experimentales o «teatros de cámara» que funcionaron entre los años veinte y treinta están ligados a la historia de la obra que aquí nos ocupa. Rivas Cherif había probado fortuna sin demasiado éxito en los más diversos géneros literarios, pero era conocido principalmente por su trabajo como codirector con Azaña en *La Pluma* (1920-1923) y sobre todo por su dedicación a lo que había de ser una nueva faceta del teatro en España: la dirección teatral[14]. Contaba para ello, además de con suficiente entusiasmo, con conocimientos literarios y buen gusto. Su interés por los adelantos del teatro europeo, principalmente el ruso, le llevó a formar con Magda Donato y en fecha tan temprana como junio de 1920, un pequeño grupo experimental al que llamó significativa-

---

[13] Por carta de Falla a José Mora Guarnido de 1 de febrero de 1924, citada por éste *(F. G. L. y su mundo,* Buenos Aires, Losada, 1958, página 158), sabemos que Lorca esperaba estrenar aquel año en el Eslava *Cristobica.* En carta a su familia, de noviembre del mismo año *(E,* I, 104), confía en que *Mariana Pineda* y *La zapatera* «se ponen de seguro» por Martínez Sierra.

[14] Existe una interesante tesis de licenciatura de Juan Aguilera Sastre, de la Universidad de Zaragoza, 1983, todavía sin publicar, sobre *La vida y obra de Cipriano Rivas Cherif,* últimamente la revista *El Público,* núm. 42, Madrid, diciembre de 1989, ha dedicado uno de sus *Cuadernos* a *Cipriano Rivas Cherif, historia de una utopía.* Se trata de un importante estudio preparado por Juan Aguilera Sastre, Manuel Aznar Soler y Enrique de Rivas que viene a llenar un vacío en la historia del hombre y su indudable importancia en el teatro de los años veinte y treinta. Como escritor y periodista, Rivas no alcanzó gran renombre.

mente *Teatro de la Escuela Nueva*. Proyecto éste que, falto de medios, apenas un año después —junio de 1921— podía considerarse difunto. Nos sorprende, pues, que su nombre parezca resonar en la alusión de Lorca al «teatrillo nuevo de Cirpriano», porque para 1926 lo que sí era nuevo era otro intento de teatro de cámara al que Rivas se había pasado en cuerpo y alma, y aunque no fuese precisamente «suyo», podría aplicársele más acertadamente la mención ya señalada.

Nos referimos a las representaciones organizadas por Carmen Monné de Baroja en la casa familiar de los Baroja de la calle de Mendizábal, que coinciden exactamente con las fechas de la carta de Lorca en cuestión. Iniciadas el 9 de febrero de 1926, desde su segunda reunión en abril del mismo año pasaron a adoptar el nombre de El Mirlo Blanco.

No era éste el tradicional grupo de aficionados que con mayor o menor cuidado pusiese en escena obras conocidas y ya representadas tratando de imitar el teatro profesional. El Mirlo Blanco estrenaba lo que, por una u otra razón, no era aceptable para el teatro comercial, y aunque la mayor parte de los títulos presentados fueran obras de ocasión, ensayos de autores circunstanciales o meros caprichos de nombres conocidos, también se daba cabida a la obra de escritores jóvenes (Edgar Neville, Eduardo Villaseñor). Pero, sobre todo, el solo hecho de que el grupo estrenase en su primera reunión nada menos que el Prólogo y Epílogo de *Los cuernos de Don Friolera* de Valle Inclán, irrepresentables en el teatro de taquilla, y presentase más adelante *Ligazón,* del mismo autor, bastaría para justificar su presencia en la historia del teatro de los años veinte. Añadamos a esto que la dirección corría a cargo de Valle, con la intromisión de Cipriano Rivas Cherif[15] en tanto aquél lo permitiese, que

---

[15] Juan Aguilera Sastre *(op. cit.,* pág. 15) considera la participación de Rivas en El Mirlo Blanco mucho más importante que la de Valle, a pesar de la mayor atención que la prensa da a éste.

los decorados eran obra de Ricardo Baroja, y que entre el público se contaban los críticos literarios y la élite intelectual de aquellos días. No es de extrañar, pues, el reconocimiento que este ensayo consiguió en la prensa, que creyó ver en él el punto de partida hacia un teatro experimental independiente[16].

Fue, sin embargo, El Mirlo Blanco teatro por y para unos pocos, dado el reducido espacio del salón de la casa de los Baroja y lo selecto de un público invitado.

No hay constancia de que García Lorca asistiese a ninguna representación, ya que además, con la excepción de marzo y abril, se había mantenido fuera de Madrid durante el resto del año. Pero el marco de un teatro de cámara era el medio idóneo en que sus títeres y obra «menor» podían tener cabida por aquel entonces. Se comprende el entusiasmo que expresa en la carta ya citada, ante las posibilidades que cree ver en lo que equivocadamente interpreta como «el teatrillo nuevo de Cipriano», de cuya existencia acaba de tener noticia a través de Fernández Almagro.

Efectivamente, la obra corta de Lorca parecía concebida pensando en este tipo de teatro. No en vano *Amor de Don Perlimplín* está identificado en su segundo subtítulo como «versión de cámara». Y así lo aparenta, al menos por lo que respecta a su brevedad y a lo restringido de su reparto, por más que fuese ésta una impresión engañosa y la obra, siguiendo el gusto de su autor, requiriese en su estreno una compleja puesta en escena.

---

[16] Enrique Díez Canedo, *El Sol,* 9 de febrero de 1926, 23 de abril de 1926, 23 de junio de 1926 y 29 de marzo de 1927; también en *Obras de Enrique Díez-Canedo. Artículos de crítica teatral. El teatro español de 1914 a 1936: Elementos de renovación,* V, México, Joaquín Ortiz, 1968, págs. 149-155; Melchor Fernández Almagro, «Novedades teatrales. Interesante función en El Mirlo Blanco», *La Voz,* 28 marzo 1927; Julio Caro Baroja se ocupa de El Mirlo Blanco en *Los Baroja,* Madrid, Taurus, 1972, págs. 185-187; Cipriano de Rivas Cherif, *Retrato de un desconocido. Vida de Manuel Azaña,* traducción y notas de Enrique Rivas Ibáñez, Barcelona, Grijalbo, 1980, págs. 145-146.

Pero volvamos a las noticias ocasionales que nos permiten seguir la marcha del *Perlimplín*. Lorca, después de intentarlo durante todo el año de 1926, consigue finalmente el estreno de *Mariana Pineda* en Barcelona el 24 de junio de 1927, y cuatro meses más tarde, el 12 de octubre, en Madrid. Han pasado siete años desde el fracaso de *El maleficio de la mariposa,* pero ya no le volverá a ser difícil el acceso a los escenarios. Confirmada así su posición de autor teatral, la prensa se ocupa asiduamente de él. Días después del reciente estreno, el 20 de octubre, aparece en *El Heraldo de Madrid* la siguiente nota, seguramente de la pluma de J. G. Olmedilla[17]:

> Se dice:
> —Que Federico García Lorca tiene terminadas tres obras nuevas y no seminuevas, como la recién estrenada.
> —Que una de ellas es *La zapatera prodigiosa,* pantomedia, o sea, mitad y mitad entre comedia y pantomima.
> —Que la segunda es una aleluya erótica, titulada *Amor de don Perlimpín [sic] con Belisa en su jardín.*
> —Que la tercera obra inédita del poeta granadino es una farsa, y se titula *Los títeres de cachiporra.*

Tiene esta declaración todos los visos de verosimilitud. Las tres obras debían efectivamente estar ya listas, por más que su autor, siguiendo una inveterada costumbre prometa o hable de nuevas versiones revisadas o ampliadas. Sin embargo, las dos primeras, *La zapatera* y *El Perlimplín,* tendrán que esperar todavía a ser estrenadas tres y seis años, respectivamente. En cuanto al estreno de *Los títeres,* no será visto por Federico. Tendrá lugar después de su muerte[18].

---

[17] Recogida por Ian Gibson, *op. cit.,* I, pág. 514.
[18] Se estrenaron el 10 de septiembre de 1937. Véase Francisco Mundí Pedret, *El teatro de la guerra civil,* Barcelona, Promociones y Publicaciones Universitarias, 1987, pág. 25.

Apenas tres meses después de la noticia de *El Heraldo,* encontramos otra curiosa referencia. En la exposición colectiva de pintores y escultores presentada en las Galerías Dalmau de Barcelona, en enero de 1928, se exhibieron los llamados «Carteles Literarios» de Ernesto Giménez Caballero. En ellos su autor pretendía evocar las características definitorias de conocidas personalidades del arte o las letras. Pues bien, en el cartel dedicado a «El poeta Lorca», formado por un collage de abanico taurino, bandera de Marianita, poema y dibujo de arlequín del poeta mismo, apuntes de ciprés, fuente, guardia civil, gitano, etc., vemos destacar, ocupando la casi totalidad del lado izquierdo del cartel, una tira de aleluya consistente en las ocho viñetas laterales de la *Vida de Don Perlimplín*[19]. Significa esto que tanto la obra como la aleluya original que le da nombre eran para Giménez Caballero a principios de 1928 lo suficientemente conocidas como para considerarlas elemento identificativo del poeta.

El 15 de diciembre de este mismo año, Lorca anuncia en conversación telefónica, también a Ernesto Giménez Caballero, que prepara un tomo de teatro con *Los títeres de cachiporra* y *Amor de Don Perlimplín con Belisa en su jardín*[20]. Es curioso que aluda en esta ocasión —fines de 1928— a un presunto tomo de teatro que nunca se llegó a publicar y no mencione el inminente estreno de *Amor de Don Perlimplín* por El Caracol. Porque, efectivamente, en enero de 1929, apenas un mes después de la entrevista de Giménez Caballero los ensayos eran ya un hecho, estaban en marcha. «Creo que resultará muy bien», escribe el poeta, siempre optimista en las cartas a sus pa-

[19] Véase Antonina Rodrigo, *García Lorca en Cataluña,* Barcelona, Planeta, 1975, págs. 143-144. La autora reproduce el mismo texto en *Lorca-Dalí, una amistad traicionada,* Barcelona, Planeta, 1981, pág. 131, *García Lorca, el amigo de Cataluña,* Barcelona, Edhasa, 1984, pág. 105.

[20] O. C., II, 889.

dres[21]. Parece, pues, que la aceptación de la obra por el nuevo grupo experimental debió de ser decisión del último momento. Algo inesperado, por lo menos hasta fines de 1928.

El Caracol era la nueva promesa de un teatro independiente, laboratorio teatral abierto a los autores jóvenes, a las corrientes de innovación europeas. Era en realidad el último intento en esta dirección de Cipriano Rivas Cherif. Repetidos, como ya sabemos, habían sido los esfuerzos de éste por conseguir tal meta. Aparte de su primitivo *Teatro de la escuela nueva* del año 1920 y las representaciones de El Mirlo Blanco, había tomado también parte importante en el malogrado Cántaro Roto de Valle Inclán.

Han pasado casi dos años desde aquellos intentos mencionados, y en el mes de noviembre de 1928 el flamante Caracol pretende reanudar la lucha eterna por el buen teatro. Cipriano Rivas Cherif es su director responsable, y agrupados bajo él encontramos los mismos elementos de los proyectos anteriores: Magda Donato, Eusebio Gorbea, los hermanos Lluch, Salvador Bartolozzi, a los que se añade algún nombre nuevo más.

Habían conseguido esta vez un local independiente, un amplio sótano bien situado cerca de la Puerta del Sol, en la calle Mayor 8, al que llamarían Sala Rex. Espartanamente acondicionado, contaba con un pequeño escenario —algo más que una tarima— encuadrado entre cortinas. Pero si el local era austero, las intenciones de El Caracol eran muy loables. Se proponía llevar a escena obras no apropiadas para el teatro comercial o de autores noveles no consagrados o traducciones de teatro extranjero, y su principal objetivo era intentar educar, ilustrar, es decir, crear un público que supiese apreciar el buen teatro con todas sus posibles innovaciones.

Esta intención didáctica a que obedecían también las conferencias explicativas que precedían los programas no

---

[21] Maurer, *Boletín Fundación FGL,* año 1, núm. 1, pág. 74.

puede menos de traernos a la memoria la actividad como director teatral que había de desarrollar poco después Federico García Lorca y que parece continuar en espíritu y motivación el bien intencionado experimento de El Caracol.

Cada función del nuevo grupo estaba compuesta de varias obras cortas para ser representadas una sola vez y sólo excepcionalmente se organizaba una segunda presentación, características que acreditaban su deuda con el viejo teatro de aficionados, Mirlo Blanco y Cántaro Roto inclusive. Trataba, además, El Caracol de combinar en sus programas comedia, obra seria, traducción, conferencia, incluso recitación. Indudablemente, era éste el lugar más adecuado en aquellos días para la obra corta de Lorca.

La apertura de la Sala Rex el 24 de noviembre de 1928 tuvo amplia repercusión en la prensa, que siempre se mostró favorable a todos estos intentos de innovación teatral. Los periodistas aplaudieron cada una de las presentaciones aunque alguno[22] se quejase de que los actores no sabían bien los papeles. Sin duda, la multiplicidad de títulos y programas no les daba mucho tiempo para ello, pero el público era entusiasta y suficiente en número para llenar siempre la Sala Rex.

1929

Confiando en el éxito obtenido, El Caracol comienza el nuevo año con el estreno el 5 de enero de «*Un sueño de la razón* del museo secreto de Cipriano Rivas Cherif»[23]. Mas la subsiguiente reacción de la prensa va desde el estupor hasta el verdadero pasmo: *Un sueño de la razón* trataba un caso de lesbianismo.

---

[22] *Estampa,* 1 de enero de 1929.
[23] *El Sol,* 3 y 4 de enero de 1929, «Gacetillas teatrales». La obra permaneció inédita hasta diciembre de 1989, en que ha sido publicada en *Cuadernos* de *El Público,* núm. 42.

Dado que la actividad de El Caracol, como buen grupo de aficionados, presuponía una única presentación por obra, es comprensible que la censura, inoperante en aquella ocasión por distracción o descuido, no hubiese tenido posibilidad de reaccionar por lo que a *Un sueño de la razón* se refiere, pero tampoco podría en el futuro ignorar un estreno de la Sala Rex en vista de la amplia repercusión con matices de escándalo que acababa de conseguir en la prensa.

No es de extrañar, pues, que se vigilase cuidadosamente el siguiente programa. Y éste no se hizo esperar. El 3 de febrero, *El Sol* anuncia para el día 5 la presentación de *Amor de Don Perlimplín con Belisa en su jardín* de Federico García Lorca.

Mas justo en los días que preceden a la fecha señalada para tal estreno, el panorama político empeora considerablemente. El 29 de enero se había producido un nuevo levantamiento de los artilleros en Ciudad Real. El 30 de enero tiene lugar el pronunciamiento de Sánchez Guerra. Se enrarece, pues, aún más el aire de estos últimos tiempos de la Dictadura, acentuándose la severidad de los censores y la represión policial que encabeza el general Martínez Anido, ministro de la gobernación. Indudablemente el momento era peligroso.

Sin explicación aparente, la prensa del 4 de febrero anuncia que la función de la Sala Rex se pospone del día 5 al 6. Consistirá en dos estrenos: *Amor de Don Perlimplín con Belisa en su jardín* y *Por qué don Fabián cambia constantemente de cocinera* de Suárez de Deza. La extraña mezcla de obras era costumbre característica de los programas de Rivas Cherif.

La mala suerte parece perseguir a la obra de Lorca. En la madrugada del 6 de febrero de 1929, fecha del presunto estreno, muere la reina María Cristina, y como consecuencia se suspenden todos los espectáculos. En el mismo día comparece el jefe de Policía, en El Caracol, incauta el texto de *Amor de Don Perlimplín* y cierra la Sala Rex.

Sobre la malograda puesta en escena de *Amor de Don Perlimplín con Belisa en su jardín* tenemos algunos detalles que nos permiten intentar un ligero bosquejo. Los debemos a la memoria de José Jiménez Rosado ayudado por su hermana Victoria Rojas Rosado. A los dieciséis años, Jiménez Rosado había actuado en El Caracol desempeñando el papel de uno de los ángeles del *Orfeo* de Jean Cocteau y frecuentaba representaciones y ensayos. Había asistido, pues, a los de la obra de Lorca y se hallaba presente en la memorable fecha de la incautación.

Siguiendo sus recuerdos podemos afirmar que el montaje del *Perlimplín,* como todos los de la Sala Rex, consistía en algo extremadamente sencillo realizado con un mínimo de gasto.

Los cambios requeridos por el *Perlimplín* se solucionaban con algún telón ocasional que Jiménez Rosado no puede especificar exactamente. En cambio, recuerda muy bien el gran efecto que hacía la cama del cuadro segundo, propiamente una tarima con cabecera y pies construidos, que colocada en el centro del escenario ocupaba la mayor parte de él. En ella las figuras de los protagonistas quedaban rígidamente presentadas de frente al público en el plano exageradamente inclinado que formaba la cama, manteniéndose con sus pies apoyados en las tablas que simulaban los pies de la misma. Suponemos que la impresión que se trataba de conseguir era la de las perspectivas ingenuas o primitivas que señala el texto. Quizá fuese ésta la misma motivación que redujo en tamaño los cinco balcones que se abren en el amanecer del mismo cuadro primero y que según Jiménez Rosado eran muy pequeñitos.

Estos efectos escénicos de intención naif o infantilizada, que podían ser interpretación acertada de indicaciones del texto de Lorca, obedecen muy claramente al recuerdo de las aleluyas y las torpes perspectivas de sus viñetas. Sin embargo, por todas las indicaciones que recibimos, el vestuario suponía el rompimiento total con el carácter dieciochesco que tal evocación imponía.

Merced al gracioso incidente narrado por Jiménez Rosado que recoge Ian Gibson[24], en que Federico en la oscuridad del patio de butacas confunde al jefe superior de Policía con Don Perlimplín y le pregunta por los cuernos, sabemos con exactitud que el protagonista vestía chaqué y chistera igual que el general Marzo, cuyo atuendo oficial obedecía a alguna ceremonia con motivo de la muerte de la reina que previamente había requerido su presencia. Se trataba, pues, de un traje contemporáneo, corriente entonces en cualquier solemnidad, fácilmente alquilable, pero ajeno totalmente a las indicaciones del texto.

Por lo que respecta a Belisa, Victoria Rojas Rosado recuerda claramente un gran sombrero, tipo pamela, con flores o frutas, y que seguramente correspondería a la vuelta de paseo de la protagonista en el cuadro tercero. Del resto del vestuario sólo le queda a Victoria Rojas la impresión de algo fantástico, indefinido, sin tiempo. Indicativo esto, a nuestro modo de ver, de ropa preparada para la ocasión sin seguir un figurín concreto.

En cuanto a los «grandes cuernos de ciervo», no eran grandes sino pequeños, tamaño obligado, naturalmente, por la dificultad que hubiese presentado para el actor mantenerlos sin que se cayesen o moviesen, por más que el texto los requiera sólo en la brevísima escena que pone fin al cuadro primero.

La música, como era de esperar, estaba a cargo de Lorca, que, sin ser visto, detrás de la cortina interpretaba al piano las ilustraciones musicales.

El grueso del trabajo caía, como de costumbre, sobre Felipe Lluch, que como director de escena estaba a cargo de ensayos, entrenamiento de actores noveles, decorados, etc., así como de cualquier otro problema que quedase por resolver. Para Jiménez Rosado, Lluch era la persona

---

[24] *Op. cit.*, I, 591.

imprescindible de todo punto para el funcionamiento de El Caracol.

La Fundación García Lorca conserva un programa por el que conocemos algunos datos más. El reparto, por ejemplo, era el siguiente:

Perlimplín:	Eusebio Gorbea
Marcolfa:	Regina
Belisa:	Magda Donato
La madre de Belisa:	Alba Salgado
Duende 1º:	Luisito Peña
Duende 2º:	Pastora Peña

Las decoraciones, de Antonio Ramón Algorta y los hermanos Lluch. Ilustraciones musicales, bocetos y figurines, del mismo autor.

Este único documento nos dice menos en realidad que los recuerdos, por lejanos que sean, de testigos presenciales. Yo nunca, por ejemplo, hubiese imaginado que un figurín del propio Lorca de *Amor de Don Perlimplín* no siguiese las específicas indicaciones de moda, incluso color, que se repiten a lo lago del texto. Me atrevería a dudar que el chaqué fuese idea suya. A mi modo de ver, y a pesar de los figurines que anuncia el programa, el vestuario debió de responder al presupuesto restringido que caracterizaba las puestas en escena de El Caracol.

Es muy poco, de cualquier forma, lo que podemos reconstruir de aquel montaje. Tampoco sabemos la causa por la que se pospuso la presentación del día 5 al 6 de febrero. Sin este retraso el estreno hubiese sido un hecho. ¿Sería presión oficial lo que motivó el cambio de día, o simple consideración de que la obra necesitaba más trabajo? El disgusto aparente de Federico en el último ensayo del día 6, en que según Jiménez Rosado andaba murmurando para sí: «—No, no, esto no sale bien»[25], no obedecía para éste a que la puesta en escena no le agradase, sino a la marcha de aquel ensayo final, en el

<hr>

[25] Ian Gibson, *ibíd.*

que cree recordar que algo le pasaba también a Gorbea. Pero el malestar, después de todo, tenía que ser general ante la incómoda presencia de tan inesperado visitante.

Lo que Jiménez Rosado recuerda más vívidamente es a Felipe Lluch alargando el texto de *Amor de Don Perlimplín con Belisa en su jardín* hacia la mano extendida del jefe superior de Policía.

El cierre de la Sala Rex y la incautación
de Amor de Don Perlimplín con Belisa en su jardín

Ambos incidentes quedaban apropiadamente enmarcados en la absurda situación política, no exenta sin embargo de riesgo, de lo que sería el último año de la dictadura de Miguel Primo de Rivera.

El silencio oficial fue completo. No hubo comentario alguno sobre la posible relación entre causa y efecto de los hechos acontecidos. Los periódicos que habían seguido de cerca los intentos de renovación teatral de los grupos independientes —Mirlo, Cántaro y Caracol— enmudecieron. Pero la noticia circuló por Madrid y con ella diferentes versiones de su motivación, que repetidas en el tiempo han llegado hasta nuestros días amparadas en más de un estudio erudito. Yo sigo en estas páginas los recuerdos de Pura Ucelay.

Examinando con un poco de detenimiento esta variedad de posibles motivaciones encontraríamos que, dada su calidad de rumores, ninguna de ellas parece tener una base firme en que mantenerse.

La primera versión, la de Rivas Cherif, que todavía repite muchos años después[26] y que habla de la desobediencia a la orden de luto nacional por la reina madre, no tiene clara explicación ya que el estreno de *Amor de Don Perlimplín* anunciado para el 6 de febrero de 1929, preci-

---

[26] «La muerte y la pasión de García Lorca», *Excelsior,* México, 27 de enero de 1957.

samente el mismo día de la muerte inesperada de Doña María Cristina, fue debidamente suspendido. Los actores sólo estaban ensayando a puerta cerrada cuando se presentó el jefe de Policía. Es posible que el temor a la brutalidad represiva que había hecho famoso a don Severiano Martínez Anido, aconsejase a Rivas ser prudente y ahorrar comentarios, más aún cuando el reciente estreno de su propia obra *Un sueño de la razón* pudo ser la causa que alertó el celo de la censura hacia su grupo teatral.

En nuestra opinión, y en oposición a la versión de Rivas Cherif, el asunto del luto nacional no debió influir en la visita del general Marzo, excepción hecha de su atuendo oficial[27] de «fuerzas vivas»: chaqué y chistera, que las circunstancias —posiblemente el pésame en palacio— exigían de un alto cargo. Pero su presencia en la Sala Rex aquel 6 de febrero de 1929, reina muerta o no, estaba seguramente bien calculada de antemano. Si su propósito era cerciorarse de la posible inmoralidad del nuevo estreno, no nos extraña que al presenciar el ensayo del segundo cuadro de *Amor de Don Perlimplín* —noche de bodas, marido burlado, escena de cama, grandes cuernos de ciervo— procediese «manu militari» a la incautación del manuscrito y al cierre del local.

La segunda versión de los hechos es la que cita Angel del Río como dada a él por Federico en Nueva York:

> Un comandante del ejército muy conocido en Madrid iba a representar el papel de Don Perlimplín, el cual al fin del cuadro primero tenía que aparecer en la cama con unos cuernos enormes. Al enterarse de ello Martínez Anido se puso furioso y mandó suspender la representación, amenazando con meter en la cárcel al autor, al actor y al director de escena: «Esto es un ludibrio. Esto es un ultraje del ejército»[28].

---

[27] Recuerdo de José Jiménez Rosado. Entrevista con Ian Gibson, *op. cit.,* I, pág. 591.

[28] *Federico García Lorca, vida y obra,* Nueva York, Hispanic Institute in

Y Francisco García Lorca, en *Federico y su mundo*[29], interpreta de manera análoga la intervención de la censura. Podía parecer plausible tal explicación a primera vista, pero, para empezar, difiere notablemente de la dada por Cipriano Rivas Cherif, que había estado tan cerca o más de lo sucedido que el propio Federico García Lorca y a quien la responsabilidad alcanzaba de lleno. En cuanto al posible miedo de ambos a la capacidad represiva de la policía, no andaban demasiado descaminados. Apenas dos meses después del cierre de la Sala Rex fue encarcelado Ramón del Valle Inclán[30].

Eusebio Gorbea, que se había encargado del personaje de Don Perlimplín, era, en efecto, comandante de infantería[31], pero una sincera vocación le había llevado desde hacía tiempo al campo de las letras. Contaba en su haber, según nos dice Díez Canedo[32], con un premio en «algún concurso», una novela, dos comedias y un drama, por cierto estrenado muy poco antes en septiembre de 1928, y con éxito, en el Eslava por la compañía de María Palou. Era además excelente actor, habitual en los grupos de aficionados más ilustres, Mirlo Blanco y Cántaro Roto, entre otros. Hombre conocido y estimado en Madrid, de haber considerado que los cuernos líricos de Don Perlimplín podían ultrajar al ejército español, no le hubiesen asignado el papel. No había por qué; el Caracol tenía otros actores. Desde luego que el aparecer en

---

the United States, 1941, pág. 17, núm. 2. Citado por Ian Gibson, *op. cit.*, I, pág. 592.

[29] *Op. cit.*, pág. 313.

[30] Del 10 al 25 de abril de 1929. Pocos días antes había sido detenido por primera vez, pero sólo por tres días. La famosa nota oficiosa de Primo que justifica la detención del «eximio escritor y estrafalario ciudadano» aparece en *El Sol* el 12 de abril de 1929. La que siguió a la orden de incautación de *La hija del capitán* es de 5 de agosto de 1927.

[31] Aunque se le suponía retirado, estaba todavía en activo. Así consta en el Anuario Militar de España, año 1928, página 276, núm. 612. Madrid, Ministerio de la Guerra. En este año era ayudante de campo del general Verdugo, secretario del Consejo Supremo de Guerra y Marina.

[32] *El Sol*, 30 de septiembre de 1928. También en *op. cit.*, V, págs. 74-88, 154-55.

escena con «unos grandes cuernos de ciervo» requería valor y presuponía un desafío a las convenciones sociales, pero la Sala Rex, como bien indicaba su nombre, no tenía realmente carácter de teatro formal y su público no pasaba de ser una minoría.

En cuanto a la presunta burla de la boda anunciada de Miguel Primo de Rivera, que se creyó ver en el tema de la obra de Lorca —el matrimonio del viejo con la joven y los subsiguientes cuernos— es fácil de descartar porque no se ajusta a la realidad de las fechas: el compromiso del dictador y la señorita Niní Castellanos estaba roto desde hacía meses (desde agosto de 1928 para ser exactos), pero la gente en Madrid, acostumbrada a ahogar su frustración aprovechando la menor coyuntura para burlarse de Primo de Rivera, sabía encontrar un doble sentido a cualquier situación, y aquella boda entre el viejo general y la no tan joven señorita fue motivo de pitorreo por mucho tiempo en toda España.

La última versión suponía una posible venganza. Federico se hartó de explicar en privado lo que públicamente tuvo que callar. La posible intervención en una denuncia de un miembro de la familia real obligaba a la discreción. A este incidente es con toda probabilidad a lo que alude el poeta en la carta a su familia desde Nueva York cuando menciona que el *Perlimplín* «en España se prohibió indecentemente»[33].

Se trataba, si tal cosa fue verdad, de una ridícula intriga. Circulaba entonces por los medios más o menos intelectuales de Madrid cierta señora, o señorita, no de mal ver, sobre cuyas cualidades físicas —y morales— referiré al curioso artículo a dos páginas de Francisco Ayala[34] donde queda retratada magistralmente. Llamábase Margarita Ferreras y alardeaba de una estrecha amistad con el infante don Fernando de Baviera, primo y amigo

[33] Ch. Maurer, «Federico García Lorca escribe a su familia desde Nueva York y La Habana», *Poesía*, núms. 23 y 24, 28 de diciembre de 1985, página 79.
[34] *Recuerdos y olvidos,* Madrid, Alianza Editorial, 1982, págs. 101-102.

de Alfonso XIII y viudo de la infanta María Teresa, hermana del rey. Presumía también de un lejano parentesco con el doctor Gregorio Marañón, pretensiones ambas a las que nadie prestó nunca mayor atención, dada la persona de quien procedían. Yo tendría doce años cuando la conocí en el Lyceum, donde las señoras trataban de rehuirla, aunque sin demasiado éxito, ya que se las arreglaba siempre muy bien para imponer su presencia y a la menor oportunidad se levantaba a recitar ante la general consternación. Su fuerte era, cómo no, *El embargo* de Gabriel y Galán, pero yo la recordaré siempre recitando *La casada infiel,* porque ésta fue la primera vez que oí mencionar el nombre de García Lorca. Me han dicho —no lo he podido comprobar— que murió loca.

Ocurrió, y aquí viene la versión de Federico, que Margarita, que estaba habitualmente en todas partes, frecuentaba también los ensayos de El Caracol, y habiendo asistido allí a la lectura de *Don Perlimplín* se identificó de tal manera con el papel de Belisa, que sobre el terreno exigió que le fuese asignado a ella. Naturalmente que todos hicieron oídos sordos a tal pretensión, pero era obstinada e insistió; Belisa sería representada por ella o por nadie más. Mas el papel fue asignado a Magda Donato, y Margarita, al verse rechazada, se retiró majestuosa amenazando que aquel desaire, dada la influencia de las amistades que ella tenía, iba a suponer el final de la obra[35].

En realidad, toda la combinación de situaciones —lesbianismo, posible burla del dictador, de la censura, del honor militar, del luto nacional— habían colocado al autor y director en terreno sumamente resbaladizo. El Caracol había jugado con fuego. Una simple denuncia podía ser, en efecto, suficiente para propiciar la acción policial[36].

---

[35] Yo personalmente oí contar lo sucedido a Adolfo Salazar.

[36] El censor oficial de la dictadura, el teniente coronel Celedonio de la Iglesia, en su libro *La censura por dentro* (Madrid, CIAP, sin fecha) nos señala en este punto que en más de una ocasión: «bastaba una denuncia...

Pero la presencia de tan importante funcionario, nada menos que el jefe superior de Policía, el general Marzo en persona, en tan humilde local como era la Sala Rex, sí parece en su desproporción dar pie a la posibilidad de que tal comparecencia estuviese motivada por una orden muy específica, de excepcional importancia, quizá proveniente del más alto nivel.

El hecho fue que, por una u otra causa, el 6 de febrero de 1929 El Caracol quedó disuelto; la Sala Rex, clausurada; *Amor de Don Perlimplín con Belisa en su jardín,* prohibido por inmoral, y el texto, incautado y depositado en la sección de Pornografía de la Dirección General de Seguridad.

Cipriano Rivas Cherif reaccionó con prudencia y sin comentarios. Apenas un mes después de lo sucedido, embarcó para la Argentina. Pasados casi dos años, volvió a intentar, con éxito, la resurrección de El Caracol aunque con muy distinto enfoque al combinar el experimento con el teatro profesional y quedar él personalmente como director artístico de la compañía de Margarita Xirgu desde 1930 hasta 1936.

Federico, por su parte, salió para América a mediados de junio.

* * *

Hasta aquí hemos consignado todos los rumores que circularon en el Madrid de entonces, que trataba de explicarse de alguna manera la condena recaída sobre el Caracol y *Perlimplín.* Creí haber agotado el tema, cuando recientemente, y de manera puramente casual, me llega

---

para tomar toda clase de medidas» (pág. 160); para suspender «indefinidamente la aparición» de un periódico «bastaba un informe policiaco procedente acaso de una delación sectaria» (págs. 95-96). También «en su afán por abarcarlo todo» la censura «esencialmente política en el ánimo de sus creadores se había extendido a la pornografía» (pág. 157) «exagerando la severidad» (pág. 58).

importante información que podría explicar, incluso justificar, la acción policial en aquel caso.

Investigando el exilio político en París durante la dictadura de Primo de Rivera, en los Fondos del Ministerio de Asuntos Exteriores[37], mi hijo, Enrique Ucelay Da Cal, vino a dar con la publicación anarquista *Tiempos Nuevos, Semanario de educación y lucha,* de notoria fama, ya que, al igual que La Librería Internacional de París que la editaba, estaba sufragada con los fondos recaudados a base de atracos en Latinoamérica, llevados a cabo por Durruti, Ascaso y Jover, como miembros del grupo «Los Solidarios»[38].

Pues bien, en el número 25 de *Tiempos Nuevos*[39], en la página 3 aparece un folletón titulado «Los amores de Don Pirlimplín», que lleva como subtítulo: «(Misterios de un hotel de la calle Príncipe de Vergara, núm....) por el NUMERO XIII regio y espontáneo autor de la más interesante de las novelas. X, Amor, amor...» En el texto que sigue, en que Don Pirlimplín queda identificado como Alfonso XIII, encontramos la más vulgar, falta de gracia y mal escrita relación de los amores del rey, incluyendo noche de bodas y diálogo de la ocasión con la reina Victoria Eugenia.

Esta lamentable publicación, bochornosa desde luego, era, como buen folletín, parte de una serie. En el legajo de los Fondos del Ministerio de Asuntos Exteriores que nos ocupa, se conservan tres números más de dicha revista con las respectivas entregas de «Los amores de Don Pirlimplín»[40]. La que citamos más arriba, a juzgar

---

37 Depósito Archivo General de la Administración, Caja 6073, Antiguo Legajo 1371, Anarquistas, 1925, *Tiempos Nuevos,* Semanario de Educación y Lucha.

38 Véanse Juan García Oliver, *El eco de los pasos,* Barcelona, Ruedo Ibérico, 1978, pág. 82; Abel Paz, *Durruti: el proletariado en armas,* Barcelona, Bruguera, 1978, págs. 72-97.

39 Año 1, París, 16 de julio de 1925, Librería Internacional, Rue Petit, 14.

40 Núm. 14, 23 de abril de 1925, pág. 3, II, «Una carta, un asalto y un complot»; núm. 15, 2 de mayo de 1925, pág. 3, III, «Dos cartas, un

por el número que encabeza el capítulo, parece ser la décima.

En el mismo legajo existe copia de una carta del embajador de España, Quiñones de León, al ministro francés de Asuntos Exteriores llamando su atención sobre la revista y destacando «el ignoble folleton titulado "Los amores de Don Pirlimplín"»[41]. Acompañando a esta carta se encuentra una nota explicando las medidas tomadas por la policía francesa sobre el particular; se había ordenado el cese de la campaña contra el rey y el gobierno, bajo amenaza de expulsión de los colaboradores y clausura del periódico[42].

Que la policía española debía de estar al tanto de las actividades de los anarquistas en París es de suponer. Que los ataques al rey y la existencia del folletón de «Los amores de Don Pirlimplín» hubiesen llegado al conocimiento de las autoridades en Madrid, no es mucho imaginar, dado el carácter oficial de la intervención de la embajada de España en París y las disposiciones policiales francesas subsiguientes. Añadamos a esto que el embajador, Quiñones de León, era amigo personal de Alfonso XIII y del temible Martínez Anido, y comprenderemos el interés que el mero anuncio del estreno de una obra titulada *Amor de Don Perlimplín* tuvo que suscitar en aquellos medios. Porque resulta evidente que «amores de Don Pirlimplín» era frase intentada por los

---

misterio y una bruja»; núm. 16, 14 de mayo de 1925, pág. 3, «Los amores... La camarera de las sorpresas —Añoranza— Doña Virtudes».

[41] Carta con sello de salida 30 de julio de 1925: «Monsieur le Ministre: En date du 16 juin écoulé, j'ai eu l'honneur d'attirer l'attention de V. E. par une Note Verbale sur un journal hebdomadaire intitulé «TIEMPOS NUEVOS» qui avait déjà publié à Paris cette date vingt numéros rédigés par des Espagnols, en langue espagnole./ Ce journal a continué sa publication régulièrement, démontrant toujours qu'il a pour but de mener une campagne antimilitariste nettement révolutionaire et en plus particulièrement violente et outrageuse contre sa Majesté le Roi d'Espagne et la Famille Royale./ Parmi les différents travaux inspirés dans les mêmes sentiments de haine, je tiens à signaler à V. E. l'ignoble fauilleton intitulé «LOS AMORES DE DON PIRLIMPLÍN»... que je vous fais parvenir.»

[42] La nota está fechada el 19-8-25.

autores del folletín como de doble sentido y grosera comicidad, un cruce entre el personaje de la aleluya y la derivación obscena del nombre del medicamento milagroso que pregonaban los charlatanes en las ferias como «polvo o polvos de perlimplín o perlimpinpín».

Es cierto que habían transcurrido unos tres años entre la prohibición en París del folletín de «Los amores de Don Pirlimplín» y el anuncio del estreno de la farsa de Lorca, pero Martínez Anido seguía siendo ministro de la gobernación[43]. La comparecencia del general Marzo, jefe de Policía, en el ensayo del *Perlimplín* aparece ahora perfectamente justificada, y la decisión que adopta —incautación de la obra y cierre del local— no parece excesiva.

Naturalmente no vemos relación alguna entre aleluya erótica y folletón anarquista, pero se trata desde luego de una tremenda coincidencia.

El *Perlimplín* americano

Las referencias al *Perlimplín* que encontramos durante la estancia de Lorca en Nueva York son solamente tres, pero importantes. Las tres caen dentro de 1929.

La primera cita corresponde a Angel del Río, profesor a la sazón en la Universidad de Columbia y amigo del poeta desde hacía años. Ambos durante aquel curso de verano de 1929 habían permanecido en Nueva York, asistiendo a la universidad como profesor uno, como estudiante en un curso de inglés para extranjeros el otro (aunque según Del Río el poeta no volvió a aparecer por la clase después de la primera semana). Acabado el curso, los Del Río, Angel y su mujer, Amelia Agostini, habían alquilado para pasar las vacaciones, que se prolongaban del 16 de agosto al 21 de septiembre, una pequeña granja en los montes Catskills en el estado de Nueva York. Allí

---

[43] Fue ministro de la Gobernación desde 1923 a enero de 1930.

se reunió con ellos Federico después de pasar una semana en Vermont con otro amigo.

Del Río, comentando el trabajo de Lorca en aquellos días, hace una escueta mención al *Perlimplín:*

> En la granja... nos leyó *Don Perlimplín* que había revisado en Nueva York[44].

De ella se puede deducir que la lectura que menciona y que debió de tener lugar durante los primeros dieciocho días de septiembre, en que Federico les acompañó en la granja de los Catskills, presuponía que la obra estaba terminada. Pero, ¿qué texto es el que «revisa»?, ¿había reconstruido de memoria la obra incautada?, ¿era éste el mismo *Perlimplín* que ensayó la Sala Rex? ¿Hasta dónde había llegado la revisión o el retoque?

La siguiente noticia la encontramos en una carta que el poeta escribe a sus padres hacia el 22 ó 23 de octubre:

> Ahora se empiezan a mover algunos amigos míos ingleses en New York para ver si consiguen que se ponga mi teatro aquí... De ponerse algo se pondría el *Perlimplín* y los *Títeres de cachiporra* traducidos y con gran decorado. Aquí hay un teatro de vanguardia y sería no difícil... En el asunto están interesadas las señoras... Hay alguna millonaria interesada... me gustaría, como es lógico... y además es bonito llegar a Nueva York y que representen aquí lo que en España se prohibió indecentemente o no quieren montar *porque no es de público*[45].

Deducimos, pues, que para que exista tal interés Lorca ha tenido que dar a conocer la obra a los amigos y las señoras que menciona, quizá en más de una lectura de su nuevo manuscrito. No podemos menos de pensar en el

---

[44] At the farm he... read to us the play *Don Perlimplín* which he had revised in Nueva York. *Poeta en Nueva York,* Nueva York, Grove Press, 1955, págs. XV, XVI.

[45] Publicada por Maurer en el artículo citado de la revista *Poesía,* páginas 79 y 134.

nombre de Irene Lewisohn, no sólo millonaria, sino también directora de uno de los grupos de teatro experimental más importantes, el Neighborhood Playhouse[46], y entusiasta, además, de todo lo español. Ella sería la persona que había de sufragar los gastos de la puesta en escena en 1935 de una peculiar traducción inglesa de *Bodas de sangre,* encargándose a este propósito de conseguir trajes populares españoles al modo que había hecho Anfistora en la presentación de *Peribáñez.* El traductor, José A. Weissberger conocía bien el trabajo de este club, al que incluso perteneció como miembro.

Curioso también es el dato de que la posible puesta en escena sería esta vez «con gran decorado», justo lo opuesto de lo que se había intentado en El Caracol.

En cuanto a que la prohibición del *Perlimplín* en la España de Primo de Rivera se había hecho «indecentemente», se refiere, como ya señalamos, a la posible denuncia que la había motivado.

La frase final es premonitoria. El que en España «no quieren montar [el *Perlimplín*] *porque no es de público»* (y el subrayado es de Lorca) parece profetizar la suerte que hasta nuestros días ha corrido la obra en el teatro profesional.

La tercera noticia es definitiva. En la Nochebuena de 1929, en casa de Herschel Brickell, Lorca lee *Amor de Don Perlimplín con Belisa en su jardín* ante el matrimonio Brickell, el inglés Jack Leacock y Mildred Adams. Aunque el anfitrión confesó años más tarde haberse dormido durante la lectura, la acogida es entusiasta y quizá contemplando la posibilidad ya mencionada de una puesta en escena en Nueva York, se insiste en que Mildred traduzca la obra. Ella es periodista, traductora con éxito de José Ortega y Gasset, y Federico allí mismo le entrega el manuscrito[47].

---

[46] *Ibíd.,* págs. 133-141, y Ian Gibson, *op. cit.,* II, 76-77, se ocupan de los teatros de vanguardia en aquellos días en Nueva York.

[47] Mildred Adams, *García Lorca: Playwright and Poet,* Nueva York, Braziller, 1977, pág. 124. Herschel Brickell no recuerda la obra que oyó,

La traducción de este nuevo *Perlimplín* existe. Buena o mala los cambios que presenta son de gran interés para nosotros. Dan testimonio de la segunda redacción de la obra a la que nos referiremos en adelante como el *Perlimplín* americano.

1931

En el verano de 1931 —posiblemente en el mes de julio—, Mildred Adams se encuentra en Madrid como corresponsal del *New York Times,* encargada de un reportaje sobre la nueva república. Cuenta Mildred que había llevado consigo el manuscrito que le confió el poeta, pensando en conseguir su ayuda. En su trabajo de traductora había encontrado serias dificultades. La obra contenía demasiada carga poética para una periodista. Planeaba entrevistarse con Federico en Granada cuando de manera puramente incidental, hallándose ella con otros corresponsales en un café de Madrid, le vio avanzar entre las mesas preguntando desde lejos: «¿Dónde está mi *Perlimplín?*» Y al tranquilizarle asegurándole que lo tenía en Madrid, en la maleta, exclamó feliz: «¡Bien! ¡Así no tendré que volverlo a escribir! Lo van a poner»[48]. Al día siguiente, Mildred personalmente hacía entrega del manuscrito a Francisco García Lorca a quien su hermano había encargado que se presentase en su nombre a recogerlo en el hotel[49].

Esta es la última noticia que tenemos de la segunda redacción de la obra, porque el *Perlimplín* americano desaparece inexplicablemente sin que quede ni la mínima alusión a su pérdida. El poeta parecía condenado a reescribirlo eternamente.

---

pero la única lectura en que tenemos constancia de su presencia es la del *Perlimplín.* Véase su artículo «Un poeta español en Nueva York», *Asomante,* II, enero-marzo 1946, pág. 29.

[48] *Ibíd.,* 146-147.

[49] M. Adams de palabra. Repetido en distintas conversaciones.

Todavía en una postal de 19 de diciembre, desde Sevilla, insiste tímidamente Mildred Adams: «Voy a volver a Madrid..., y si usted quiere podemos acabar esa traducción»[50]. Pero para entonces, lejos de su aventura neoyorquina, Federico no debía estar ya interesado.

Existe también una extraña referencia que recoge Marie Laffranque, aunque adjetivada con cierta cautela, que señala 1931 como año de una «Revisión, probable, de *Amores [sic] de don Perlimplín con Belisa en su jardín*»[51]. Como fuente se da la nota de Arturo del Hoyo en su Cronología, donde leemos que en 1931 Lorca «trabaja en *Amor de Don Perlimplín*»[52]. En Sánchez Vidal aparece el mismo dato[53], para el cual no hemos encontrado base concreta alguna.

Nos atreveríamos, no obstante, a relacionar este punto con la fecha que de manera inexplicable da Margarita Xirgu para el *Perlimplín*. En la primera edición de la obra, justificando los textos, leemos la siguiente nota:

ADVERTENCIA

Esta edición ha sido hecha con la autorización debida y ha sido escrupulosamente revisada, de acuerdo con los originales de Federico García Lorca que tengo en mi poder y que contienen los últimos retoques del autor.

MARGARITA XIRGU
Buenos Aires, julio de 1938[54]

Y en la página 141, que contiene el título de *Amor de Don Perlimplín con Belisa en su jardín,* se añade:

ALELUYA ERÓTICA EN CUATRO CUADROS
VERSIÓN DE CÁMARA
(1931)

[50] Maurer, «De la correspondencia de García Lorca: datos inéditos», *Boletín Fundación FGL,* I, junio 1987, pág. 76.
[51] «Bases cronológicas para el estudio de F. G. L.», *Federico García Lorca,* ed. Ildefonso Manuel Gil, *op. cit.,* pág. 422.
[52] *O. C.,* II, pág. 1282.
[53] *Op. cit.,* pág. 358.
[54] Buenos Aires, Losada, 1938, pág. 23.

Pero tal «Advertencia», por lo que respecta al *Perlimplín,* no es exacta. El texto que la actriz cede para su publicación no es un original ni de tal año. Se trata, como creemos poder demostrar, de una copia mecanografiada por Pura Ucelay con posterioridad al estreno, y que precisamente incluye los cambios requeridos por la puesta en escena. En otras palabras, el texto que reproduce en su edición Guillermo de Torre no puede ser anterior a abril de 1933. Baste mencionar que «versión de cámara» y «en cuatro cuadros» son, efectivamente, «retoques del autor», mas fueron añadidos al título de su puño y letra durante los ensayos, en un único apógrafo que había permanecido inasequible desde febrero de 1929 hasta enero de 1933.

Ahora bien, ¿por qué está Margarita Xirgu tan segura de que el *Perlimplín* data de 1931? y ¿por qué afirma tener el «original»? ¿Será quizá que alguna vez lo tuvo? Como sabemos, 1931 es justo el año en que desaparece sin explicación alguna el segundo manuscrito que hemos llamado *Perlimplín* americano. La última referencia que tenemos de él es del propio autor que, contento de recuperarlo y no tener «que volverlo a escribir», anuncia a Mildred Adams: «Lo van a poner». Es decir, Lorca contemplaba en aquel año el estreno de su farsa.

Que tal presunta puesta en escena corriera a cargo de la Xirgu es más que probable. Rivas Cherif había resucitado El Caracol con el estreno de *La zapatera prodigiosa* por Margarita Xirgu el 24 de diciembre de 1930 en el Teatro Español (producción excelente que tuvimos ocasión de admirar). Por más que el nombre del antiguo Caracol apareciese como señuelo alguna que otra vez, Rivas se había situado como director artístico de una primera actriz en el primer teatro del país, muy lejos ya de las dificultades de su grupo experimental de aficionados. No tendría nada de extraño que considerase nuevamente el estreno del *Perlimplín,* tratando así de enmendar aquel malogrado intento de 1929.

¿Sería responsabilidad de la Xirgu la desaparición del

manuscrito?, ¿o de Cipriano Rivas Cherif? Justificaría
esto, al menos, la seguridad de la actriz en la fecha que
señala y la silenciosa resignación del poeta.

1932

Pura Ucelay

Fue en el otoño de 1932 cuando Pura Ucelay se entre-
vistó con Federico García Lorca para solicitar su permiso
de autor y su ayuda como director en una representación
de *La zapatera prodigiosa* a cargo del grupo teatral organi-
zado por la Asociación Femenina de Cultura Cívica.

Pura, antigua fundadora del Lyceum, lo había abandonado para unirse a María Martínez Sierra y María Rodrigo en la fundación de un nuevo club femenino más
sencillo, menos elitista, dirigido a mujeres jóvenes, em-
pleadas por ejemplo, que no teniendo acceso a la universidad estuviesen interesadas en aspectos culturales. Ella
era responsable de la parte artística y había quedado
encargada de montar una función teatral.

Federico no se extrañó de que una señoras aburguesa-
das de un club femenino le pidiesen dirigir un grupo de
aficionados. Por el permiso de autor y el trabajo de
director le ofrecían mil pesetas. Las aceptó encantado,
pero, argumentó, el nombre de aquel club era feísimo y
además *La zapatera* era obra corta; hacía falta alguna
pequeña cosa más con que prolongar el espectáculo, y
precisamente él tenía la obra apropiada, justo el complemento de *La zapatera,* sólo que... la obra estaba inter-
venida por la censura como inmoral y él había perdido el
manuscrito, aunque lo único inmoral, aseguraba, había
sido la intriga que consiguió su prohibición. Si Pura
Ucelay conseguía rescatarla, él la dirigiría también y su
estreno añadiría interés a la reposición de *La zapatera.*
No hicieron falta más explicaciones, aquello estaba he-

cho. Desde aquel primer encuentro su amistad quedó asegurada.

Cuando Pura Ucelay se presentó al día siguiente en la Dirección General de Seguridad a reclamar la obra allí detenida hacía casi cuatro años, no dudaba de que el buen sentido de la República anularía una prohibición caprichosa de los estrafalarios días de Primo de Rivera. Pero nada más lejos de la realidad. Localizado *Amor de Don Perlimplín* en la sección de pornografía se le hizo ver que el propio subtítulo —«aleluya erótica»— declaraba su inmoralidad. No fue fácil y hubo de insistir durante mucho tiempo, hasta que los funcionarios, rendidos por cansancio, le hicieron entrega de uno de los tres cuadernillos incautados; las otras dos copias que le retiraron cuando ya las tenía en sus manos permanecieron para siempre en la Dirección General de Seguridad, hasta consumirse en las llamas que acabaron con el edificio en un bombardeo durante la Guerra Civil.

Pura Ucelay no recordaba exactamente cuánto tiempo duraron sus visitas a aquella sección de pornografía de la calle de la Reina. Insistía en que fueron «meses», pero estaba segura de que para Reyes de 1933 el *Perlimplín* ya era «suyo». Consideraba acertada la resistencia del poeta a enfrentarse personalmente con el mundo de los policías oficinistas. A su modo de ver, había resultado más efectivo, por inhabitual, que fuese una señora quien se encargase de dar la cara. De todos modos, su insistencia machacona no carecía de cierta base legal. El *Perlimplín* había sido intervenido por inmoral y abandonado a la muerte por olvido, en la sección de pornografía, pero Pura había llegado a saber que en este caso no se habían cumplido exactamente las disposiciones del Reglamento de Policía de Espectáculos[55]. Por lo que fuese, los interventores —es posible que el mismo general Marzo— no

---

[55] Véase «Censura teatral», en *Enciclopedia Jurídica Española,* vol. V, Barcelona, Francisco Seix, editor, sin fecha; también F. de Salazar Culí, *Derecho de policía,* Barcelona, Salvat, 1942, pág. 371.

se habían ocupado de pasar la obra al juzgado correspondiente; no existía, por tanto, el fallo de un tribunal. En otras palabras, no había cargos concretos, sólo presunta acusación. Posiblemente los empleados se resistían a entregar la obra según su principio de que lo que en aquella sección entraba, no salía, pero ante tan repetida solicitud y sin una base legal concreta acabaron por verse obligados a ceder.

En lo que sí cumplía la policía con la ley era en la retención de las dos copias tal como ordena dicho Reglamento de Espectáculos. La confusión creada por el forcejeo de Pura Ucelay al intentar llevarse los tres cuadernillos y recogerle los policías de las manos dos de ellos, puede ser la causa de que la copia rescatada presente precisamente las características exigidas en los dos ejemplares que han de someterse a la autoridad antes de un estreno y que según el Reglamento han de estar firmados por el autor y llevar el sello de la empresa responsable. Es decir, que Pura no se llevó exactamente la copia incautada a El Caracol, sino una de las dos que éste había sometido a la policía para conseguir el permiso de estreno. Se explica así la firma formal de Federico al frente de tal apógrafo y el sello de la «Sala Rex» en todas y cada una de las páginas.

1933

Del estreno del Perlimplín: *la puesta en escena de Anfistora*

La Asociación Femenina de Cultura Cívica tenía su residencia en un piso de la Plaza de las Cortes (hoy número 8). Aparte del salón de té y varios cuartos de clase, contaba con tres grandes salones contiguos, uno de los cuales estaba dedicado a la música. Se había construido allí una amplia tarima que permitía la colocación de varios instrumentistas en previsión de posibles conciertos. La habitación, además, estaba dotada de puertas correderas que podían aislarla de las demás actividades del club. Se trataba, pues, de un lugar perfectamente apropiado para los ensayos; incluso lo hubiese sido para un teatro de cámara.

Pero Pura Ucelay no pensaba en este tipo de representación. Su intento era hacer muy pocas funciones pero extremadamente cuidadas en todos sus aspectos, utilizando no un salón, sino el escenario regular de un buen teatro. Una obra al año sería suficiente, pensando sobre todo en lo caro que por fuerza había de resultar tal proyecto. En realidad, su planteamiento era lo opuesto de lo que fue El Caracol en un principio, cuyas frecuentes y no demasiado trabajadas actuaciones habían acabado por darle un carácter más didáctico que artístico. Ni que decir tiene que Lorca aprobó tal intención que encajaba dentro de los moldes de un teatro de arte y con todo su entusiasmo apoyó este nuevo esfuerzo de expresión teatral.

Era éste justo el momento en que el poeta se había dedicado en cuerpo y alma a la dirección. De hecho, en aquel mes de febrero dirigía apasionadamente y al mismo tiempo tres diferentes grupos de teatro. Por un lado, los ensayos de La Barraca estaban a la orden del día; hacía pocos meses que se habían inaugurado las representaciones (el 10 de julio de 1932 para ser exactos). Más importante aún era la inminente puesta en escena de *Bodas de sangre,* que se estrenaría el 8 de marzo. A pesar de tal carga de trabajo, el poeta no escatimó su ayuda a Pura Ucelay en la reposición de *La zapatera* y, sobre todo, en la preparación del estreno del *Perlimplín,* aunque, como es natural, en este caso los ensayos que habían comenzado en enero no se intensificaron hasta el mes de marzo.

Solía aparecer por el Club Femenino de Cultura Cívica al caer la tarde, siempre acompañado de algún amigo. Habituales eran Francisco, su hermano —presente en Madrid aquel invierno—, y Eduardo Ugarte. Santiago Ontañón, protagonista y decorador de la obra llegaba con ellos. Siguiendo los recuerdos de Pura Ucelay, los ensayos del *Perlimplín,* dado el carácter intimista de dúo que mantiene la obra, eran básicamente esfuerzos de matización. El movimiento no presentaba mayor dificultad, aparte de estar señalado con todo detalle en el texto. Fue en los dos últimos ensayos, y en el teatro, donde se entregó el poeta recreando literalmente la obra viva, improvisando o corrigiendo cualquier movimiento con independencia del texto, sometido éste también a toda clase de cortes o añadidos que dictaba al primero que tenía a mano, ya fuese Ontañón o Pura Ucelay. Otras veces anotando los cambios él mismo de su puño y letra. Asombrados estaban todos de la intensidad de aquel esfuerzo creativo y, más que nada, del momento en que interrumpió el final del segundo cuadro para componer rápidamente, escribiendo sobre la rodilla, el magnífico poema que recita don Perlimplín. Francisco García Lorca[56] se hace eco de aquella ocasión que comenta en su excelente estudio de la obra.

Diríamos hoy que Federico aquel día se estaba dejando admirar. No olvidemos que una de las múltiples facetas de su extraordinaria personalidad era la de excelente actor, muy capaz de representarse a sí mismo en el papel de improvisador genial. Lo que en tantas otras ocasiones el Lorca «juglar» parecía estar repentizando ante el asombro de sus oyentes era, sin duda alguna, producto de serio trabajo y memoria excelente. Apuntamos esto porque el poema en cuestión, «Amor, amor / que vengo herido», estaba ya completo y presente en el mismo lugar del cuadro segundo en la traducción inglesa que Mildred Adams había hecho entre 1930 y 1931 del perdido manuscrito del *Perlimplín* americano[57].

Tampoco supieron los presentes, ni mencionó el poeta, que muchas de aquellas correcciones pertenecían a dicha segunda redacción. De hecho, su incorporación al

---

[56] *Op. cit.,* págs. 320-321.
[57] Como ocurre en tantos otros casos existen precedentes mucho más lejanos, de los que nos ocuparemos más adelante.

apógrafo de El Caracol creaba sobre la marcha un nuevo texto. La rapidez pasmosa con que el autor disponía los cambios se comprende teniendo en cuenta que Lorca estaba reproduciendo un manuscrito concreto, perdido pero no olvidado.

Entendemos la admiración con que Pura Ucelay recordaba aquel ensayo en que Federico había hecho tal alarde de facilidad creativa, pero no deja de extrañarnos que su hermano, gran conocedor de su obra y precisamente la persona que recogió de Mildred el manuscrito más tarde desaparecido, no reconociese la previa existencia, al menos, de tan importante poema y creyese, como los demás, en un acto de improvisación.

De muy distinto carácter fueron los ensayos de *La zapatera,* de cuya reposición sólo nos ocuparemos tangencialmente aquí. Baste mencionar que, como es natural, requirió más tiempo y trabajo dirigir a quince personajes que a los seis de la «aleluya erótica». Además, no se intentaba cambiar nada, sino simplemente reproducir la puesta en escena de Margarita Xirgu, y esto por deseo exclusivo de Lorca, que llegó incluso a exigir la repetición de los trajes, en los que se traslucía la influencia de los figurines de Picasso para el ballet de *El sombrero de tres picos.* Hubo, pues, que pedírselos prestados a la actriz para copiarlos. Señalamos este hecho porque constituye una excepción en la historia de la dirección escénica de Federico, que siempre estuvo dispuesto a no repetir, sino a renovar o intentar cualquier diferente posibilidad escenográfica. La reposición de *La zapatera* resultó desde luego muy satisfactoria. La prueba está en que el poeta mismo no desdeñó participar con el grupo desempeñando, al igual que había hecho en el estreno, el papel de El Autor.

Sobre la puesta en escena del *Perlimplín* intentaré dar algunas notas, porque aquí puedo seguir mis propios recuerdos. Los seis actores que desempeñaron los respectivos papeles estaban bien escogidos. Inolvidable el efecto mágico de los Duendes, a cargo de los hermanos

Augusto y Andrés Higueras, de cinco y siete años, pequeños y delgados para su edad, que con la seguridad absoluta de sus líneas y sentados a ambos lados de la concha del apuntador consiguieron un efecto poético irreal. Su madre, Lola Palatín de Higueras, excelente Marcolfa en la obra, apareció en el programa sólo como Sra. Domínguez. Era relativamente corriente que los actores aficionados utilizasen nombres supuestos, considerando poco seria o confesable una afición que podía ir en detrimento de su vida familiar o profesional. Tal era el dudoso concepto en que la sociedad tenía a los «cómicos». Falso, por ejemplo, era también el nombre del Zapatero en esta reposición del Club de Cultura. No era éste el caso, sin embargo, de Pilar García, antigua cantante de zarzuela conocida en sus días, que se encargó de la corta aparición de la Madre de Belisa y que, por cierto, era también madre de la actriz Pilar Bascaran, que desempeñaba el papel de la protagonista. Don Perlimplín, como ya sabemos, no fue otro que Santiago Ontañón.

Pilar Bascaran tendría a la sazón veintidós años; mujer de magnífica presencia, aportaba al papel la juventud y belleza que requiere el personaje. Estaba dotada de buena voz, bien impostada, y cantaba bien, factor decisivo, sin duda, que determinó el montaje del cuadro final. Pero el alma de la obra fue Santiago Ontañón, y no sólo como actor, aunque como tal supo transmitir a su Don Perlimplín toda la matización e intensidad poética de tan difícil papel. Físicamente era un tanto corpulento para su personaje, mas ante la figura alta y espléndida de Pilar Bascarán conseguía el contraste trágico-grotesco implícito en la pareja de la «aleluya erótica».

Como decorador alcanzó Ontañón la perfecta adecuación plástica al espíritu que se había deseado para aquella producción. Color y luz en correspondencia estudiada con los trajes en un equilibrio de armonías, quedaban subrayados melódicamente por las sonatinas de Domenico Scarlatti. Verdes, como pide el texto, eran los telones de la casa de Don Perlimplín, pero en tonos pastel al igual que el resto de los decorados, como si los colores rabiosos de las aleluyas se hubiesen difuminado con el tiempo. Colocada oblicuamente quedó la cama con gran dosel del cuadro segundo ante el fondo de los cinco balcones. Pintados en el telón, todos los muebles del comedor. Solucionado magistralmente como espacio también cerrado, el jardín en un muro de arrayán sobre el que asomaban las copas de naranjos y cipreses y que se abría en dos arcos laterales. Situado entre ellos el banco en que moría el protagonista. Enmarcado en un arco de arrayán, quedaba Don Perlimplín escuchando la serenata; en el otro arco, antes de la última estrofa, tenía lugar la espectacular aparición de Belisa, que desde allí cantaba las líneas finales antes de entrar en escena. Y menciono estos detalles con cierto detenimiento porque la colocación de los personajes explica cómo en este caso los cambios en el texto obedecen a una determinada puesta en escena. No olvidemos, para terminar, que el gran escenario del Teatro Español quedaba achicado con una falsa embocadura pintada de grandes cortinones rojos exageradamente recogidos. Se trataba de conseguir así un espacio escénico reducido, íntimo, apropiado a aquella «versión de cámara».

Los trajes fueron responsabilidad de Pura Ucelay y correspondían en intención de color y estilo a los decorados. Los Duendes estaban vestidos con un sencillo traje talar con gran capuchón a modo de dominó en un azul oscuro. La intención era que, como criaturas irreales, no destacasen demasiado sobre el gris de la cortina que ellos mismos se encargaban de correr y descorrer. Lo opuesto se intentaba con el atuendo de la Madre de Belisa que, por asomar nada más que medio cuerpo a la ventana de su casa, sólo consistía en una pañoleta roja, grandes mangas de encaje blanco y una monumental peluca rococó que, tal como se indica, tenía pájaros, cintas de todos colores, abalorios y además plumas. Por lo que respecta a Marcolfa, se siguieron las instrucciones que piden para ella el «clásico traje de rayas». El poeta pensaba sin duda para su personaje en el traje estereotipado de la típica criada dieciochesca, la «soubrette» francesa. Lo curioso es que ésta última, al igual que su antecedente, la «servette» italiana, habían de ser por definición jóvenes y coquetas. La pobre Marcolfa, vieja y maternal, queda irónicamente lejos de lo que su traje haría desear.

El protagonista llevó, efectivamente, su peluca blanca y la casaca verde, característica intrínseca suya desde los primeros borradores que redactó Lorca. En este caso la casaca se había hecho de hule verde bordado con trencilla dorada, intentando que el reflejo del material diese la impresión de porcelana a la figura de Don Perlimplín. También, y contraviniendo el texto que le presenta embutido en su casaca de principio a fin, en el primer cuadro aparecía en mangas de camisa, chaleco y calzón de un amarillo muy pálido, opción aceptable si recordamos que ya fue utilizado por el poeta en uno de los fragmentos estudiados, el inédito C.

Ataviar a Belisa fue el problema principal que planteó este aspecto de la puesta en escena y uno de los más costosos, ya que la obra requiere un cambio de traje en cada cuadro: la actriz «está medio desnuda» en el primero, llevará «un gran traje de dormir» en el segundo, viene de la calle en el tercero y finalmente en el cuarto, en su propio jardín, debe estar «espléndidamente vestida». Fácil de solucionar fue el primer caso, sobre todo porque la gran ventana del decorado no permitía la aparición del personaje más que de medio cuerpo; una pañoleta azul pálido sujetando unos encajes caídos por un hombro produjo un excelente efecto, y el paso a la enorme bata de encajes blancos del segundo cuadro se pudo hacer con toda facilidad. En cambio, la transición al tercer cuadro requirió tiempo: enlazar un corsé y colocar las múltiples faldas de un traje del siglo XVIII, peinar en tal estilo a la actriz, añadiéndole el abrigo, la cofia y manguito no fue tarea fácil. Afortunadamente, quedaba preparada para el cuadro final con sólo desprenderse el manguito, abrigo y cofia. Por cierto que Federico no tenía muy claro el gran traje de Belisa. Imaginaba un miriñaque, pero abierto por detrás. Pura le convenció de que resultaría muy incómodo y torpe de movimiento en un escenario ya reducido, donde la actriz se vería obligada a tomar de perfil no sólo entradas y salidas, sino meros cruces de personajes. Y en cuanto a abrir por detrás un traje dieciochesco, sería inútil puesto que el volumen de la tela impediría distinguir tal cosa. Aconsejó Pura recurrir a la moda avanzada del siglo en que el miriñaque se desplaza de los lados hacia atrás acabando en cola, dando mayor esbeltez a la figura y gracia al movimiento. En cuanto Lorca pudo ver aquella idea expresada en láminas y figurines quedó convencido. Así, la vuelta de paseo de Belisa en el cuadro tercero fue una felicísima reproducción de una lámina del *Magasin des Modes* de 1787[58], en color azul tal como allí aparece. Para el traje de la escena final se combinó otra ilustración del *Journal des Dames* de 1790[59] y el retrato de *La arpista* de Isabel Vigée-Lebrun[60]. Federico sólo insistió en un detalle: Belisa en el final de la obra debía estar vestida de color rosa. Y si al avanzar la fecha hacia el fin de siglo en los figurines de Belisa, la casaca Luis XV de Don Perlimplín quedaba un tanto pasada de moda, no desdecía tal hecho de la caracterización del personaje.

Para terminar este punto mencionaremos que, así como del trabajo de Santiago Ontañón no ha quedado dibujo o fotografía alguna, los trajes existen.

A la dificultad que representaban los cambios de traje debemos añadir que cada cuadro requería también diferente decorado. En realidad, éste era la pura simplifación. No había que trasportar más que el banco del jardín y la cama previamente arreglada con sábanas, colcha, almohada y almohadones. Todos los demás muebles y objetos

---

58 Max von Boehn, *La moda; historia del traje en Europa desde los orígenes del cristianismo hasta nuestros días,* adaptada del alemán por el Marqués de Lozoya, Barcelona, Salvat, 1928, vol. IV, lámina XVIII, pág. 280.

59 *Ibíd.,* 1929, vol. V, lámina II, pág. xv.

60 *Ibíd.,* vol. II, pág. 279.

Teatro 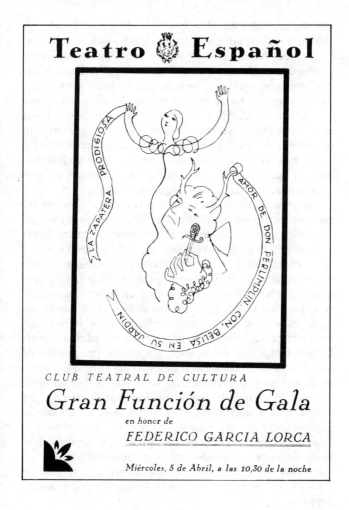 Español

CLUB TEATRAL DE CULTURA

Gran Función de Gala

en honor de

FEDERICO GARCIA LORCA

Miércoles, 5 de Abril, a las 10,30 de la noche

estaban pintados en el respectivo telón cumpliendo las instrucciones y equivocadas perspectivas que pedía el texto. Pero ventanas, balcones y arcos de arrayán eran practicables, es decir, que por rápidos que se hiciesen los cambios había que arreglar la escena o sujetar los telones. Mas este problema de tiempo no era debido exactamente a aquella particular ocasión; es algo que existe en la obra: es la brevedad de los cuadros la que está en conflicto con el número de mutaciones, pues si éstas podrían solucionarse hoy con las modernas técnicas de iluminación, todavía Belisa tendría que vestirse y desnudarse y volverse a vestir, y el problema seguiría presente.

En otras palabras, los intermedios musicales fueron un recurso totalmente necesario. Creyeron los presentes que el añadir a éstos el nombre de Domenico Scarlatti había sido otro acto de improvisación motivado por el carácter dieciochesco de la puesta en escena. La realidad parece ser lo contrario, es decir, que posiblemente Lorca, partiendo de la música, intentaba una ambientación que la recrease, porque en la traducción de la versión americana ya se indica que en los intermedios se debe interpretar, concretamente, «una sonata para clavicordio de Scarlatti»[61]. Es muy probable, pues, que todo el preciosismo de aquel montaje obedeciese al deseo de identificar el espíritu de la farsa con el de la música del compositor italiano.

Por cierto que la parte musical en el estreno del *Perlimplín* fue muy afortunada, puesto que contó con la participación de una pianista excelente y muy conocida, Pura Lago, que entre cajas interpretó una sonatina diferente en cada intermedio, encargándose también de las interminables escalas que acompañaban la canción de Belisa y que servían de fondo melódico al fin del cuadro primero.

Aparte de la intervención ocasional de guitarra y flauta en el cuadro segundo, la armonización de voces en la

---

[61] Anotado en una esquina de la portada puede leerse: «Scarlatti sonata for clavichord - to be played between the scenes».

serenata del cuadro final fue uno de los aciertos de Lorca como director. Contaba para ello con las voces de las actrices y actores que habían tomado parte en *La zapatera* más la voz de Pilar Bascaran. El hecho de que ésta pudiese cantar determinó la reorganización de la serenata, pasando a interpretar Belisa de dos en dos las líneas del poema; las Voces, a modo de eco, repetían amortiguados los versos segundo y cuarto de cada estrofa y Don Perlimplín recitaba el estribillo formado por el cuarto verso de la primera estrofa. El personaje no se escondía, como dice el texto, sino que quedaba, como ya indicamos, en uno de los arcos del jardín sirviendo con la recitación de contrapunto a la melodía cantada. Belisa «espléndidamente vestida» aparecía en el otro arco desde donde todavía entonaba los dos últimos versos del poema. El resultado en cierta forma recordaba las líneas iniciales del auto sacramental de *La vida es sueño* de Calderón —representado aquellos días por La Barraca—, en que versos recitados y cantados se suceden en una interpolación de voces y ecos melódicos. Pero, como comentaremos más adelante, el enorme efecto teatral conseguido con la orquestación de la «Serenata» creó un problema para futuros editores y eruditos, porque montada la escena en pleno ensayo general nadie se ocupó en este caso de apuntar los cambios en el texto.

Toda la música utilizada en la obra, fue recogida y publicada años más tarde por Gustavo Pittaluga [62]. Sabido es que, por costumbre, Lorca adaptaba, armonizándolas al piano, canciones populares, generalmente de los cancioneros, pero en este caso, insistió en que la primera canción de Belisa, «Amor, amor...», era suya propia. La segunda, «Por las orillas del río...», era una adaptación de una canción de mecedor conocida por su graciosa letra: «La niña que está en la bamba / con la toquilla encarná / es la novia de mi hermano / pronto será mi cuñá».

---

[62] *Canciones del teatro de Federico García Lorca*, Madrid, Unión Musical Española, sin fecha.

El estreno, como es sabido, tuvo lugar el cinco de abril de 1933, a las diez y media de la noche en el Teatro Español. Se anunció como «función de gala» organizada por el Club Teatral de Cultura en honor de Federico García Lorca. No debemos olvidar que todo este esfuerzo se hizo para una única representación, pero tal era el destino del teatro no profesional. Fue, sin embargo, una memorable noche.

Debemos detenernos en este punto, porque en el excelente estudio de Luis Fernández Cifuentes sobre el teatro de Lorca encontramos una extraña afirmación que no compartimos[63]. Se nos dice aquí que el estreno del *Perlimplín* «produjo uno de los fracasos de crítica más notables que conoció García Lorca en su vida teatral»[64]. Al menos en España, y tratándose de citas de periódicos del año 1933, no podemos olvidar que la crítica estaba totalmente condicionada por el color político de la respectiva publicación.

Ni que decir tiene, pues, que el mero hecho de que el *Perlimplín* hubiese sido durante años una obra condenada por la dictadura como inmoral, y sólo rescatada de la censura meses antes de su presentación, presuponía para la crítica una posición ya determinada de antemano. Que los periódicos de derechas tendrían que poner peros a la «aleluya erótica» era absolutamente de esperar; casi un deber. Que la prensa liberal, donde se amparaba la «inteligentsia», lo alabaría, era igualmente predecible. No podemos, pues, aceptar las críticas sobre esta obra que provienen de diarios conservadores sin tener en cuenta el prejuicio que las motivó[65].

---

[63] *García Lorca en el teatro: la norma y la diferencia,* Zaragoza, Prensas Universitarias, 1986, pág. 116.

[64] Tampoco podemos aceptar la opinión de Cifuentes de que Lorca mostró «interés relativamente escaso» por la aleluya, ni que el texto «quedase abandonado» (pág. 117). Creemos poder justificar ambos aspectos en este estudio. En cuanto al incidente con Buñuel y Dalí mencionado como posible causa de la presunta falta de interés de Lorca por el *Perlimplín,* baste mencionar que tuvo lugar siete años antes del estreno.

[65] Consideramos bajo este aspecto: *El Debate,* diario católico, órgano de

Por otra parte, para el público interesado en el arte de Lorca —o en el de cualquier otro nombre de la vanguardia literaria, Alberti por ejemplo—, las evaluaciones hechas por periodistas comprometidos con la derecha tradicional eran solamente merecedoras del más completo desdén. No creemos, pues —en contra de la opinión de Cifuentes—, que tales opiniones sobre el *Perlimplín* supusieran para Lorca ningún fracaso personal. En realidad, el que la representación de la «aleluya erótica» hubiese sido posible sin mayor escándalo era ya de por sí todo un éxito. Federico parecía más que satisfecho del estreno y crítica de su farsa. Prueba de ello es la confianza que puso en Pura Ucelay al hacerle entrega, justo por entonces, del manuscrito de *Así que pasen cinco años* para que fuese puesto en escena por Anfistora.

La prensa del 6 de abril reseña ampliamente ambas obras. *La zapatera* merece ya la aprobación estusiasta de todos. Olvidadas habían quedado las pocas notas negativas que recibió con motivo de su estreno. Pero el caso del *Perlimplín* era muy distinto. Sus «antecedentes penales» de obra «pornográfica» lo habían convertido, para todo un sector, en una amenaza a la moral establecida. Su estreno tenía, pues, cierto carácter de desafío.

Señalaremos algunas opiniones, comenzando con dos negativas, para comparar estilos.

> Le falta razón suficiente porque sólo es un capricho injustificado e injustificable de su autor *(La Época)*.

> Si antigua es como se apunta, no debió nunca estrenarse *(La Hoja Literaria)*.

> ...delicioso —y hondo y alado— *Amor de Don Perlimplín...* un dechado de humorismo erótico, impregnado

---

la naciente CEDA; *La Época,* diario monárquico, conservador de la línea dura por tradición; *Informaciones,* diario de Juan March, antirrepublicano; *ABC,* monárquico y conservador. Véase Pedro Gómez Aparicio, *Historia del periodismo español,* tomo IV, de la Dictadura a la Guerra Civil, Madrid, Editora Nacional, 1981. Desconocemos la filiación política de *La Hoja Literaria,* que no recoge Aparicio.

de ironía y ternura, de gracia y de poesía, que divierte, intriga y conmueve a un tiempo mismo, para culminar en la profunda emoción de arte de la última escena (J. G. Olmedilla, *El Heraldo de Madrid*).

Cuento libertino con moraleja trascendente... divertido, preciosista... zumbón y triste en el fondo de lo grotesco... con hallazgos como siempre admirables...; con esa gracia un poco de colegial, maliciosa de poso sexual... y esa agilidad traviesa y divertida de juventud verdadera (M. Núñez de Arenas, *La Voz*).

Tan nueva es la aleluya de Lorca que en su desenvolvimiento y en la gracia de su juego recuerda la novedad de siempre, clásica, de los ejemplos vivos y mejores (Juan Chabás, *Luz*).

Todo ello logrado, como lógrase siempre en Lorca lo perfecto *(ibíd.).*

Amor de Don Perlimplín se afirma por sí solo, y en el aire gracioso y transparente van muchas de las esencias que mejor definen el mundo poético dramático de García Lorca» (M. Fernández Almagro, *El Sol).*

En *Amor de Don Perlimplín* hay, desde luego, no poca literatura y no poco teatro *(ibíd.).*

Elogios de la prensa liberal[66], alfilerazos de la conservadora, el hecho es que nadie se ocupó de mencionar un defecto obvio: la representación había resultado demasiado larga. *La zapatera prodigiosa* y *Amor de Don Perlimplín* eran, según el poeta, complemento una de otra, pero juntas, más descansos e intermedios musicales, rozaban las tres horas, si no es que pasaban de ellas.

Nos detendremos todavía en alguna observación que precisamente por negativa puede ser útil a nuestro propósito. Tal es el caso, por ejemplo, de Jorge de la Cueva en *El Debate,* que objeta «la entonación engolada y

---

[66] Consideramos como tal: *El Sol, La Voz, Ahora, Luz.* También, como liberal de izquierda, *El Heraldo de Madrid;* republicano de izquierda, *El Liberal.*

artificiosa de los intérpretes», insistiendo en que «el cambio de voz, el engolamiento y el falsete», al igual que «el movimiento ampuloso y amanerado», son defectos que obedecen a la «desorientación del autor». En realidad, el crítico nos está dejando constancia de cómo Lorca intentó dar a la farsa un peculiar carácter de libreto de pequeña ópera del siglo galante, en que las variedades de entonación de los actores recordasen las voces impostadas de los cantantes. Recordemos aquí la acotación del framento F donde se sugiere que «La voz sensual y engolada de Belisa suena como un chorro gordo de agua entre frescuras», porque más adelante volveremos a insistir sobre la relación de música y aleluya erótica.

Es curioso que aparte de *El Debate* sólo encontramos en otro crítico una discreta reprobación[67] hacia los pequeños cuernos dorados con que despierta Perlimplín y que aparentemente ocasionaron su condena en los tiempos de Primo de Rivera. La prensa liberal recuerda lo sucedido como algo lejano, congratulándose con todo optimismo del nuevo momento. En *El Heraldo de Madrid,* Olmedilla comenta con satisfacción: «Por ventura todo ha cambiado de entonces acá y ahora puede representarse [Don Perlimplín] en Madrid, sin escándalo ni aspavientos de mojigatería».

Nada más lejos de la realidad que las ilusiones del crítico: escándalo no hubo, aspavientos sí. El público —buen público en «calidad y cantidad», apunta *El Liberal*— fue en su gran mayoría sinceramente entusiasta, pero al descorrer los Duendes la cortina y descubrir a Don Perlimplín con sus cuernos dorados adornados de flores, no faltaron los espectadores que se levantaron y abandonaron la sala, entre ellos el doctor Gregorio Marañón, que ocupaba un palco en compañía de Carlos Morla y señoras, que ostensiblemente se retiraron del

---

[67] M. Núñez de Arenas, «García Lorca y el *Amor de Don Perlimplín con Belisa en su jardín», La Voz,* 6 de abril de 1933: «Quizás una materialización de la desdicha conyugal de Don Perlimplín fuera innecesaria y sobrase».

teatro[68]. Tiempo después, y no sin sorpresa, pudo comprobar Pura Ucelay que el primero también le había retirado el saludo. No fue el único.

Pero que Lorca quedó satisfecho del estreno de *Amor de Don Perlimplín* no admite duda.

El entusiasmo de Federico por la puesta en escena de sus dos farsas que él mismo había dirigido para el Club Teatral de Cultura es evidente en la importante entrevista que justo antes del estreno, el mismo 5 de abril, concede a *El Sol*[69]. Baste recordar que, terminada la función para la que en principio había sido contratado, el poeta decidió continuar *ad libitum* su ayuda a Pura Ucelay y su grupo de teatro de arte erigiéndose en su codirector. Quería, sin embargo, crear un club exclusivamente teatral: la Asociación Femenina de Cultura Cívica le sobraba. La verdad es que desde el comienzo Lorca había objetado a lo que consideraba un nombre horrendo; por eso había conseguido reducirlo a Club Teatral de Cultura, forma en que apareció en el programa y que recogió la prensa. Finalmente, al parecer por iniciativa de Ontañón, se adoptó una denominación típicamente lorquiana: «Club teatral Anfistora». La palabra era lo que se llamaba entonces una «jitanjáfora», desprovista como tal de significado, pero de gran valor eufónico.

---

[68] Se explica, así, la lamentable rendición del final del *Perlimplín* que da el diplomático chileno en su supuesto «diario» *(En España con Federico García Lorca,* Madrid, Aguilar, 1958, págs. 340-342). Según él, Perlimplín autoriza la conducta de Belisa que, agradecida, se enamora de su marido y viven felices. El joven de la capa roja es otro personaje encarnado por un actor diferente, cuyo papel se compara al del Jugador de Rugby de *Así que pasen cinco años.* Desde luego, el ostensible abandono del teatro como protesta, antes del final del segundo cuadro no se menciona. Sirva este caso como ejemplo del desprecio a la verdad que caracteriza muchas de las páginas de estas memorias.

[69] *O. C.,* II, 906-909.

Lorca, en Buenos Aires desde el 13 de octubre de 1933, tiene la intención, como es natural, de estrenar tantas de sus obras como sea posible. En una conferencia de prensa promete que «es casi seguro que estrene *Amor de Don Perlimplín con Belisa en su jardín,* una aleluya, una cosita ligera, en un acto...»[70]. Y en carta a sus padres de fines de noviembre comunica:

> Ya comienzan a ensayar *La zapatera* y el *Perlimplín* para las (sic) que hay una gran expectación. Como Lola canta y baila le he puesto varias canciones y bailes que resultan preciosísimas (sic). Creo que será después de la nota trágica de *Bodas* una cosa de éxito esta nota cómica de la *Zapatera.* Fontanals ha hecho una maravilla de decorado y otra maravilla de trajes. Es de lo más nuevo que se puede ver. La música será ejecutada por dos pianos de cola colocados delante del escenario...»[71]

Es obvio que Federico intentaba repetir el programa que había presentado con el recién bautizado Club Anfistora, juntando en una sola función *Zapatera* y *Perlimplín.* El 21 de noviembre se celebraba en Buenos Aires la centésima representación de *Bodas de sangre* con Lola Membrives; el 1 de diciembre tendría lugar el cambio de cartel, mas la Aleluya erótica ni siquiera llega a anunciarse.

1934

Terminada la estación veraniega en el hemisferio Sur, *La Nación* de Buenos Aires notifica la reaparición de Lola Membrives consagrada a Lorca. Se representará un acto de *Bodas de sangre,* otro de *La zapatera prodigiosa,* y se

---

70 *O. C.,* III, 567, 22.ª ed.
71 Maurer, *Boletín Fundación FGL,* I, pág. 79.

anuncia *Amor de Don Perlimplín con Belisa en su jardín.* Al día siguiente, 21 de febrero, el mismo diario advierte una modificación del programa, con las siguientes representaciones: tercer acto de *Mariana Pineda,* segundo de *La zapatera prodigiosa,* primero de *Yerma* y cuadro final de *Bodas de sangre.*

En otras palabras, es la segunda vez que se ha intentado, seguramente por presión del poeta, la puesta en escena de *Amor de Don Perlimplín* en el teatro profesional y la segunda y definitiva en que se suprime la obra del cartel[72].

1935

Josep Palau y Fabre recuerda una conversación con Lorca, allá por octubre de 1935, en el vestíbulo del teatro Barcelona, donde directamente le pregunta: «¿Por qué no se representa nunca *Amor de Don Perlimplín?».* La respuesta del poeta es triste: «En España —explica— nadie quiere ser cornudo, hay muchos prejuicios y a los actores ¡ni en teatro les gusta ser cornudos!»[73]

* * *

Pero, aparte de este punto, la obra presenta otro inconveniente. Una puesta en escena adecuada es cara. Requiere cuatro cambios de decoración y otros tantos de trajes, en un espacio de cuarenta y cinco minutos.

No obstante estos problemas, no deja de ser lamentable que *Amor de Don Perlimplín con Belisa en su jardín* no haya sido representado por el teatro profesional español en los cincuenta y seis años que han transcurrido desde su estreno. Afortunadamente, se anuncia en estas fechas

---

[72] Marie Laffranque, «Bases cronológicas para el estudio de F. G. L.», *op. cit.,* pág. 453.

[73] Gibson, II, pág. 383, 551, nota 17 bis.

(mayo de 1989) una futura puesta en escena por la compañía de José Luis Gómez quizá para 1990.

Hasta hoy, la historia escénica de la aleluya erótica sólo corresponde a la de tantos grupos experimentales o universitarios que se crean y se disuelven, pero que tradicionalmente la han acogido interpretándola con mejor o peor fortuna, aunque siempre al menos con el entusiasmo que merece[74].

La reposición más interesante tuvo lugar durante la Guerra Civil, del 3 al 4 de septiembre de 1938, en Madrid, en el palacio de Heredia-Spínola, donde tenía su sede la Alianza de Intelectuales Antifascistas, desempeñando los papeles principales María Teresa León y Santiago Ontañón, su intérprete original. Arturo Ruiz Castillo recuerda que la función se celebró en la cuadra del palacio, arreglada por él a modo de teatrillo, donde con unas telas rojas de cortinas y algún mueble consiguió formar un pequeño escenario. Los trajes se alquilaron para la ocasión a la firma Cornejo. La afirmación de Rafael Alberti en una reciente entrevista de televisión[75] de que él mismo y María Teresa León, como directora de las «Guerrillas del Teatro», habían estrenado *Amor de Don Perlimplín con Belisa en su jardín* es un fallo de memo-

---

[74] Ha sido representada del 5 de mayo al 1 de junio de 1989, en marionetas, por Robert Lenton en el Salón Rojo del Teatro Español. El grupo sevillano «Esperpento» presentó una versión del 1 al 7 de junio de 1978 en la Sala Villarroel de Barcelona, que no fue bien acogida por la crítica (véase reseña de Josep Maria Loperena en la sección «Espectáculos» de *Mundo Diario* de Barcelona, de 6 de junio de 1978). Por Andrés Soria Olmedo tengo noticia de dos puestas en escena del *Perlimplín*, una por el grupo Teatro del Mediodía, también de Sevilla, y otra por Miguel Romeo Esteo en Málaga. En Nueva York, el teatro de Barnard College lo representó tres veces: la primera dirigido por Francisco García Lorca en 1966, la segunda por mí en 1978, y una tercera en versión inglesa en 1960, a cargo del Departamento de Drama de la Universidad de Columbia. El mismo grupo de Barnard dio cuatro representaciones del *Perlimplín* en Puerto Rico en el teatro María Busó de del Valle.

[75] 2 de diciembre de 1989, «Abierto en el aire», parte II, «Rafael Alberti», dirección y guión de Miguel Bilbatúa.

ria del anciano poeta. La obra de Federico García Lorca que efectivamente estrenó el llamado Teatro de Arte y Propaganda bajo la dirección de María Teresa, el 10 de septiembre de 1937 en el teatro de la Zarzuela, fue *Títeres de cachiporra*[76].

---

[76] Véase Robert Marrast, *El teatre durant la Guerra Civil Espanyola*, Barcelona, Publicacions de l'Institut del Teatre, 1978, págs. 96, 216; Francisco Mundí Pedret, *op. cit.*, págs. 25, 28, 30, 31, 39.

ESTUDIO

«Cuando Dios quiere que nazca
un artista de esta calidad»*

---

* Falla presentando a Lorca.

Amor de Don Perlimplín con Belisa en su jardín es una pequeña obra maestra. Ni por un momento debe considerarse pieza menor del teatro lorquiano. Las declaraciones del poeta que la identifican como «boceto de un drama grande», explicando que piensa más adelante «desarrollar el tema»[1], no deben inducirnos a creer que se trata de algo solamente esbozado, trunco o incompleto. Conocida es la inquietud creativa del Lorca autor y director dramático, siempre dispuesto a prometer versiones nuevas o modificar sus textos en cada reposición. El *Perlimplín* es ciertamente obra muy breve, pero perfectamente acabada, y en ella el poeta se muestra en pleno dominio de su arte.

Pese a su brevedad, *Amor de Don Perlimplín* es pieza clave en el teatro de Lorca, escalón de acceso al mundo de sus comedias imposibles, aquellas que, según nos deja dicho el poeta en una de sus últimas declaraciones, encerraban su «verdadero propósito»[2].

Género

La zapatera prodigiosa y *Amor de Don Perlimplín* son obras emparentadas. Así lo anunció el propio autor, justificando su deseo de representarlas juntas, en la función del Club Anfistora. Como farsas, y emparejadas, las suele estudiar la crítica literaria. Por lo que se refiere a la «Farsa violenta», su inclusión en el género está clara, va implícita en su subtítulo, y sobre su carácter de farsa se explayó más de una vez el poeta.

---

[1] *O. C.,* II, 908.
[2] *O. C.,* II, 1.016.

Pero el *Perlimplín* presenta, para empezar, un problema de identificación. Lorca no se refiere a su obra como farsa; cuando la menciona por primera vez, es «una obra de teatro grotesca»[3]; pasa después a ser una «aleluya erótica»[4]; insiste más tarde en identificarla como «una tragedia grotesca», «una obra tremenda»[5], o una «versión de cámara», un «boceto de un drama grande», «una operita de cámara»[6], «una cosita ligera en un acto»[7]. Es evidente que el autor tiene dificultad en definir su criatura. En realidad, podríamos decir que el *Perlimplín* se ajusta perfectamente a todas las categorías mencionadas, con excepción de la última.

Consideremos, pues, la obra como sui generis. «Es teatro —explica Lorca— de monigotes humanos que empieza en burla y acaba en trágico»[8]. Como tal, es una síntesis de los elementos más dispares, irreconciliables hasta aquí en la tradición literaria, porque el *Perlimplín* es farsa y tragedia, es candoroso y lascivo, bufo y lírico, grotesco y sublime. Los elementos de la tradición popular aparecen fundidos en un delicado equilibrio con los procedentes de la más refinada cultura literaria. Partiendo del mundo cómico, habitual de la farsa, la obra nos introduce en un ambiente musical y plástico de pantomima irónico-lírica, para derivar inesperadamente hacia un simbolismo enigmático y llegar a un desenlace de tintes rituales, erótico-religiosos.

Tan diferentes, incluso contradictorios factores, no desaparecen en el fluir del argumento. Quedan sumergidos o superpuestos unos en otros, de forma que puedan emerger inesperadamente, fuera de lugar, cuando ya los

[3] Verano de 1925, Maurer corrige la fecha —otoño de 1924— sugerida por Gallego Morell, *E,* I, 102.
[4] Finales de [febrero, sic] enero de 1926, *E,* I, 135. Maurer corrige también aquí la fecha de Gallego Morell, cambio que justifica ampliamente en nota en la pág. 140.
[5] 4 de abril de 1933. Entrevista de *El Heraldo de Madrid.*
[6] 15 de abril de 1933. Declaración a *El Sol, O. C.,* II, 908.
[7] *O. C.,* III, 567, 22.ª ed.
[8] *Ibíd.,* 518.

creíamos olvidados. Valga de ejemplo, en el cuadro final, la canción grotesca del protagonista o la inoportuna irrupción de la aleluya —la cuarteta pentasilábica de Belisa—, dando paso al sombrío desenlace de la tragedia. Ni siquiera sabemos si se intenta o no un trasfondo irónico en líneas tan dramáticas como esperaríamos de una Belisa que, sujetando en sus brazos el cuerpo inerte de Don Perlimplín, resume su conducta exclamando: «¡Nunca creí que fuese tan complicado!»

Lorca se expresa claramente sobre este punto. Su intención —nos dice— es «subrayar el contraste entre lo lírico y lo grotesco y aun mezclarlos en todo momento»[9]. Esta peculiar superposición de planteamientos contradictorios se origina, a nuestro parecer, en los intentos titubeantes, en la vacilante selección de caminos opuestos que los apuntes inéditos nos han permitido entrever. Es bien afortunada la supervivencia de tales fragmentos, porque pocas veces tenemos la oportunidad de seguir tan de cerca el proceso de una creación. De su examen concluiríamos que la originalísima combinación de elementos que prestan unicidad a la obra no fue proyecto planeado de antemano, sino decisión tomada a posteriori por el poeta, que no quiso renunciar a ninguna de las posibilidades que el tema le había sugerido.

Estos fragmentos nos guiarán a través de la versión definitiva, ilustrando, incluso aclarando, puntos concretos. Recordemos, por ejemplo, el inédito E, cuyos monólogos nos ayudan a completar la psicología de los personajes. O el caso del fragmento F, que nos permite comprobar el peso excesivo de la ironía en las primeras redacciones; o la utilización de los inéditos B y C, que llevan por nombre «Casa de Don Perlimplín», que obviamente pertenecen a una representación de títeres, de los que deriva el diálogo de amo y criada que da comienzo a la obra.

---

[9] *O. C.*, II, 908.

Básicamente, el tema de *Amor de Don Perlimplín con Belisa en su jardín* es el amor. Pero la obra, como ya sabemos, está sometida en todo momento a un proceso continuo de contrastes o desdoblamientos. El amor, pues, aparecerá como tema cómico, lírico o trágico, sin que un aspecto anule a otro, sino que solamente lo suplante en el momento preciso.

La situación inicial, en su forma más inmediata, es la misma de *La zapatera prodigiosa,* incluso de las obras de títeres. El viejo que se casa con la joven es tema eterno, tan antiguo como la vida misma, y argumento tradicional de farsa. La sociedad, que acepta en la práctica tan cruel situación, se venga después ridiculizando sin piedad al que trasgrede la ley natural y justificando la infidelidad de su víctima. El matrimonio de Don Perlimplín sigue aparentemente la norma cómica establecida.

Para otros críticos —Miguel García Posada, por ejemplo— el tema de la obra es mucho más elevado, esencialmente lírico, porque se trata nada menos que de «un maravilloso ritual dramático de iniciación al amor»[10]. Es al fin del segundo cuadro, en la mañana siguiente a la noche de bodas, cuando Perlimplín cruelmente adornado con sus cuernos dorados y florecidos, es iniciado. Para Marie Laffranque, «su sensualidad se había despertado ya ante la belleza del cuerpo desnudo de Belisa, entrevisto por el ojo de la cerradura», pero nuestro héroe «descubre el amor —que es otra cosa— cuando se ve engañado»[11]. Belisa, que sólo conoce la lujuria, será iniciada a su vez por Perlimplín en la escena final.

Finalmente, Francis Fergusson ve como tema de la obra la trágica relación amor-muerte[12]. Para el crítico

---

[10] F. *García Lorca, Obras III, Teatro I,* Madrid, Akal, 1980, pág. 48. Contiene un buen estudio y notas sobre la obra.

[11] *Federico García Lorca,* París, Seghers, 1966, pág. 50. La conocida lorquista hace aquí una excelente interpretación del *Perlimplín.*

[12] *Op. cit.,* pág. 74.

norteamericano la dramática correspondencia, la «Liebestod», adquiere en el *Perlimplín* una calidad mítica, un carácter de rito o ceremonia tradicional. Influido por el libro de Denis de Rougemont[13], nuestro crítico acepta la posible vinculación del tema amor-muerte, reflejado por la literatura del Romanticismo, con los poetas provenzales del siglo XII. La sugestiva relación entre amor-cortés y culto herético albigense no es comprobable hoy, porque pertenece al misterio de lo oculto. La oscuridad con que han llegado a nosotros los ritos cátaros del suicidio se debe indudablemente al celo de la Iglesia, que con la mayor efectividad consiguió la destrucción, por fuego, tanto de creyentes como de escritos.

Es, desde luego, atractivo y poético este posible examen de las raíces de uno de los temas del *Perlimplín,* pero no consideramos justo relacionar el suicidio del protagonista con el «endura» de los cátaros. Éstos deseaban a todo trance alcanzar la muerte para librarse del cuerpo, residencia del principio del mal, donde toda impureza se alojaba. Pero Don Perlimplín no odia; muy al contrario, adora el espléndido cuerpo de Belisa. Si aborrece el suyo propio es por su calidad de «monigote», viejo, débil e ineficaz.

De todas formas es acertada la identificación de Fergusson de la relación amor-muerte con el tema central de la obra. Bien sabemos que ésta es una constante en Lorca, pero el *Perlimplín* es precisamente su ejemplo máximo. Es frecuente la existencia en los escritos primitivos de nuestro poeta de intuiciones de los grandes temas que desarrollará más adelante, no debe pues, extrañarnos encontrar en un temprano poema la raíz del suicidio o sacrificio por amor básica a la Aleluya erótica. Nos referimos al poema «Madrigal apasionado», que incluire-

---

[13] *El amor y Occidente,* traducción de Antoni Vicens, Barcelona, Kairós, 1978, pág. 77: «El amor cortés: trovadores y cátaros». El original, *L'amour et l'Occident,* es de 1938.

mos en nota y del que se ocupa Manuel Fernández Montesinos en un importante artículo[14].

En los treinta y cuatro versos de esta composición juvenil tenemos el precedente del conflicto amoroso de Don Perlimplín. El amante en este extraño «Madrigal» en su fustración ha trascendido toda aspiración carnal

---

[14] Fernández Montesinos, Manuel, «Inéditos de Lorca: *Madrigal Apasionado*», *Los Domingos de ABC,* 17 de agosto, 1986, pág. 9. El poema va firmado y fechado en abril de 1919. Quedó descartado de la selección que formaría el *Libro de poemas.* Copiamos la trascripción de Manuel Fernández Montesinos que acompaña a su artículo.

«Madrigal apasionado»

1   Quisiera estar en tus labios
    Para apagarme en la nieve
    De tus dientes.
    Quisiera estar en tu pecho
5   Para en sangre deshacerme.
    Quisiera en tu cabellera
    De oro soñar para siempre.
    Que tu corazón se hiciera
    Tumba del mío doliente.
10 Que tu carne sea mi carne,
    Que mi frente sea tu frente.
    Quisiera que toda mi alma
    Entrara en tu cuerpo breve
    Y ser yo tu pensamiento
15 Y ser yo tu blanco veste.
    Para hacer que te enamores
    De mí con pasión tan fuerte
    Que te consumas buscándome
    Sin que jamás ya me encuentres.
20 Para que vayas gritando
    Mi nombre hacia los ponientes,
    Preguntando por mí al agua,
    Bebiendo triste las hieles
    Que antes dejó en el camino
25 Mi corazón al quererte
    Y yo mientras iré dentro
    De tu cuerpo dulce y débil,
    Siendo yo, mujer, tú misma
    Y estando en ti para siempre.
30 Mientras tú en vano me buscas
    Desde Oriente a Occidente.
    Hasta que al fin nos quemara
    La llama gris de la muerte.

para contemplar la fusión total con el ser amado. No se menciona exactamente el suicidio sino la completa pérdida de identidad en el deseo de trasposición física y espiritual en el otro ser. El grado de exaltación apasionada es de tal intensidad que sólo encontramos eco —salvando naturalmente las distancias— en las palabras con que San Juan de la Cruz expresa la inefable unión mística:

> ...«oh noche que juntaste
> Amado con Amada,
> *Amada en el Amado transformada!»*

De manera semejante la fustración y la aspiración a ser amado llevan a Don Perlimplím a un suicidio que dignificará con un alma el cuerpo moralmente insensible de Belisa. En ambos casos los amantes esperan llegar a ser amados por su sacrificio, que aparentemente es una completa inmolación pero que implica también una oculta venganza. No insistiremos más sobre este paralelo dado que Fernández Montesinos lo analiza con detenimiento y a su estudio debemos referir al interesado.

Muy lejanos quedan los ritos del suicidio cátaro que atrajeron la atención de Fergusson hacia la presencia en nuestro poeta de la dramática conexión del amor con la muerte. No es ajena en cambio a tal tema la exaltación erótica y mística que aparece con frecuencia en los intentos poéticos tempranos de Lorca.

Fuentes

Aparte de la existencia del «Madrigal apasionado» como antecedente definitivo del tema central, encontraremos en un nivel más inmediato otras fuentes que en su misma diversidad atestiguan la peculiar complejidad de una obra tan breve. Recordemos en primer lugar las dos aleluyas sobre las cuales ya hemos escrito suficientes páginas. Francisco García Lorca[15] hace notar, sobre este punto, la forma en que el poeta necesitaba partir de una realidad concreta en que apoyarse: el romance, en *Mariana Pineda;* la noticia en el periódico, que da origen a *Bodas de sangre;* la descripción de la «rosa mutabilis», en *Doña Rosita;* las aleluyas de Don Perlimplín en nuestro caso. Mínima, o sin importancia alguna, esta primera realidad le servía de base sobre la que fabular. Y, efectivamente, la *Vida* o la *Historia de Don Perlimplín* son el humilde apoyo sobre el que se construye una obra compleja y estilizada.

El mismo Francisco cita como una posible fuente del protagonista: «La figura del viejo corregidor del *Sombrero,* su atuendo, su inclinación marcadamente erótica, pasan, transformados, a otros planos poéticos; primero, al Don Mirlo de *La zapatera prodigiosa,* y, luego, al *Perlimplín*»[16]. Por nuestra parte, no creemos ver en este punto más que una coincidencia de época, entre el figurín de Picasso para el ballet de Falla de *El sombrero de tres picos* y la vestimenta igualmente dieciochesca del Perlimplín de las aleluyas, ni creemos aplicable al candoroso personaje de la farsa la inclinación marcadamente erótica del corregidor y Don Mirlo, auténticos viejos verdes. Muy posible consideramos, en cambio, la visión de Francisco del protagonista como «la suma y transformación de los caracteres del Zapatero y Don Mirlo». Pero acertadísima es a nuestro parecer, como veremos más adelante, su referencia a *La serva padrona* de Pergolesi[17].

La misma correspondencia de las figuras de Don Perlimplín y Don Mirlo está también estudiada con acierto por Mario Hernández en su prólogo a *La zapatera prodigiosa*[18].

---

[15] *Op. cit.,* pág. 314.
[16] *Ibíd.,* 121.
[17] *Ibíd.,* 319.
[18] Madrid, Alianza Editorial, 1982, págs. 21-22.

No debemos olvidar sobre el punto que nos ocupa la afirmación de Jorge Guillén en el prólogo a las *Obras Completas* de Aguilar[19], donde leemos: «*Amor de Don Perlimplín con Belisa en su jardín* se relaciona, como es notorio, con Valle-Inclán y también con *Le cocu magnifique* de Crommelynck».

La influencia de Valle-Inclán sobre García Lorca ha sido ya ampliamente considerada, pero nosotros nos restringiremos sólo a la obra concreta que nos ocupa. Mencionaremos, pues, únicamente que a Valle se debe la dignificación del teatro corto, mal llamado —equivocando calidad con brevedad— «teatro menor», sinónimo en la tradición literaria española de teatro ligero, cómico. Pero Valle lo utiliza a su capricho, y su género peculiar, el esperpento, lo mismo aparece en teatro largo que corto. Añadamos a esto que la combinación de farsa agria con matices grotescos y tragedia es característica de dicho esperpento, y tendremos dos puntos —la mezcla de géneros contradictorios y la utilización del teatro breve para obras ampliamente elaboradas— en que la precedencia de Valle sobre Lorca es evidente.

En cuanto al empleo de ambos escritores del símbolo vulgar y chocarrero de los cuernos, en *Amor de Don Perlimplín* y *Los cuernos de Don Friolera*[20], respectivamente, no creemos ver más que una coincidencia generacional. Don Friolera y Don Perlimplín comparten, efectivamente, el problema de la infidelidad conyugal; mas el planteamiento, desarrollo y desenlace de cada obra marcha por caminos muy distintos. Diríamos más bien que el problema responde al frontal rechazo de aquella generación de los valores tradicionales de una sociedad que mantenía orgullosa como norma de dignidad varonil la bárbara interpretación calderoniana del honor.

Los dos autores expresan claramente su aborrecimiento del código consabido. García Lorca nos dice que su

---

[19] I, LXII.
[20] Publicados en *La Pluma*, núms. 11 y 15, 1921.

«héroe o antihéroe a quien hacen cornudo, es español y calderoniano; pero no quiere reaccionar calderonianamente, de ahí... la tragedia grotesca de su caso»[21]. Y en el esperpento de Valle-Inclán, los dos personajes del Prólogo —Don Manolito y Don Estrafalario— discurren ampliamente sobre el «honor teatral y africano de Castilla», «la crueldad y el dogmatismo del drama español», del que la obra pretende ser una caricatura trágica. «Nuestro teatro —resume— ...tiene toda la antipatía de los códigos».

Es evidente que la oposición a los valores sociales del honor calderoniano es común a las dos obras, por más que en Lorca no sea más que una nota, y en el esperpento el problema esté desarrollado como tema central.

Mas todavía nos queda un dato que anotar sobre el posible reflejo de *La marquesa Rosalinda* de Valle en nuestra farsa. José Mora Guarnido[22] menciona que Lorca en una ocasión «leyó un boceto de balet galante... en el estilo de las comedias versallescas de Valle Inclán (que a Lorca le gustaban mucho)». Suponemos que la referencia se puede concretar a la obra más arriba señalada que lleva como subtítulo «Farsa sentimental y grotesca» y está ambientada «en el siglo XVIII y en un jardín con cisnes y rosas». Es además, entre las comedias de Valle, la única adjetivable con exactitud como «versallesca», y aunque el *Perlimplín* tienda a lo italianizante, el ambiente dieciochesco está ya bien presente allí y es, desde luego, un precedente.

Por lo que respecta a la deuda de el *Perlimplín* con *Le cocu magnifique* de Fernand Crommelynck, no nos deja lugar a duda el comentario de Francisco García Lorca[23], que señala «la más que posible influencia de *Le cocu* sobre Federico», obra que —asegura— «conocía bien». Añade Francisco que durante su residencia como diplomático en

---

[21] *O. C.,* III, 518, 22.ª ed.
[22] *F. G. L. y su mundo,* Buenos Aires, Losada, 1958, pág. 159.
[23] *Op. cit.,* 319.

Bruselas tuvo ocasión de comentar personalmente con Crommelynck la posible relación entre *Cocu* y *Perlimplín,* que el escritor belga no desconocía y que consideraba también por cierto más acertada la solución que Lorca había dado al conflicto, esto es, el sacrificio y la entrega del protagonista en lugar de su abandono y locura.

Las analogías y diferencias de ambas obras y el estudio comparativo de la psicología de las dos parejas —Perlimplín y Belisa, Bruno y Stella— son tema de un estudio de Carlos Feal-Deibe que recomendamos al interesado en la materia[24].

Complejidad

En las declaraciones de prensa que Lorca hace antes del estreno, leemos: «No he puesto [en *Amor de Don Perlimplín*] más que las palabras precisas para dibujar los personajes», pero más adelante y en el mismo lugar, mencionará «la complejidad que tiene» el tema[25].

Y así es. Bajo una aparente sencillez de ritos familiares —compromiso, matrimonio, etc.—, se presiente desde el comienzo algo siniestro, oscuro, apenas expresado en símbolos o palabras premonitorias, ya sean las «cosas ocultas» que menciona Marcolfa, o los pájaros negros que cruzan entre los dos balcones, o la presencia de la muerte que intuimos en la mención obsesiva del estrangulamiento, el miedo al mar o el corte en la garganta. La complejidad será evidente no sólo en la coexistencia de mundos superpuestos, sino también en los desdoblamientos de los personajes o los contrastes de la acción.

El juego de recruzamientos que forma el diálogo con que se inicia la obra es una reelaboración —como ya

---

[24] «Crommelynck y Lorca: Variaciones sobre un mismo tema», *Revue de Littérature Comparée,* año 1970, vol. 44, págs. 403-409.

[25] *O. C.,* II, 908.

señalamos en otro lugar— de los inéditos B y C. Al peso de su presencia en el texto se debe con toda seguridad la designación original del primer cuadro como Prólogo. De esta forma, el autor reconocía su relación primitiva con el teatro de muñecos y pretendía separarlo del resto de la farsa erótica, que se agrupaba en la denominación de «acto único en tres cuadros».

De B y C derivan también los dos personajes, amo y criada, enzarzados en discusión permanente. Incluso el decorado del cuadro primero, color y trajes incluidos, estaba ya bien presente en los inéditos. Pero éstos terminan de pronto, abruptamente. Ante la presencia de la mujer con quien ha de casarse el protagonista no saben cómo seguir: la belleza del cuerpo de Belisa no tiene lugar en un teatro de muñecos. Mas el choque de contrarios, la interpolación de un género en otro, se resuelve magistralmente en la escena, porque justo en el punto en que los inéditos quedaron interrumpidos irrumpe el erotismo de la canción rompiendo la continuidad de la farsa guiñolesca. Y aunque el ambiente lúdico trate de persistir y renovarse con el consabido rito del compromiso matrimonial y la presencia de gran guiñol de la Madre, el lirismo amoroso y descarado de la canción, que vuelve y vuelve, va diluyendo el factor grotesco primitivo de títeres guiñol o aleluya, hasta dejarlo soterrado al final del cuadro bajo la superficie ya dominante de la farsa refinada.

Personajes

El reparto es escueto. Seis personajes tan sólo:

Perlimplín, el viejo ridículo de alma pura, virginal como un niño, encerrado en sus libros, que sin salir de su casa o su jardín ha envejecido sin llegar a conocer la vida. Se nos dice que tiene cincuenta años. (Para su autor, un muchacho de veintitantos, tal edad suponía una senilidad grotesca.)

La blanca Belisa, magníficamente bella, no es más que un hermoso animal sin alma. Indiferente como tal a su propia crueldad o egoísmo, es sin embargo un personaje atractivo, porque siempre lo son la juventud y la belleza.

Marcolfa, la criada vieja, alter ego de aquella Doña Perlimplina de quien los inéditos B y C nos cuentan que murió en Alejandría, ordenando en su testamento la boda de su hijo.

La Madre de Belisa, eterna figura de gran guiñol, que ágilmente conduce el ritual de compraventa de su hija.

Y separados por su cortina, porque pertenecen a otro mundo, los dos Duendes; seres eternos fuera del tiempo, espíritus de la mitología popular. Perversos e ingenuos como niños que tienen siglos son los guardianes, no necesariamente bien intencionados, del hogar de Perlimplín.

Perlimplín teme al amor. Desde su primer recuerdo infantil lo asoció a la muerte. La violencia de aquella zapatera que estranguló a su marido, el zapatero, lo ha condicionado. «Padece una fijación infantil —sugiere García Posada— concretada en un complejo de castración»[26].

Y por cierto que es aquí donde Lorca, irónicamente, nos da el verdadero final de *La zapatera prodigiosa,* que, si recordamos bien, no termina realmente. El desarrollo circular de la farsa la deja en la misma situación que le dio comienzo, con los protagonistas encerrados en su lucha eterna. Incidentalmente, notemos que la relación entre ambas obras que declara su autor no se refiere, como es natural, a su secuencia en el tiempo. *El Perlimplín* está ambientado en el siglo XVIII y *La zapatera,* que le precede, queda vagamente situada hacia fines del XIX.

Pero volvamos a Don Perlimplín, cuyas motivaciones y conducta se prestan a toda clase de interpretaciones psicológicas o freudianas. Raro es el crítico que no

---

[26] *Op. cit.,* págs. 48-49.

incurre en este tipo de análisis. Citemos como ejemplo máximo el libro de Carlos Feal Deibe, *Eros y Lorca*[27], donde el autor declara en el prólogo que intenta «la aplicación sistemática del psicoanálisis freudiano a la elucidación de la obra de Lorca». Interesantes son, sin duda, muchos de los hallazgos y conclusiones de tales estudios cuando son serios, pero abunda entre la crítica la fácil explicación pseudo-freudiana que debemos siempre evitar.

Conocemos en este comienzo al protagonista, el viejo inocente que desconoce el amor. Encerrado en sus libros, ha logrado defenderse de la vida no viviendo. Por más que nos parezca extraño, hay aquí un lejano parentesco con otro protagonista lorquiano, El Joven de *Así que pasen cinco años,* que también parece vivir refugiado entre libros, porque comienzo y fin de la obra tienen lugar en su biblioteca. Sus mensajes finales: «hay que vivir», «no hay que esperar», podían estar dirigidos también a Don Perlimplín.

El movimiento escénico

Tal como anunció su autor, al diálogo directo, sin ambages, no le sobra una sola palabra. Está formado en la primera parte de la obra por frases marcadamente cortas en que abundan las preguntas y las exclamaciones monosilábicas. Su carácter de dúo fija el movimiento de los personajes, cuyas oportunas entradas y salidas se combinan para que sólo queden dos personas al tiempo en la escena. La trama se mueve rápida de cuadro en cuadro.

Tres de los seis personajes que forman el reparto participan solamente en una escena (la Madre en el

---

[27] Barcelona, Edhasa, 1973, cap. 6.º: «De Don Perlimplín a Don Cristobita», págs. 73-106.

primer cuadro, los Duendes en el segundo). Los otros tres, Marcolfa, Perlimplín y Belisa, siempre en este orden, aparecen en los cuatro cuadros, aunque, como ya indicamos, sólo dos personajes estarán presentes a un tiempo. Cada uno de los cuadros que forman la obra comienza indefectiblemente con Marcolfa y Perlimplín en escena. En el primero continúan en ella hasta el final y comparten la escena momentáneamente con Belisa y la Madre. Pero en los cuadros segundo, tercero y cuarto, la salida de escena de Marcolfa marca la entrada de Belisa. Únicamente en el momento final parecen estar los tres personajes juntos, y digo «parecen» porque en realidad Marcolfa no entra en escena hasta que Don Perlimplín está muerto.

Este sencillo movimiento escénico tiene una calidad geométrica que indica hasta qué punto la obra está medida a modo de ballet y se esfuerza en conservar un carácter permanente de dúo. Pero al mismo tiempo, y siguiendo el eterno contraste, el intercambio de tres, en un juego y escamoteo de entradas y salidas de modo que siempre queden reducidos a dos, no puede menos de recordarnos el retablillo de títeres, donde para añadir un muñeco hay que quitar otro, porque las dos manos del titerero no dan para más.

La trama

En el primer cuadro Don Perlimplín, empujado por su criada, se ve envuelto en un rito cínico de compromiso matrimonial. Ante sus ojos se presenta un mundo desconocido lleno de secretos, de cosas ocultas. Cosas que la canción de Belisa parece insinuar y que se intuyen como deseables. Don Perlimplín, aterrado, debatiéndose entre el deleite y el miedo, da el primer paso hacia su iniciación en el misterio del amor.

El cuadro segundo es la noche de bodas. Para empezar, hay ya algo avieso en la decoración. Aparte del número de balcones, la cama profusamente decorada, agresiva, parece un tálamo siniestro. Desde los inéditos B y C conocemos el tema de la cama. Era la razón inmediata e irrecusable que esgrimía el protagonista para negarse a cumplir el mandato que contenía el testamento de su madre. La cama de Don Perlimplín, el muñeco, era demasiado pequeña. El matrimonio era, pues, imposible. Pero el símbolo cómico de los inéditos ha crecido amenazadoramente y ahora ocupa el centro de la escena.

Pronto comienza el rito iniciático, porque Don Perlimplín descubre enseguida uno de los grandes secretos: ha visto el cuerpo desnudo de Belisa a través del ojo de la cerradura. Experimenta por primera vez la sensualidad, que confunde con el amor, pero que también queda cerca de la muerte, porque lo que ha sentido es «como un hondo corte de lanceta en la garganta». Mas conocer el enigma presupone descifrarlo, y el cuerpo grandioso de Belisa se convertirá en una oscura pesadilla para él.

Precipitadamente aparecen los Duendes, que corren su cortina y ocultan la escena de nuestros ojos[28]. Sigue ahora uno de los momentos más peculiares de la obra, porque la cortina gris va a separar los dos elementos integrantes del teatro: el público y la representación. Estos Duendes, que no permitirán al público ver la obra, no pertenecen a ella. Han salido de la oscuridad a donde volverán una vez cumplido su propósito, que no es otro que el de impedir a los espectadores, impenitentes «voyeurs», presenciar lo que no debe ser visto. Situados en un terreno ambiguo, en una indefinible tierra de nadie, en los circunloquios de su cháchara de niños viejos, lo mismo se refieren a Perlimplín o Belisa que comentan la maledicencia de «las pobres gentes», sus vecinos, confusamente identificados con el público que espera. Tiempo

---

[28] Luis Fernández Cifuentes, en *García Lorca en el teatro: la norma y la diferencia,* Zaragoza, Prensas Universitarias, 1986, hace una brillante interpretación de esta escena. El estudio que incluye sobre el *Amor de Don Perlimplín,* págs. 115-131, es hoy uno de los más importantes sobre el tema.

y espacio quedan momentáneamente dislocados, fuera de órbita, porque la representación, el teatro propiamente dicho, continúa su marcha del otro lado de la cortina; la acción teatral no ha sido interrumpida, sólo «tapada» a los ojos de lectores o espectadores. En este juego de liberación, de distorsión de normas, podríamos prever un anticipo de las futuras comedias imposibles, en las que se empeñará el poeta apenas unos cuatro o cinco años más adelante.

Desaparecidos los Duendes, nos encontramos ante la figura burda, grotesca hasta lo desorbitado, del cornudo. El rito ha terminado. Don Perlimplín ha sido iniciado ya en la crueldad del amor, pero al mismo tiempo ha alcanzado también la altura del héroe dramático. Quizá sea el más patético de los personajes de Lorca.

El permanente juego de contrastes reaparece aquí posiblemente con más fuerza que nunca, porque la figura de escarnio —casaca verde y cuernos dorados— recitará el exquisito poema de la herida del amor. Lírico, trágico y premonitorio es a un tiempo el único monólogo del protagonista y el solo poema de la obra que no forma parte de una canción.

Según la inveterada costumbre, el marido burlado, de no ser ignorante, había de ser consentidor o vengador. Perlimplín, que es consciente de su situación, va a seguir a un tiempo las dos posibilidades contradictorias, dando así al traste con las reglas del juego.

La lamentable figura del marido consentido parece ser la adoptada por el protagonista al comienzo de este tercer cuadro. Su aparente conducta es tan torcida, está tan fuera de las normas convencionales de la dignidad, como las equivocadas perspectivas que dibujan el comedor de su casa y que sirven de marco visual a la escena. Pero más tarde se nos revelará bajo este disfraz al vengador.

Los Duendes impidieron nuestro conocimiento de la capacidad amatoria de Don Perlimplín. Con su tapar y destapar se burlaron de nosotros. Lo que es evidente es que el poeta desea que no nos metamos en averiguaciones. El pequeño monólogo del inédito E, que parece un remedo del clásico «monólogo de cornudo» de obligada presencia en el teatro del Siglo de Oro, acertadamente se elimina del texto, porque marcaba un falso camino para el personaje.

García Lorca tiene una idea muy clara de su protagonista: «Don Perlimplín es el hombre menos cornudo del mundo —nos dice—. Su imaginación dormida se despierta con el tremendo engaño de su mujer, pero él luego hace cornudas a todas las mujeres que existen»[29].

Queda así enunciada por su propio autor la división de la obra en dos partes, según sea anterior o posterior al despertar del héroe cornudo. Los dos primeros cuadros, que no fueron en realidad más que una burla cínica del amor que se vende y se compra, han servido de auténtica iniciación al amor a Don Perlimplín. En los dos últimos, ya despierta su imaginación dormida, el verdadero amor domina con toda su fuerza, encaminado a la iniciación de Belisa que sólo conoce la simple lujuria de la carne.

La actitud de los personajes cambia a partir del tercer cuadro. De aquí en adelante Marcolfa ya no dirige; ahora obedece y llora, impotente también. Don Perlimplín no atiende a consejos; solamente ordena sin admitir réplica.

El diálogo rápido de frases cortas predominante hasta ahora dará paso a parlamentos más largos. El lenguaje experimenta al igual un marcado cambio. Va a adquirir en adelante, desde la entrada de Belisa en el cuadro tercero, una altura lírica que persistirá, intensificándose cada vez más, hasta llegar al final de la obra. No olvidemos, no obstante, que este lirismo estará siempre expuesto a la momentánea irrupción de lo ridículo en lo sublime, que es aquí la norma. Pero el estilo destacadamente poético de las cartas y últimos parlamentos queda muy lejos de la retórica alambicada, de caricatura dieciochesca, de la «doméstica perseverante» y La Madre ambiciosa del primer cuadro.

---

[29] *O. C.,* II, 908.

Don Perlimplín es otro ser. Ha descubierto la imaginación y con ella sabe ver todo lo que hasta entonces ignoró. «Antes no podía pensar en las cosas extraordinarias que tiene el mundo» —nos dice él mismo—, «me quedaba en las puertas». Le debe mucho a Belisa; gracias a ella ahora conoce la vida, la belleza y el amor.

Sabíamos que nuestro héroe era rico y culto, pero descubrimos en este tercer cuadro que también sabe escribir cartas maravillosas. Su imaginación, además, le lleva a recrearse en un otro yo, precisamente su opuesto: El Joven de la Capa Roja, hermoso, potente, fuerte, que desprecia el alma, «patrimonio de los débiles», para quien el amor es simple posesión de un cuerpo. Perlimplín representará, pues, el doble papel del personaje invisible capaz de conseguir todo el amor de Belisa y el marido complaciente que intercede para reunir a los amantes. Su intención es que Belisa «ame al Joven más que a su propio cuerpo», es decir, que se enamore hasta el punto de que su deseo trascienda la lujuria y alcance al terreno espiritual del verdadero amor, al alma.

Llegamos en el cuadro final al jardín de cipreses y naranjos, árboles simbólicos de la muerte y el amor. Éste será el escenario del «triunfo de la imaginación» de Perlimplín y del tenebroso ritual del amor-muerte que pondrá fin a la obra.

Don Perlimplín representa siempre su doble papel —teatro en el teatro— desplegándose en dos personalidades contrapuestas: esposo y amante, joven y viejo, realidad e imaginación. Sólo por un instante la muerte podrá reunir todas estas facetas en una sola.

Perlimplín es un alma bellísima que reside en un cuerpo decrépito, de «monigote sin fuerzas». Por el contrario, Belisa no es más que un cuerpo espléndido vacío de espíritu. El sacrificio ritual, que supone la anulación de uno de ellos, hará un ser completo del otro.

Cuando Don Perlimplín se suicida, asesinando en él al Joven, las dos personalidades que ha venido representando se funden, y el personaje agonizante que Belisa sostiene en sus brazos es a un tiempo el Joven y el viejo:

> ¿Entiendes? Yo soy mi alma y tú eres tu cuerpo... Déjame en este último instante, *puesto que tanto me has querido,* morir abrazado a él[30].

Belisa, «como en otro mundo», apenas comienza a comprender su propia iniciación, pero: «Se acerca a él medio desnuda y lo abraza». Por un instante Don Perlimplín ha conseguido ser amado. Belisa ya tiene un alma.

Marcolfa, que a la «luz mágica» que ha adquirido la escena parece actuar como oficiante del trágico ritual, anuncia la redención, pero también el castigo. No hay duda de que Perlimplín ha actuado como redentor, pero en su acto de máximo sacrificio se oculta la sombra de una venganza, porque ahora Belisa sentirá en su propia carne la misma frustración e impotencia que ella fríamente había infligido a Perlimplín. Podrá amar con todo su cuerpo y toda su alma, mas solamente a una sombra sin rostro. Perpetuamente deseará un imposible. Ha sido burlada, es cornuda ella también, como advirtió el poeta. Don Perlimplín —aunque no sea más que para satisfacción de Marcolfa— ha quedado vengado.

El carácter de rito iniciático de la escena final está curiosamente enmarcado en una serie de referencias cristológicas. Desde el «Míralo por dónde viene», línea conocida de saeta que advierte en la procesión la llegada del paso de Jesús —el Redentor camino del sacrificio—, y que aquí anuncia la entrada del Joven, hasta «la sangre gloriosísima de mi señor» que en palabras de Marcolfa redime a Belisa. Este peculiar aspecto cristológico de la escena ha sido ya señalado por la crítica. Francisco García Lorca, al mencionar la intención alegórica de este

---

[30] El subrayado es mío.

final, comenta con ironía: «No falta sino plastificar la subida al cielo del alma de Perlimplín»[31].

Termina la obra con una acotación escueta: «Suenan campanas». No sabemos si doblan por Don Perlimplín, o celebran la resurrección espiritual de Belisa o repican por sus bodas ahora celebradas en la muerte. Sea como fuere, el sonido de estas últimas campanas apaga el recuerdo amargo del toque de escarnio de las campanas matinales en la mañana de la noche de bodas.

Verde y rojo

La presencia de símbolos es constante en Lorca. Valgan como ejemplo en este caso los cipreses y naranjos del jardín, las bandadas de pájaros negros o incoloros —según sean reflejos siniestros o lúdicos—, el repicar burlesco o trágico de las campanas, la aparición de la luna en la escena del sacrificio. Pero la utilización simbólica del color se acentúa quizá más de lo corriente en esta farsa, donde los dos complementarios, el rojo y el verde, mantienen una carga simbólica opuesta y paralela de principio a fin.

La insistente presencia del verde es un tanto compleja. Para empezar, es un color frío. Enmarcado en negro, tal como lo encontramos en el primer cuadro —casaca verde, muebles negros pintados en paredes verdes (en la traducción inglesa incluso el cielo era verde)—, nos recuerda la impresión visual del pliego de aleluyas y nos remite al primer inédito, el A, que precisamente lleva por título «Teatro de aleluyas» y que fija la supuesta escena a base de un solo color básico subrayado por negro. La casaca verde parece consustancial con el personaje, y así la encontramos en los inéditos B y C cuando Don Perlimplín aún no había pensado en el matrimonio.

Pero ya dentro de la obra el color puede corresponder

_____
[31] *Op. cit.,* pág. 318.

a la amarga denominación de viejo verde, que el mismo protagonista se atribuye como insulto en uno de los parlamentos finales, y que define en la lengua corriente al hombre de edad que busca amor entre las muchachas jóvenes. Este último punto justificaría su paralelo con Don Cristóbal, también vestido de verde y empeñado, como sabemos, en casarse con Doña Rosita.

El verde que presupone una sensación fría, agria, es una constante en la escena porque Don Perlimplín no se desprende de su casaca ni por un momento —con ella puesta pasa la noche de bodas—. En el cuadro final, en el jardín simbólico, dominará, como es de esperar, el mismo color dulcificado en árboles y ramos, pero de pronto, inesperadamente, lo volveremos a encontrar en el instrumento mismo del sacrificio: el verde agresivo de las esmeraldas del puñal.

Premonitoria del puñal fue la mención del corte de lanceta en la garganta en el despertar de la sensualidad, y el bisturí de cuatro filos en la iniciación al amor. Lanceta, bisturí y puñal de piedras preciosas son instrumentos de muerte, metálicos y fríos como el color verde. Son sustitutivos del cuchillo, símbolo lorquiano por excelencia, pero líricamente sofisticados, como corresponde al preciosismo escénico de la Aleluya erótica.

Seguir la simbología del rojo no presenta mayor problema. Color caliente por excelencia, su significación va derivando de la lujuria al amor, la pasión y la muerte. Aparece por primera vez en la «gran capa de terciopelo rojo» que Belisa se echa sobre los hombros en la anticipación y espera de sus cinco amantes. Expresando ternura y amor verdadero encontramos el color rojo en el manto que Don Perlimplín extiende sobre ella intentando abrigar su sueño. Simbolizando pasión, fuerza, sexualidad juvenil, está el rojo de la capa del Joven, identificado solamente por tal color. Y notemos que el viejo de la casaca verde se desdobla en el Joven de la capa roja, porque color y personajes son complementarios. Roja, naturalmente, será la sangre de Don Per-

limplín que cubre y redime a Belisa, e igualmente roja
será la mortaja del protagonista, que es enterrado envuelto en aquella misma capa roja que le ayudó a conseguir
un instante de amor.

Este juego de entrelazamientos y contrastes de símbolos cromáticos —en esta obra, rojos y verdes a los que
apenas se añade algún toque de blanco, negro o gris—
llega a formar una extraña melodía visual, sintomática de
hasta qué punto Lorca ve un texto dramático como ya
corporeizado, vivo ante sus ojos, algo que «se levanta del
libro y se hace humano».

«Operita de cámara»

Pero pasemos ya a mencionar otra característica de
Amor de Don Perlimplín, a nuestro parecer quizá la más
interesante, y me refiero a su musicalidad.

Lorca, en una entrevista hecha el día del estreno, se
expresó claramente sobre este punto:

> La obra se mantiene sobre música como una operita
> de cámara. Todos los entreactos están unidos por sonati-
> nas de Scarlatti, y constantemente el diálogo está corta-
> do por acordes y fondos musicales[32].

Haremos un breve sumario de las intervenciones musicales para tener una idea más concreta. El cuadro primero comienza con una sonata. A las pocas páginas entra la
canción de Belisa (una voz acompañada de piano). Al
repetirse brevemente la canción algo más tarde, vuelve el
acompañamiento del piano, que ya no deja de tocar
grandes escalas hasta el fin del cuadro. Justo antes de
terminar se repiten las líneas de la canción por tercera
vez. En el cuadro segundo, «una música suave de guitarras» advierte a Belisa la proximidad de los amantes que

---

[32] *O. C.,* II, 908. Entrevista del 5 de abril de 1933.

espera, y sirve de fondo musical al monólogo de la misma. La entrada y salida de los Duendes está subrayada por flautas, y el sonido de las campanas matinales cierra el cuadro. En el cuadro tercero no hay intervención musical. En el cuadro cuarto tiene lugar la serenata (voz cantante y coro) y el sonido de campanas que pone fin a la obra. De los cuatro cuadros, el primero, segundo y cuarto terminan con sonido.

Pero aparte del efecto de continuidad que producen las sonatinas ligando los cuadros y eliminando los entreactos, la lista que acabamos de hacer no parece excepcional en una obra de Lorca. La segunda versión de *La zapatera,* por ejemplo, tiene mucha más intervención musical. No reside, pues, en el número de canciones o fondos melódicos la musicalidad a que nos referimos, sino en la arquitectura misma de la aleluya erótica, en sus elementos constitutivos, que hacen de ella, tal como anunció el autor, «una operita de cámara».

Ahora bien, entendamos que el texto refinado, destacadamente lírico, de *Amor de Don Perlimplín* queda muy lejos del clásico libreto de ópera, generalmente desprovisto de lógica, sentido dramático o caracterización de personajes, que sólo proporciona gruesas líneas de argumento al compositor. Y por otra parte la presencia de voces, piano, guitarras, flautas y campanas, más el valioso apoyo de Domenico Scarlatti, no constituye una partitura propiamente dicha.

El valor musical de esta «operita de cámara» es más profundo, está en la calidad armónica del diálogo, en el ritmo interior, en la reiteración temática de líneas, en la medida de la frase, en su carácter de dúo sólo alterado en el primer cuadro por un cuarteto. Indudablemente, la palabra era para el poeta un elemento melódico esencial.

Francisco García Lorca, en su ya clásico estudio, hace un definitivo análisis de las dos primeras páginas del *Perlimplín.* Siguiendo con todo detenimiento los esquemas rítmicos y tonales, el juego de notas agudas o graves con que terminan las frases afirmativas o negativas, la utilización de cláusulas dactílicas en las líneas de un personaje en contraste con la cláusula yámbica con que responde el otro, etc., viene a resumir su trabajo con la siguiente curiosa observación:

> A poco que los actores acentúen, siquiera sea levemente, la intención rítmica y la tonal, se convierte el lenguaje en un diálogo entre instrumentos musicales[33].

Bien conocido es el intento de colaboración de Federico García Lorca con Manuel de Falla en lo que había de ser una ópera cómica en un acto que habría de llamarse *Lola la comedianta.* El estudio y edición cuidadísima, por Piero Menarini, del libreto de Lorca ha sido publicado hace pocos años[34].

El hecho de que el autor identificase el *Perlimplín,* al igual que *La comedianta,* como «operitas» nos lleva a suponer alguna relación entre ambas.

Mario Hernández, en un interesante artículo[35], explica el proceso de recuperación de *La comedianta* de la que sólo se tenían hasta fechas muy recientes noticias indirectas. Los primeros datos reseñados por Francisco García Lorca mencionaban únicamente «un proyecto de ópera cómica» incompleto, y cuyo título se daba como *El calesero.* El hecho de que los herederos de Falla descubriesen otro manuscrito completo, titulado *La comedianta,* «acto único», supuso la recuperación de la obra. Aunque el texto encontrado no fuese el propiamente dramático, sino sólo un guión que describía detalladamente el argumento, su existencia permitió recomponer los diferentes manuscritos o fragmentos conservados y reconstruir con la mayor exactitud el libreto de la operita.

De la amistad y mutua admiración de Manuel de Falla y Federico García Lorca hay amplia constancia. Para

---

[33] *Op. cit.,* págs. 315-317.
[34] F. G. L., *Lola la comedianta,* Madrid, Alianza Editorial, 1981.
[35] «García Lorca y Manuel de Falla: una carta y una obra inéditas», *El País,* 24 de diciembre, 1977, sección Arte y Pensamiento, pág. IV.

conocer la opinión del maestro sobre el joven poeta, baste la carta de presentación que en el año 1930 le da para unos amigos cubanos:

> Cuando Dios quiere que nazca un artista de esta calidad, capaz no solamente de asimilar técnicamente aquello necesario a su trabajo, sino de superar el simple oficio de la técnica (este es el caso de García Lorca en sus armonizaciones del folklore español), se comprende la enorme diferencia entre lo que es producto de la educación y lo que surge bajo el ingenio de la creación personal, secundada por esta educación[36].

La colaboración de músico y poeta había dado ya fruto en el Festival del Cante Jondo del año 1922 y en la extraordinaria fiesta de Reyes de 1923, a la que nos hemos referido ya en relación con nuestro primer inédito, el A. Extraordinario era el entusiasmo de ambos por los cancioneros, y sobre la capacidad de Lorca como conocedor y armonizador de la música popular es suficientemente explícita la cita que acabamos de incluir. Sobre su gusto ya en la música culta, nos recuerda Francisco[37] que tanto su hermano como Falla tenían por Scarlatti auténtica afición. Era natural, añade el primero, que la mezcla de lo culto y lo popular en el músico italiano entusiasmase a Federico.

Gracias a los epistolarios de Lorca y Falla conocemos el proceso que pareció seguir aquel proyecto privilegiado en que dos gigantes se proponían trabajar juntos como libretista y compositor en una misma obra. Las cartas de la primavera y el verano de 1923 hablan con entusiasmo de la marcha del trabajo, que parece acentuarse en el otoño del mismo año[38]. Pero después de un silencio de

---

[36] *Ibíd.*
[37] *Op. cit.*, pág. 429.
[38] En carta a M. Fernández Almagro, *E.*, I, pág. 87, fechada en Granada, octubre 1923, escribe Lorca: «Trabajo casi todo el día en la obra poemática que hago con Falla».

once meses el libretista escribe esperanzado: «Dentro de unos días Falla pondrá sus manos en mi *operita*»[39]. Esta es, sin embargo, la última noticia que tenemos. Aparentemente Lorca debió interrumpir la redacción final del libreto —casi terminado— en espera de las indicaciones del maestro, las cuales, por razones que no conocemos, ya no llegaron. Las fechas que marca Menarini[40] como relativas desde el inicio del proyecto a su abandono son 1922-1924.

Justo un año más tarde, en el verano de 1925, nos llegan las primeras noticias de la gestación de *Amor de Don Perlimplín*. El poeta está tratando de dramatizar las aleluyas en teatro grotesco[41], pero no está contento. Unos seis meses después, en enero de 1926, envía el fragmento F a Fernández Almagro[42]. *Amor de Don Perlimplín* está ya conseguido.

Hemos tratado de ajustar la relación temporal entre *La comedianta* y *Perlimplín* para consignar aquí una sugerencia de Francisco García Lorca, que por no estar seguro en aquel momento de las fechas respectivas no se atreve a expresar con más firmeza, pero que consideramos extremadamente atractiva:

> ¿Sería la «aleluya erótica» un libreto de ópera, con el que [Federico] se desquita de su fracaso de *El calesero* [sic], escrito en sus propios términos y no en los de Falla? ¿procede de ahí, aparte el temperamento y la formación del poeta, su raíz esencialmente musical y el ritmo de su lenguaje?[43]

Verificada la precedencia de *La comedianta* sobre el *Perlimplín,* la «sospecha» del crítico nos parece muy

---

[39] Carta a M. Fernández Almagro, *E., I*, pág. 95, fechada en Granada, agosto 1924.

[40] *Op. cit.,* pág. 62.

[41] Carta a M. Fernández Almagro, fechada por Gallego Morell en otoño de 1924. Maurer corrige a verano de 1925, *E., I*, págs. 101 y 103.

[42] *E., I*, pág. 132, da por error «finales de febrero, 1926», que Maurer corrige en una amplia nota en pág. 140 como de «finales de enero, 1926».

[43] *Op. cit.,* pág. 320.

acertada. El título de «operita» es algo que sobrevive al proyecto abandonado, que se quiere mantener al frente de un nuevo intento. Pero esta vez el libretista trabaja en solitario sin restricción alguna. El poeta no tiene que depender del espítitu ascético del gran músico, tan opuesto al suyo, y la nueva «operita de cámara» es de un erotismo lírico desbordante. Personajes como Belisa, temas como la iniciación en la crueldad del amor y el sacrificio ritual al amor-muerte, hubiesen sido de todo punto impensables para Falla.

Del entrenamiento de su autor como libretista de ópera cómica persisten en *Amor de Don Perlimplín* notas sueltas de tono irónico operático. Valga, por ejemplo, la voz engolada que se pide para Belisa, que según el fragmento F debe sonar «como un chorro gordo de agua entre frescuras», o la risa continuada de Marcolfa marcada sobre el piano en el fin del cuadro primero o el juego de afirmaciones y negaciones del diálogo inicial del mismo cuadro. Detalles todos que no pueden menos de recordarnos las acotaciones de Falla a la escena décima de *La comedianta,* donde pide:

> tonterías musicales, con muchas rouladas, escalas, arpegios, síncopas, mucho *sí, sí, sí, ah, ah, ah!, no, no, no.* Diálogo con flauta y clarinete, etc. Parodia del acompañamiento italiano[44].

A esa misma intención de parodia musical italianizante puede corresponder con toda probabilidad el carácter rápido y corto de «staccato» que domina en los diálogos de los dos primeros cuadros, y que cambia en los dos últimos a un «ligato» al hacerse los parlamentos más largos y exquisitamente líricos. Y no podemos dejar de comparar el altercado inicial de amo y criada con ese diálogo de flauta y clarinete que menciona Falla y que

---

[44] *Op. cit.,* pág. 320.

tan acertadamente parece haber intuido Francisco García Lorca.

Pero la construcción de una partitura completa era problema que Lorca con toda seguridad, no pretendió en ningún momento resolver por su cuenta. Recurrió, así, a rodear la obra de todo un comentario melódico en que la figura de Scarlatti destacase como fondo ambiental de referencia. Sus sonatinas ejecutadas limpiamente al piano, entre actos, envuelven, pues, la pieza teatral, manteniendo al mismo tiempo su independencia de ella.

En el texto, en un equilibrio calculado, encontramos dos canciones como base del soporte musical. Una en el primer cuadro, que recuerda el estilo italiano, está formada por una sola voz al piano; la segunda en el último cuadro, de fuente popular, cantada por una voz acompañada de un coro. Entre estas dos canciones que ejemplifican las dos corrientes musicales, culta y popular, se colocan en el centro de la obra, en el cuadro segundo, los fondos instrumentales, guitarras, flautas y campanas, que irán subrayando las respectivas escenas.

Añadamos que esta «operita de cámara» está encabezada por una sonata, precisamente la composición básica de la música de cámara del barroco italiano, y reconoceremos la razón de ser del peculiar carácter italianizante y la ambientación dieciochesca que caracterizan al *Perlimplín* —únicos en toda la producción de Lorca[45]—. Si la recreación del siglo XVIII en la prehistoria de la obra parecía corresponder a las aleluyas de nuestro héroe, vemos ahora que se trata de algo esencial para conseguir la atmósfera de época correspondiente a Domenico Scarlatti, momento preciso en que la música popular española y la culta italianizante convivían estrechamente.

Aún más significativo es el hecho de que el carácter de dúo que repetidamente venimos señalando corresponda

---

[45] Es posible que el «boceto de balet» que Mora Guarnido cita como de ambiente «versallesco» *(op. cit.,* 159) fuese un antecedente. Pero no se trata más que del recuerdo sin fecha que ya mencionamos anteriormente.

exactamente a la forma esencialmente binaria de la llamada forma-sonata. Precisamente sobre este punto existe un interesante artículo de Luis T. González del Valle[46] en que se identifica la forma-sonata o sonata-alegro como patrón subyacente a *Amor de Don Perlimplín* y se procede a estudiar cuadro a cuadro la aleluya erótica, estableciendo su posible correspondencia con las tres secciones fundamentales de la composición instrumental barroca.

De la calidad musical intrínseca de esta obra de Lorca nace indudablemente el atractivo que ha ejercido sobre compositores y coreógrafos. Baste consultar el catálogo de música basada en textos lorquianos de Roger D. Tinnell[47], donde bajo el título *Amor de Don Perlimplín con Belisa en su jardín* encontramos cinco óperas, tres ballets, una composición musical, dos suites para orquesta y una versión con música.

El verso

No deja de ser extraño que en este «poema teatral» concebido en términos lírico-musicales no se recurra al verso. La aleluya erótica está escrita en prosa; el verso aparece sólo en tres intervenciones equidistantes. Nos referimos a los dos poemas que constituyen la letra de las respectivas canciones, emplazados al comienzo y fin como ya sabemos, más un tercero, situado en el centro, cuyas catorce líneas forman la única recitación que encontraremos. Estos tres poemas equidistantes sostienen como construcción arquitectónica el peso de la obra.

Es curioso observar que, con la excepción de los

---

[46] «La concepción musical de *Amor de Don Perlimplín con Belisa en su jardín», El teatro de Federico García Lorca y otros ensayos sobre Literatura española e hispanoamericana*, Lincoln, Nebraska, Society of Spanish and Spanish-American Studies, 1980, págs. 61-79.

[47] *Federico García Lorca. Catálogo-Discografía de las «Canciones populares antiguas» y de música basada en textos lorquianos*, University of New Hampshire, Plymouth State College, 1986, pág. 49.

versos de la primera canción de Belisa, los otros dos poemas parecen incluidos de forma más o menos accidental. El magnífico poema de la herida del amor no fue creado, al parecer, exprofeso para el *Perlimplín*. No figuraba en el apógrafo de El Caracol; apareció adscrito al *Perlimplín* por primera vez en 1930, en español, en la traducción inglesa, y en 1933 pasó al texto de Anfistora al escribirlo su autor rápidamente sobre una rodilla durante un ensayo. Pero la publicación reciente de *La niña que riega la albahaca y el príncipe preguntón*[48] nos remite a una tempranísima redacción. En esta pequeña obra de muñecos, de tema lúdico, representada en la fiesta de Reyes de 1923 encontramos en boca del príncipe preguntón líneas que juzgaríamos de un lirismo inapropiado en tal lugar y personaje, pero inesperadamente familiares, como pertenecientes al lamento trágico de Don Perlimplín:

> ...¿Por qué amor herido?
> Herido de amor herido.
> Herido muerto de amor.
> ....
> Ay, amor, que vengo muy mal herido,
> herido de amor herido,
> herido muerto de amor[49].

No es, pues, de extrañar que en su inclusión en la farsa erótica encontremos algún elemento ajeno a la situación. Me refiero concretamente a la mención de «amor huido» y «olvido», conceptos que no encajan en el contexto de la experiencia vivida por Don Perlimplín en su noche de bodas. No quiere esto decir, naturalmente, que el poema no quede magistralmente situado en la obra, precisa-

---

[48] El texto de esta pequeña obra, que durante muchos años se consideró perdida, había sido conservado por Falla. Se publicó en 1982 en la revista *Títere*. Luis T. González del Valle hizo una edición en 1985 a cargo de la Society of Spanish and Spanish-American Studies of The University of Nebraska-Lincoln.

[49] Tomamos estas líneas de la pág. 9 de la edición de 1985.

mente en el ápice donde chocan y se cruzan las dos vertientes grotesta y trágica.

Y en cuanto al poema, base de la serenata en el jardín, aparece publicado con ese mismo título, «Serenata», en *Canciones,* con un único cambio, quizá poco afortunado: el del nombre de Belisa por Lolita[50]. Aunque el libro se publicó en 1927, el poema pertenece a la serie «Eros con bastón» del año 1925, fecha coincidente con la redacción de *Don Perlimplín.* Es, pues, muy posible que Lorca utilizase también en este caso un poema ya redactado e incluido en dicha colección.

La intervención del verso se reduce en la aleluya erótica a un total de cuarenta y dos líneas que forman un esquema perfectamente medido: trece líneas en la canción de Belisa del primer cuadro, catorce en el poema central, quince en la serenata del último cuadro. Comparando con *La zapatera prodigiosa,* que cuenta unos ciento ocho versos, o *La tragicomedia de Don Cristóbal,* con unos noventa versos, los cuarenta y dos de *Amor de Don Perlimplín*[51] representan una evidente reducción.

Después de *Mariana Pineda,* enteramente versificada, el interés de Lorca parece derivar hacia la prosa. El teatro poético no necesita la presencia del verso, así como la musicalidad de la palabra existe sin el martilleo de la rima. Sirva como ejemplo la calidad melódica de los parlamentos de Belisa en el tercer cuadro, que pueden considerarse poemas. Que la prosa no necesita ser rimada para ser musical queda demostrado en *Amor de Don Perlimplín.*

Imposible es conocer hasta qué punto el poeta es consciente en el milagro del proceso creativo, pero que Federico García Lorca es un virtuoso está fuera de duda. No deja de asombrarnos la magnitud de sus recursos dramáticos, poéticos o musicales.

---

[50] *O. C.,* I, 354.
[51] Cuento el número de páginas por la edición Aguilar.

Perlim.   Nunca había visto la salida del sol....

     (BELISA RENDIDA CAE SOBRE LAS
     ALMOHADAS)

Es un espectáculo que.....parece menti-
rs...$¡me conmueve! ... ¿¿No te
gusta?

     (SE DIRIGE HACIA EL LECHO)

¿Belisa estás dormida?

Belisa.   (ENTRE SUEÑOS)

     Sí..

     (PERLIMPLIN DE PUNTILLAS LA CU-
     BRE CON UN MANTO.UNA LUZ INTENSA
     Y DORADA ENTRA POR LOS BALCONES.
     BANDADAS DE PAJAROS DE PAPEL LOS
     CRUZAN ENTRE EL SONIDO DE LAS
     CAMPANAS MATINALES)

     Telón

Amor, amor
que estoy herido.
Herido de amor huido
Herido,
muerto de amor.
Decid a todos que ha sido
el ruiseñor.
Bisturí de cuatro filos
garganta rota y olvido.
Cogeme la mano amor
que vengo muy mal herido
Herido de amor huido
¡Herido!
¡muerto de amor!.

E. continua

IDENTIFICACIÓN DE LOS TEXTOS:
SU ORIGEN

Los textos con que contamos de *Amor de Don Perlimplín con Belisa en su jardín* se reducen a un apógrafo y dos copias mecanografiadas.

No existe rastro del manuscrito original. Definitivamente descartada quedó la remota esperanza de que se encontrase entre los papeles de Cipriano Rivas Cherif, que, como director de El Caracol, pudo ser la persona que lo recibiese directamente de Lorca para hacerlo copiar[1].

Texto A de Anfistora

El primer texto que se conserva es una copia mecanografiada por un profesional, que lleva la firma de Federico García Lorca en tinta negra en la primera página, y en todas y cada una de ellas un sello ovalado en tinta morada donde se lee: «Sala Rex, 8 Mayor, 8, Teléfono 16174». Estos datos identifican tal copia —sin margen de duda— como una de las dos que debió someter El Caracol en oficio al gobernador civil como condición previa a un permiso de estreno de *Amor de Don Perlimplín*. El reglamento de la Policía de Espectáculos exige

---

[1] Enrique de Rivas, hijo de Cipriano Rivas Cherif y buen conocedor de cuanto documento suyo sobrevivió las incautaciones y trasiegos de la guerra, ha descartado toda posibilidad de conservación de tal manuscrito. «De la época de El Caracol —asegura— no queda absolutamente nada» (correspondencia sobre el particular con Laura García Lorca, carta desde Roma, 5 de noviembre de 1979).

en los dos ejemplares sometidos firma del autor y sello de la empresa responsable. Exactamente tal como en la copia en cuestión aparecen.

Consiste este apógrafo en cuarenta y una páginas numeradas, de 16 cm por 22 cm, más una página inicial sin numerar. Con excepción de esta última que contiene el reparto —siete líneas— y la firma del autor, cada página numerada comprende unas veintidós a veinticuatro líneas, dando el texto un total de seiscientas cuarenta y seis líneas —excluyendo las acotaciones—. Está forrado en cartulina amarilla descolorida y estuvo cosido en tres lazadas con un cordón blanco anudado formado un cuadernillo. Está escrito con una cinta de máquina de color morado, a doble espacio —excepto las acotaciones, que van en mayúsculas y a un solo espacio—. El papel amarillento, de clase bastante inferior, se desmorona hoy al contacto de los dedos.

Mi madre en su vejez acabó por entregarme este texto que durante años había atesorado como un querido recuerdo. Su lamentable estado de conservación me motivó, antes de mi regreso a España a raíz de mi jubilación, a depositarlo en la Hispanic Society of America, en Nueva York, de la cual soy miembro, donde se conserva preservado en óptimas condiciones.

Conservamos, pues, un texto que data de fines de 1928, que, incautado a El Caracol en febrero de 1929, fue rescatado de la censura en diciembre de 1932 para ser utilizado de enero a abril de 1933 en los ensayos y estreno de *Amor de Don Perlimplín con Belisa en su jardín* por el club teatral que pasaría a llamarse Anfistora. Sobre este único ejemplar, utilizado a modo de libro de dirección, se hicieron las correciones, cortes y cambios que exigió la puesta en escena, la mayor parte de ellos de mano del propio Federico; los demás, dictados por él a Pura Ucelay o Santiago Ontañón. Se marcaron también en el mismo —y esto sólo de mano de Ontañón— las entradas y salidas de personajes, el comienzo y cese de la música intercalada, el movimiento del telón y cortinas.

Se creó así sobre el apógrafo original de 1928 un nuevo texto, respondiendo a la personalidad de un grupo distinto, más artístico que didáctico, y obedeciendo sobre todo a una específica puesta en escena que se ceñía exclusivamente al deseo y gusto de Federico, su autor y director, y que por cierto resultaría diametralmente opuesta a la planeada por El Caracol.

Este texto es el que identificamos como «texto A de Anfistora». Es indudablemente el de mayor importancia y el que intentamos editar.

Sobre la portada y los cambios del texto A

Los cambios en virtud de los cuales el ejemplar de El Caracol se convirtió en el texto de Anfistora obedecen, como es natural, a diferentes motivaciones: unos son simples cortes, líneas tachadas durante los ensayos por considerarlas su autor innecesarias o repetitivas; otros, por el contrario, se añadieron para reforzar un pasaje, o simplemente fueron debidos a la mecánica de la puesta en escena, o a la capacidad de la protagonista —como la orquestación de la serenata del cuadro final—. Pero aún más interesantes son aquellas adiciones que provienen de la segunda redacción de la obra que Lorca hizo en América en el verano-otoño de 1929, y que desapareció en 1931, pero cuya supervivencia creemos ver en este texto A, respaldados por la traducción al inglés de Mildred Adams, que como ya indicamos data de 1930-1931.

De dicho manuscrito americano provienen —entre otras variantes de importancia que se estudiarán más adelante— la nueva división de la farsa y la designación de «versión de cámara» como segundo subtítulo. Ambas innovaciones están presentes en la portada del texto A.

Aunque reseñaremos también en lugar más pertinente todos los cambios de este texto, debemos detener ya nuestra atención en el examen de su portada, cuyas correcciones —repetimos— datan de los ensayos de

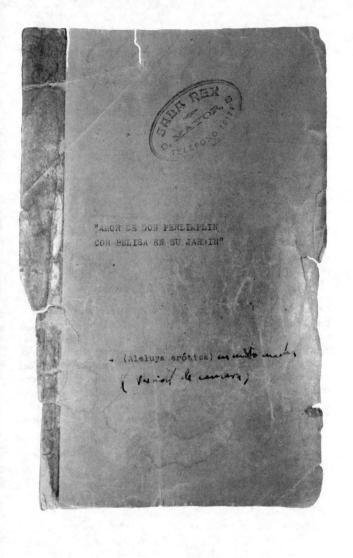

"AMOR DE DON PERLIMPLIN
CON BELISA EN SU JARDIN"

(Aleluya erótica) *manuscrito inédito*

(versión de cámara)

Reproducimos la portada, en cartulina amarilla, que muestra claramente el proceso de censura y corrección a que estuvo sometido el texto A.

La fecha, 6-2-929, escrita en la parte superior en grandes números en lápiz rojo, es apenas visible en fotografía. De mano del censor, marca el día de ingreso de la obra en la sección de pornografía de la Dirección General de Seguridad.

El sello en tinta morada: «Sala Rex, 8, Mayor, 8, Teléfono 16174», aparece en cada página.

El subtítulo original «Aleluya erótica», entre paréntesis, está tachado con lápiz rojo por la censura y marcado debajo por la misma con una cruz. Sin embargo, se puede leer fácilmente. A su lado, en tinta negra, de mano de Federico García Lorca, se añade: «en cuatro cuadros». Esta ampliación del subtítulo, escrita rápidamente, es de lectura difícil. Todavía, debajo del primero, se añade un segundo subtítulo, también en manuscrito del mismo momento: «(Versión de cámara)». Ambas correcciones datan de 1933 y tienen importancia. «En cuatro cuadros» marca la nueva división de la obra a que nos atenemos.

1933. Aquí encontramos la importante adición del nuevo subtítulo y la prolongación del anterior ya conocido. El primero se refiere al carácter de la obra; el segundo, a su organización.

De su puño y letra, pues, y en tinta negra, Lorca incluye el mencionado subtítulo «versión de cámara» que claramente expresa su deseo de hacer más extensa la farsa. Así lo declara en la entrevista de *El Sol* del mismo momento, sobre los clubes teatrales, donde asegura que el *Perlimplín* «es el boceto de un drama grande» y explica que le ha llamado «versión de cámara» «porque más adelante procuraré desarrollar el tema con toda la complejidad que tiene»[2]. No deja de ser habitual este tipo de declaración del poeta que siempre promete nuevas versiones, pero que en el caso del *Perlimplín* parece un propósito justificado si tenemos en cuenta que su concisión puede haber pesado sobre la obra condenándola a los escenarios experimentales.

La segunda adición importante que presenta la portada es la prolongación del ya conocido subtítulo «Aleluya erótica», al que se añade aquí por primera vez: «en cuatro cuadros».

Esta nueva división de la obra es muy justificada, por cierto, porque la original en un prólogo y un acto único en tres cuadros no parecía equilibrada. Aquél venía a tener la misma longitud que éstos (9, 12, 6 y 10 páginas, respectivamente). Desde luego que pesaba en ella el intento de separar la farsa guiñolesca (originaria de los inéditos B y C) del drama subsiguiente, pero la nueva ordenación en cuatro cuadros es mucho más acertada. A ella nos hemos atenido desde el comienzo de este estudio.

Sin embargo, fue origen de la más caótica confusión. Corregida la portada, nadie se ocupó de corregir el interior del texto, error que ha pasado a casi todas las ediciones posteriores, como ya veremos, que anuncian

---

[2] *O. C.*, II, págs. 906-909.

«cuatro cuadros», pero que dividen el interior de la obra en «prólogo y acto único en tres cuadros».

Señalaremos, para terminar, la confusión que durante años las *Obras Completas* de Aguilar han mantenido con referencia al texto que nos ocupa. Arturo del Hoyo —cuya paciente labor debemos agradecer todos los estudiosos de Lorca— aseguró desde 1954 que su edición de *Amor de Don Perlimplín* tenía por base la de Losada, corregida «con arreglo a un manuscrito autógrafo de F. G. L.», añadiendo «que custodia la familia» en las subsiguientes ediciones[3]. Esta afirmación fue causa de que no le diese yo la importancia debida al ejemplar conservado por mi madre. Cuando pude confirmar que no existe manuscrito autógrafo del *Perlimplín,* entendí que Del Hoyo se refería como tal al texto A de Anfistora, que no es exactamente un manuscrito, pero que está firmado y presenta —como ya sabemos— correcciones y adiciones de mano de Federico y que Pura Ucelay había facilitado a la familia García Lorca en el momento en que se estaba preparando la edición de Aguilar.

Sólo en 1986, en la vigésimo segunda edición de las *Obras Completas,* se suprime finalmente la presunta existencia de un manuscrito autógrafo, sustituyéndolo por «la copia de teatro de Pura Maórtua de Ucelay para Anfistora»[4] Identificación poco afortunada porque también se presta a confusión entre el que llamamos texto A de Anfistora, analizado en las páginas que preceden y al que se refiere la cita, y el texto B que estudiaremos a continuación.

Texto B

Este segundo texto consiste en una copia carbón de una copia del texto A. Mecanografiado por Pura Ucelay,

---

[3] *O. C.,* 1.ª ed., 1954, pág. 1643. Cita que se mantiene así hasta la 21.ª ed., *O. C.,* II, pág. 1512.

[4] *O. C.,* II, pág. 1210.

que recogió en él las correcciones y adiciones de los ensayos, es de impresión a veces borrosa por haberse utilizado un papel carbón viejo. Lo localicé casualmente en 1979, año en que con ocasión de un permiso sabático tuve tiempo de estudiar los papeles de mi madre, muerta hacía ya algunos años. Las hojas sueltas se hallaban intercaladas entre otras, principalmente copias del manuscrito de *Así que pasen cinco años* utilizadas en los ensayos de Anfistora.

Está formado el texto B por treinta y siete páginas: treinta y seis numeradas, más una página inicial sin numerar. Esta última contiene el título y subtítulos, incluyendo las adiciones de la portada del texto A, y el reparto de la obra. Las hojas, de 24,5 cm por 17,3 cm, contienen un número de líneas que varía de veintiséis a veintiocho por página, dando un total de seiscientas setenta y una líneas (excluyendo las acotaciones). Presenta, pues, veinticinco líneas más que el texto A, que se justifican por la adición de las catorce líneas del poema de la herida del amor del fin del cuadro segundo, más seis de la descripción de «las razas de la Tierra» del segundo parlamento de Marcolfa en el cuadro tercero y seis de la duplicación de las líneas segunda y cuarta de cada una de las tres estrofas que componen la serenata del cuadro cuarto.

Teniendo en cuenta que en la fecha del estreno no había otro ejemplar de la obra que el antiguo cuadernillo de El Caracol corregido y anotado para Anfistora y que Pura Ucelay quería conservarlo como recuerdo, es muy natural que hiciese una copia para entregar a Federico. Más aún cuando éste desearía llevar todas sus obras consigo a Buenos Aires, a donde marchó en octubre de aquel mismo año 1933. Suponemos, pues, que no es otra la razón de ser del texto que nos ocupa.

Ahora bien, el hecho de haber utilizado el único ejemplar como libro de dirección presentaba al copista el problema de decidir en ciertos casos entre la doble personalidad de Lorca autor y Lorca director. Hay cambios, por ejemplo, que obedecen a aquella particular puesta en escena, es decir, al trabajo del director que corrige al autor, pero que pueden no parecer convenientes o excesivamente complicados para la mera edición del texto. (Y me estoy refiriendo concretamente a la orquestación de la serenata del cuadro final.) Mas para Pura Ucelay, cuyo punto de vista era exclusivamente el teatro vivo, no que la edición fuese o no erudita, no cabía duda de que la única verdad residía en las correcciones del director. De aquí que todo cambio efectuado en la preparación del estreno quedase recogido.

Pero la copia en cuestión tiene mucha más importancia que la de ser mero testimonio de la dirección del poeta de su propia obra, porque podemos afirmar que este texto B es la fuente directa de la primera edición, la de 1938, a cargo de Guillermo de Torre y de la editorial Losada de Buenos Aires. La presencia en la copia de Pura Ucelay —que consideramos de la primavera de 1933— de algún error patente de Losada (el cambio, por ejemplo, de la primera a la tercera persona en la segunda línea del poema que da fin al cuadro segundo: «estás herido» en lugar de «estoy herido») alertó nuestra atención hacia un detenido cotejo. Efectivamente, la primera edición de *Amor de Don Perlimplín con Belisa en su jardín* sigue punto por punto el texto B con todas sus equivocaciones, debidas indudablemente a una copista no profesional y a una máquina de escribir defectuosa.

No debemos olvidar, para explicarnos este hecho, que Guillermo de Torre reunió los materiales para sus *Obras completas de Federico García Lorca* durante la Guerra Civil, en condiciones heroicas en que la falta de comunicación dificultaba el proceso. Debió, pues, utilizar todos los textos posibles a su alcance, y desde luego los inéditos que se conservaban en América, por una razón u otra, en manos de actores o amigos. De aquí que los ejemplares cedidos por Margarita Xirgu fuesen considerados fuentes de la máxima autoridad. Razón de ser de la «Advertencia» ya mencionada con que se encabeza el tomo primero donde, con firma y fecha, certifica la actriz que la edición «ha sido escrupulosamente revisada, de acuerdo con los originales de Federico García Lorca que tengo en mi poder y que contienen los últimos retoques del autor».

Pero el primer texto del *Perlimplín* que se edita tan cuidadosamente no es más que una mera copia sin corregir. Indudablemente, se trata del original del calco que conservamos identificado como texto B.

La manera en que llegó a poder de la Xirgu es fácil de suponer. Pudo serle entregado directamente por Federico antes de que la actriz partiese para México en febrero de 1936, donde proyectaba representar sus obras y de donde Margarita no volvió ya, o dejado con ella por Cipriano Rivas Cherif que la acompañaba como director artístico y que regresó a España con motivo de la Guerra Civil. De lo que no cabe duda es de que el poeta no se había detenido a examinar aquella copia. Valgan como ejemplo las nueve palabras ilegibles tachadas por la censura en la página 19 del texto A y que la copista no intentó reescribir, esperando seguramente que su autor lo hiciese y limitándose a consignar en una nota[5] la causa de tal omisión. El mismo Rivas hubiese podido corregir muchas pequeñas equivocaciones si lo hubiese revisado. Margarita Xirgu tampoco lo hizo, limitándose a marcar arbitrariamente la fecha «1931», que, como ya señalamos anteriormente, sólo corresponde al año en que inexplicablemente desapareció el manuscrito de la segunda redacción del *Perlimplín* hecha en América, y cuya posible puesta en escena había anunciado el mismo Lorca.

Este texto B está depositado, junto con el texto A, en la Hispanic Society of America, en Nueva York.

Texto C

Es copia mecanografiada que conserva la Fundación García Lorca. Consiste en veintisiete cuartillas numera-

---

[5] Texto B, pág. 16, nota 1. Losada, en tomo I, pág. 163, la reproduce.

das, de 23,6 cm por 21,6 cm, escritas con cinta de máquina morada. Es también de mano de Pura Ucelay, e incluye las adiciones, supresiones y cambios motivados por la puesta en escena, hechos al texto A durante los ensayos de Anfistora.

La máquina de escribir utilizada por la copista es fácilmente identificable. Se trataba de una vieja Remington que no tenía signos de exclamación y cuyo signo de abrir interrogación no funcionaba. Todos estos signos, pues, estarán siempre añadidos a mano. Presenta, además, este texto correcciones en tinta negra de puño y letra de Pura. Es, por tanto, una copia revisada con cierto cuidado, lo que no obsta para que contenga algunas equivocaciones.

Pero el hecho de que los errores que presenta sean diferentes de los de la copia B nos lleva a considerar la C como texto diferente, aun teniendo en cuenta que las equivocaciones del copista no deben considerarse variantes. Sobre todo cuando afortunadamente, como en este caso, no existe edición que las registre. Su importancia, pues, es muy relativa.

Creemos recordar, por indicación de Pura, que esta copia fue hecha a raíz de la vuelta de Nueva York en 1953 de la familia García Lorca, cuando estudiados los papeles familares pudieron comprobar que entre ellos no existía texto alguno del *Perlimplín*. En otras palabras, Federico había dispuesto de la copia B, quedándose él mismo, como tantas veces le había ocurrido, sin ejemplar alguno de la obra.

Sobre el manuscrito perdido del «Perlimplín americano»
y su traducción inglesa

Como ya anteriormente señalamos, la existencia de una traducción al inglés de la segunda redacción del *Perlimplín* nos permite identificar una serie de variantes que aparecerán más tarde y como innovación en el texto A.

Recordemos que Lorca reescribió la obra durante su estancia en Norteamérica, dando por perdidos los originales de la primera redacción incautados por la Dictadura de Primo de Rivera en Madrid. Quedaría este segundo *Perlimplín* situado entre el apógrafo de El Caracol de 1928 y el texto A de Anfistora que se crea enmendándolo en los ensayos de 1933.

Repetimos también que Federico entregó el nuevo manuscrito en Nueva York a Mildred Adams la Nochebuena de 1929 para que lo tradujese, y que en Madrid, en el verano de 1931, se lo reclamó bajo el pretexto de que iba a ser representado, siéndole devuelto por Mildred y pasando a desaparecer sin más explicación.

En el año y medio que Mildred Adams retuvo el manuscrito, trabajó efectivamente en su traducción. Distó ésta mucho, no obstante, de quedar completa. Tampoco podemos decir que fuese muy acertada. El conocimiento de español de Mildred, que le había permitido traducir con acierto a Ortega y Gasset, no era, en cambio, suficiente para manejar los matices de un texto poético. Pero el hecho de que tradujese literalmente palabra por palabra, nos ayuda a reconstruir con facilidad el original español.

Se conserva esta traducción depositada en la Hispanic Society of America, pero no es exactamente un texto terminado o definitivo. Consiste en tres copias que parecen irse corrigiendo sucesivamente. La primera es un manuscrito autógrafo de treinta páginas (quince de block de 27,5 cm por 21 cm, quince hojas sueltas de 20 cm por 25 cm) en el que la traductora trata de descifrar la difícil letra de Lorca, con poca suerte, porque incurre en errores graves. Esta primera copia parece extremadamente cercana a la versión de El Caracol. Sólo haremos resaltar en ella como nota curiosa la descripción escénica del primer cuadro, donde se intensifica la fijación cromática originaria de la aleluya: el verde con toques negros. No sólo, como era de esperar, Don Perlimplín viste de verde y las paredes son verdes, con muebles negros; aquí el cielo también es verde[6]. Impresión colorista extraña que nos revierte al primer inédito, al llamado Teatro de Aleluyas, donde trajes, caras y fondos aparecían en un solo color.

La segunda copia está mecanografiada limpiamente y formada por veintinueve holandesas. Presenta este texto, además de otras variantes, adiciones incluidas en español sin traducir, como habiendo sido tomadas al dictado y escritas en lápiz entre líneas. Parece evidente que Federico, por lo menos en una ocasión, repasó la obra con Mildred, quizá aclarando lo que resultaba para ella ilegible, pero también dictando estas adiciones. Naturalmente, de las tres, ésta es la copia que más nos interesa.

Para empezar, y estropeando la nitidez de la página titular, encontramos anotadas en tinta tres notas fundamentales. Escritas en desorden, unas debajo de otras, a modo de algo añadido rápidamente o tomado al dictado en español y traducido sobre la marcha, leemos: «Theatre of cabinet» que reconocemos como traducción de «Versión de cámara»; «drama in 1 act, / 4 scenes-» que corresponde a la división futura «en cuatro cuadros»; y finalmente, «Music de [sic] Scarlatti / Sonats for clavichord / between scenes» que testimonia la temprana inclusión de los intermedios musicales identificados con este músico.

Nos detendremos en señalar en el texto solamente las variantes más curiosas o de mayor importancia. En las direcciones escénicas —luz, decorados, trajes, movimiento— se exagera la descripción del detalle, como visualizando una posible puesta en escena. Así, por ejemplo, Don Perlimplín en el cuadro segundo estará «magníficamente vestido en el estilo del siglo XVIII», pero una nota a lápiz especifica que su «casaca de satín verde» irá «adornada con piel» y él llevará también «chorrera de encaje cayendo en cascada»[7]. Igualmente, la descripción

---

6 «All with the green sky...».
7 «dressed magnificently in the style of the 18th century», «green satin coat trimmed with fur, cravat of real lace falling in a cascade».

de Belisa en el cuadro tercero es muy precisa. Escrita a lápiz medio en español medio en inglés, revela su indudable carácter de notas rápidas tomadas al dictado. Se presenta aquí a la protagonista con un vestido rojo estilo 1900, abierto por detrás dejando ver medias negras; enormes pendientes y gran sombrero con una pluma roja de avestruz[8]. Atavío tan fuera de lugar con el ambiente dieciochesco de las demás indicaciones nos hace recordar la puesta en escena de El Caracol, donde hubiese estado de acuerdo con el chaqué y chistera de Don Perlimplín. Pero la idea de abrir por detrás el traje de Belisa de manera que dejase ver la pierna sí era insistente en Federico, que así lo propuso también a Pura Ucelay, y sólo desistió ante la explicación de que un traje de época, ya fuese miriñaque, polisón o comienzo de siglo, llevaría tal amplitud de tela por detrás que aunque quedase abierto no dejaría ver la pierna. Sólo abriendo el traje por delante se podría conseguir tal efecto.

También la descripción de la alcoba de Don Perlimplín del cuadro segundo prueba la intención del poeta de conservar el estilo «naif» que supusimos en el malogrado estreno de El Caracol, al apuntar que «la gran cama colocada en el centro de la escena» debe quedar «inclinada como en un cuadro antiguo de perspectiva equivocada»[9].

Hay otros casos que nos ayudan en la interpretación de un pasaje. Valga así la acotación final del primer cuadro que hace coincidir la risa de Marcolfa con el sonido del piano[10], subrayando de esta manera el modo operático de la farsa, o la última del cuadro segundo que precede al poema, que posiblemente por demasiado cruel

---

[8] «Belisa llega vestida traje de [sic] rojo de estilo **1900** *19th century* big hat con pluma de avestruz roja, opens behinds [sic] letting [sic] seen [sic] black silk stokings —huge earrings». La traducción palabra por palabra de «abierto detrás dejando ver» crea una frase disparatada en inglés.

[9] «arranged slanting as if in an old picture with bad perspective».

[10] «The sound of the piano continues. So does the laughter of Marcolfa».

no pasará al texto español, y según la cual «Don Perlimplín saca un pañuelo de encaje y con sus cuernos
solloza mientras recita. Belisa ronca ruidosamente»[11].

Pero la adición más importante en sin duda el poema
«Amor, amor / que estoy herido» que sigue a la acotación anterior y que da fin al cuadro segundo. Intercalado
en español en una perfecta transcripción, sin que se
intente traducirlo, aparece aquí por primera vez[12].

Copiaremos, por último, la larga inclusión en lápiz y
en español que corresponde al segundo parlamento de
Marcolfa del cuadro tercero:

> La noche de bodas entraron cinco personas en el
> cuarto, cada uno por un balcón, dejaron olvidados sus
> sombreros y ud. tan tranquilo. Cinco. Dios mío. Cinco.
> El Europeo [sic], el Asiático [sic], el Indio [sic], el
> cobrizo y el Norteamericano [sic]. Representantes de las
> cinco razas de la Tierra.

La sarcástica alusión a «la raza norteamericana» como
una de las cinco razas de la Tierra se nos presenta como
recuerdo evidente del poeta que, al igual que todo visitante a los Estados Unidos, se vería obligado a consignar
su «raza» en la solicitud de visado[13]. Comparada con
ésta, la versión que presenta el texto de Anfistora es
mucho más concisa y efectiva, como de algo bien pensado de antemano, sin el carácter de improvisación que
vemos aquí.

Nos hemos detenido en la segunda copia de la traducción de Mildred Adams por ser la que presenta vestigios

---

[11] «Perlimplin takes out a lace handkerchief and with his horns weeps as
he recites —Belisa snores loudly.

[12] Rafael Martínez Nadal en *El Público. Amor y muerte en la obra de
F. G. L.,* México, Mortiz, 1970, pág. 278, nota 15, asegura que él había
oído recitar el poema a Federico repetidas veces años antes de 1933, fecha
del estreno. Como ya sabemos puede asignarse a fecha muy temprana.

[13] Sobre las extrañas preguntas incluidas en los cuestionarios que debían
rellenar los viajeros, comenta Lorca ampliamente en la entrevista con Pablo
Suero, «Crónica de un día de barco», *O. C.,* 21.ª ed., II, pág. 979.

de la intervención directa de Lorca. El tercer ejemplar que conserva la Hispanic Society es copia carbón de la anterior, donde todas las variantes han sido traducidas al inglés, aunque añadidas también en manuscrito, con la excepción del poema de la herida del amor, cuyo lugar queda en blanco.

En realidad, esta traducción no puede considerarse terminada. Los errores sólo quedaron corregidos en parte, y todavía en la tercera copia se mantiene alguno tan definitivo como la traducción de la serenata donde «ramos» (branches) se traduce como «ranas» (frogs). Y no se trataba de dudas que pudiesen ser resueltas con un simple diccionario; Mildred simplemente no pudo descifrar la letra de Federico, y el desconocimiento del inglés de éste le impedía entender lo traducido.

Cuando años más tarde, en 1941, la casa Scribners de Nueva York edita *The Love of Don Perlimplín* como parte del volumen titulado *From Lorca's Theatre: Five Plays,* las variantes más arriba señaladas aparecen inexplicablemente en el texto[14]. Los traductores son James Graham-Lujan y Richard L. O'Connell. El primero de ellos, Graham-Lujan, en carta de octubre de 1980 me asegura haberse atenido estrictamente a la edición Losada; recuerda, sin embargo, que en la supervisión y corrección de la edición de Scribners intervino Mildred Adams.

---

[14] Se eliminan en la segunda edición, Nueva York, New Directions, 1963.

ESTA EDICIÓN

Se edita el texto A de Anfistora. Esto es, la copia mecanografiada a fines de 1928 para El Caracol, corregida en manuscrito en 1933 durante los ensayos previos al estreno.

Consideramos el apógrafo como copia fiel de un original, dado el respeto con que reproduce las peculiaridades de los manuscritos de Lorca. De todas formas, el hecho de tratarse de un texto repetidamente utilizado y corregido personalmente por su autor le concede plena autoridad.

La presente edición intenta, pues, conservar la máxima fidelidad a dicho texto A, limitando al mínimo nuestra intervención, que en todo caso quedará señalada en nota.

Las notas a pie de página, serán de dos tipos. En primer lugar, recogerán las variantes de los textos consignando la forma en que pasan a las diferentes ediciones; en segundo lugar, explicarán aspectos del texto A, identificando adiciones, omisiones, tachaduras de la censura y anotaciones escénicas.

Se corrigen solamente errores ortográficos, se moderniza la ortografía y se completan los acentos, que, como es bien sabido, no preocuparon demasiado al poeta. Pero se respeta su caprichosa utilización de los signos ortográficos dado el valor que les concede como medio expresivo. Aunque las numerosas correcciones de puntuación que presentan las diferentes ediciones sean académicamente válidas, no siempre nos parecen críticamente justificadas. Y puesto que el texto que nos ocupa estuvo sometido a sucesivas rectificaciones por parte de Lorca, hasta ser aceptado como definitivo para su estreno, intentaremos respetar todo aquello que su propio autor no consideró digno de cambio.

Se mantienen, pues, en lo posible puntos y comas tal como aparecen. Se completan, sin embargo, los signos de exclamación e interrogación, generalmente reducidos a uno sólo, y se obedece la personal utilización de los puntos suspensivos.

Es curioso señalar que la presencia de dobles y triples signos de exclamación que encontramos en las diferentes ediciones responde, en el caso de esta obra, a la voluntad de los editores. No existen en el apógrafo. En cambio, ninguna edición acepta los puntos suspensivos en número diferente de los tres acostumbrados. Su variedad, tan característica de los textos de García Lorca, indica para nosotros la longitud deseada en cada pausa, que tal como ocurre en la realidad no tienen por qué ser exactamente iguales siempre. Son indicaciones de ritmo o medida que permiten al lector, o al interesado en dirección, seguir como en notación musical lo que el poeta llamó la «armonía en los silencios»[1].

En nuestra opinión, todo escrito dramático de Federico García Lorca debe ser visto en su calidad de texto concebido para ser representado o, al menos, leído en voz alta. No olvidemos que él mismo fue un magnífico lector. Una lectura silenciosa, cuando menos, supone la limitación de uno de los elementos básicos de la obra que nos ocupa: la musicalidad.

---

[1] *O. C.*, II, 921.

BIBLIOGRAFÍA

EDICIONES

Contamos hasta el momento nueve ediciones diferentes de *Amor de Don Perlimplín con Belisa en su jardín* que comentaremos cronológicamente a continuación.

1) *Federico García Lorca, Obras completas.* Edición a cargo de Guillermo de Torre, Editorial Losada, Buenos Aires, 1938.

Incluye en el tomo I *Amor de Don Perlimplín con Belisa en su jardín,* junto con *Bodas de sangre* y el *Retablillo de Don Cristóbal.* El volumen está fechado el 30 de julio de 1938.

Guillermo de Torre se había encargado de la primera edición de obras completas en momentos muy difíciles. En plena Guerra Civil la comunicación con la España de los militares insurrectos responsables del asesinato del poeta era totalmente impensable, pero difícil también con la España republicana, donde las dificultades de toda clase estaban a la orden del día. En Buenos Aires, Guillermo de Torre tuvo que empezar por reunir cuanto material estuviese a su alcance, es decir, fuera de España.

Contaban básicamente con los textos dramáticos en poder de Margarita Xirgu. Textos póstumos[1] de enorme importancia desde luego, ya que Lorca, confiado en su juventud, había descuidado siempre la publicación de sus obras.

El tomo I está, pues, formado por tres títulos cedidos

---

[1] *Existía una primera edición de Bodas de sangre* (Madrid, *Cruz y Raya,* 1936).

por dicha actriz, como atestigua la «Advertencia» de la misma que figura en la página 23 encabezando las tres obras, y a la que nos hemos referido ya más de una vez.

Presenta, además, este tomo I doce páginas, numeradas de 9 a 21, en que Guillermo de Torre hace una «síntesis de la vida y obra» del poeta, forzosamente esquemática dadas las circunstancias. Promete De Torre un estudio más amplio y la posibilidad de reestablecer el orden cronológico. El agrupamiento de obras en cada volumen aparentemente caprichoso obedece —nos dice— a la necesidad de ir publicando lo que se ha conseguido hasta aquel momento. Efectivamente, *Amor de Don Perlimplín,* que encontramos aquí en el tomo I, pasará al tomo III a partir de la séptima edición.

Por cierto que a juzgar por esta introducción, aparte del material de la Xirgu, no contaban para tan ambicioso proyecto más que con los *Seis poemas gallegos* y algún poema suelto del *Libro de Poemas* conservados por Eduardo Blanco-Amor y varios originales pertenecientes a *Poeta en Nueva York* y *El Diván del Tamarit,* cedidos por Ricardo E. Molinari. Disponían también de una copia de las utilizadas en Anfistora de *Así que pasen cinco años,* que Pura Ucelay, a petición de Federico, había entregado a Pablo Suero durante la estancia de éste en Madrid en la primavera de 1936. Pero acabada la guerra, Losada pudo ir recopilando suficiente obra de García Lorca hasta formar ocho volúmenes.

Quería Guillermo de Torre que aquella primera edición «tuviese carácter de homenaje literario» a la memoria de Federico García Lorca, cuya muerte se resistía todavía a creer. Su comentario sobre lo ocurrido en Granada ocupa un par de páginas (17-18), que se omiten en las siguientes reediciones, al igual que las notas (página 19) en que justifica lo precipitado de tal edición: los editores piratas de Argentina, Uruguay y Chile, amparados en la impunidad resultante de la confusión del momento, habían lanzado una serie de ediciones llenas de los más gruesos errores, mutilaciones y falsedades.

Entendemos, como es natural, la importancia de asegurar la conservación de los materiales existentes, editándolos con la mayor brevedad; más pasados los días de aquella desgraciada emergencia, no se pensó en revisar con mayor cuidado los textos. Me refiero concretamente al de *Amor de Don Perlimplín,* que reproduce, como ya señalamos, la copia B de Anfistora con todos sus errores originales, a los que Margarita Xirgu y Guillermo de Torre añadieron, para mayor confusión, la caprichosa fecha de 1931 que todavía aparece adscrita a la farsa.

El interés erudito de la edición Losada, a pesar de los buenos propósitos de Guillermo de Torre, deja mucho que desear, ya que carece totalmente de notas o biliografía. Su éxito, sin embargo, fue inmediato e indudable. Las continuas reediciones lo atestiguan: las primeras cinco aparecen cada dos años (1938, 1940, 1942, 1944 y 1946, respectivamente), la sexta y séptima se distancian tres años (1949, 1952), cuatro la octava (1956), cinco la novena (1961), etc.

La aparición en 1954 de las *Obras Completas* de la casa Aguilar minuciosamente anotadas por Arturo del Hoyo supuso la decadencia de las *Obras Completas* de Losada. El interés del lector general, y especialmente del erudito, se transfirió a esta nueva edición. Pero durante dieciséis años Losada había hecho posible que la obra de Federico García Lorca, salvada de la dispersión, circulase ampliamente, por más que en España hubiese de ser conseguida a trasmano.

Los ejemplares de las *Obras Completas* de Losada de los primeros años pueden darse hoy prácticamente por desaparecidos. La mala calidad del papel, que se desmenuza al menor contacto, ha obligado a las bibliotecas a eliminarlos, ya que su estado impide todo préstamo o circulación. A partir de los años sesenta, esto es, de la novena edición, el papel está todavía en condiciones aceptables, pero ya su sustitución en toda biblioteca se había hecho sistemáticamente a base de la edición Aguilar. Una copia de 1938 puede considerarse hoy extremadamente rara.

Esta es la razón de que nos hayamos detenido un tanto en las palabras introductorias de Guillermo de Torre, que aparecen reducidas en las subsiguientes reediciones.

2) Federico García Lorca, *Obras Completas,* Madrid, Aguilar, 1.ª edición, 1954, 22.ª edición 1986

La recopilación, bibliografía, notas y agrupación cronológica son debidas a Arturo del Hoyo, cuya total dedicación de una vida de trabajo a este ambicioso proyecto debemos agradecer todos los interesados en la obra de Federico García Lorca.

En los treinta y cinco años que han pasado desde la primera edición del año 1954 hasta el presente año de 1989, se han hecho veintidós reediciones de las *Obras Completas* de la editorial Aguilar, añadiendo en cada una de ellas algún material nuevo. Así, desde su aparición en un solo volumen de 1.700 páginas se llega a un total de 3.500 páginas distribuidas en tres volúmenes en la vigésimo segunda edición, la última por el momento. No dudamos de que todavía una nueva edición pueda aportar algún texto más —cartas, entrevistas, dibujos—. No deja de asombrar que el poeta haya dejado tan amplio testimonio de su corta vida.

Cuenta Arturo del Hoyo[2] que el general Franco autorizó personalmente la publicación de estas *Obras Completas,* las primeras que se hicieron en España, al parecer considerando que la medida no tendría mayor resonancia al tratarse de una edición erudita y cara, pero que, según menciona su primo Franco Salgado en sus *Conversaciones privadas con Franco,* el dictador había quedado sorprendido ante la buena acogida que habían recibido. Indudablemente, el valor literario fue siempre una incógnita para aquel régimen.

La edición de Aguilar, como toda publicación en España en tales fechas, tuvo que aceptar los cortes que

---

[2] *El País,* 15 de diciembre, 1986, «La Cultura», pág. 33 «Compilador y Cuentista».

impuso la censura (en el Prólogo de Jorge Guillén, por ejemplo), pero que quedaron repuestos ya en las últimas ediciones.

No obstante la importancia de los materiales incorporados en cada nueva edición, Aguilar descuida la revisión de las planchas que mantienen errores a través de los años. Naturalmente nos atenemos aquí con exclusividad al texto de *Amor de Don Perlimplín*, pero en éste, por ejemplo, de la primera a la cuarta edición (1960) hay solamente dos correcciones mínimas, de puntuación; alguna más en la sexta (1963), que permanece igual hasta la decimotercera (1967). Para la decimonovena edición (1974) se han hecho ya algunas correcciones y, finalmente, en la vigésimo segunda (1986) se corrige el texto en ocho casos.

En la última edición de 1986 se corrigen las notas de *Amor de Don Perlimplín* omitiendo ya entre los textos la alusión a la equívoca existencia de un manuscrito autógrafo. Continúa, sin embargo, presente la mención a dicho autógrafo en el cuerpo de las notas *(O. C., 22.ª, II, pág. 1210).*

Pero, desgraciadamente, la nueva enumeración de textos tampoco puede considerarse definitiva. Copiamos de la vigésimo segunda edición:

> Según nuestras noticias existen dos textos de esta obra con variantes:
> 1) El publicado por Guillermo de Torre (Buenos Aires, Losada, 1938)...
> 2) El que se halla en poder de E. G. Da Cal y Margarita Ucelay...
>
> El texto de nuestra edición que tiene por base el de la edición Losada ha sido corregido con arreglo a la copia de teatro de Pura Maórtua de Ucelay para «Anfistora» *(O. C., II, 22.ª, 1.210).*

La confusión, como podemos ver, persiste. La copia de teatro a que se alude parece quedar en condición de tercer texto, puesto que se utiliza para la corrección de Losada. En realidad, dicha copia y el texto que se hallaba en mi poder son una sola cosa: el texto A de Anfistora. Pero la alusión a éste como «copia de teatro de P. Ucelay para Anfistora» es, cuando menos, equívoca. Su descripción podría aplicarse con más exactitud al que llamamos texto B, copia mecanografiada por Pura Ucelay con posterioridad al estreno y que, editada por Guillermo de Torre, se convirtió en la versión de Losada.

Cuando Del Hoyo afirma que la edición de Aguilar está basada en la de Losada (es decir, en el texto B) y corregida según el texto A de Anfistora, está acertando. Pero al no aceptar todas las variantes, omitiendo unas y asimilando otras sin motivo concreto, vino a crear en realidad un texto nuevo, propio de Aguilar. Que éste se ha ido acercando más y más al texto A al irse corrigiendo las variantes es un hecho, pero también lo es que todavía a estas alturas existen diferencias.

3) *Literatura del siglo XX,* Nueva York, Dryden Press, 1955, *F. G. L. Amor de Don Perlimplín con Belisa en su jardín,* págs. 253-281

Se publicó *Amor de Don Perlimplín* junto con algunos poemas de García Lorca en un libro de texto antológico de literatura española contemporánea para estudiantes norteamericanos. Ernesto G. Da Cal y yo misma fuimos responsables de la edición que contenía estudio preliminar y notas. No puedo menos de mencionar aquí que no se trata de una publicación de la que podamos sentirnos orgullosos, dado que los editores —y Dryden Press era una editorial de mucho prestigio—, por miedo a que la obra pudiese ser juzgada escandalosa con detrimento del nivel de venta, mutilaron el texto expurgándolo de todo aquello que consideraron atrevido, curiosamente excediendo en celo al primitivo censor de la dictadura del general Primo de Rivera. La autocensura de los editores norteamericanos es por naturaleza de signo económico, no político; pero en los años cincuenta, la larga sombra del senador Joe McCarthy podía alcanzar cualquier reducto relacionado con la enseñanza pública. El *Perlimplín* se consideró, pues, obra arriesgada, cuya explicación de texto podía ser embarazosa para los maestros de los colegios católicos o, aún peor, podía escandalizar a los familiares de los estudiantes.

El libro tuvo éxito, pero el texto del Perlimplín, basado en Losada y corregido por el texto A, quedó desprovisto de todo interés por los cortes que la precaución puritana le había impuesto. Afortunadamente, la edición está agotada hace años y no puede conseguirse hoy.

4) *Literatura del siglo XX,* nueva edición revisada y aumentada, Nueva York, Londres, Toronto. Holt, Rinehart & Winston, 1968, F. G. L., *Amor de Don Perlimplín con Belisa en su jardín,* págs. 254-274.

Esta segunda edición, a cargo de una importante casa editora que había asimilado a Dryden Press, respetó el texto. En los trece años transcurridos entre las dos ediciones había madurado el gusto del estudiante americano, que se negaba ya a aceptar obras maquilladas. Los aires de libertad de los años sesenta aligeraron las presiones subyacentes en la peculiar dinámica editorial del libro de texto en Estados Unidos y *Amor de Don Perlimplín* no escandalizó a nadie.

A pesar de haber sido anotada y corregida con cuidado, no dejó de filtrarse alguna que otra equivocación en esta edición de Holt. No podemos, pues, considerar totalmente verdadera la nota (pág. 254, nota 15) que asegura ser versión exacta del texto A de Anfístora.

5) F. G. L., *Amor de Don Perlimplín con Belisa en su jardín, Así que pasen cinco años, El maleficio de la mariposa,* Madrid, Editorial Magisterio Español, 1975.

Presenta una breve introducción de siete páginas de Ricardo Domenech. Los textos no están anotados y el de

Amor de Don Perlimplín parece basado principalmente en Losada aunque acepta alguna variante de Aguilar.

6) F. G. L., *Así que pasen cinco años, Amor de Don Perlimplín con Belisa en su jardín,* Madrid, Taurus, 1976, 2.ª edición, 1988.

Edición a cargo de Eugenio Fernández Granell. Contiene un interesante estudio premilinar (págs. 7-22).

7) F. G. L., *Obras, III, Teatro 1,* Madrid, Akal, 1980. Incluye *Amor de Don Perlimplín con Belisa en su jardín* y cinco obras más.

Excelente edición del prestigioso lorquista Miguel García Posada. Buen estudio preliminar y notas cuidadas. Es la mejor hasta el momento.

8) F. G. L., *La casa de Bernarda Alba, Amor de Don Perlimplín con Belisa en su jardín,* Madrid, Ediciones BUS-MA, 1983.

Edición de Enrique López Castellón. Presenta la obra en una introducción de trece páginas.

9) F. G. L., *Bodas de sangre, Amor de Don Perlimplín con Belisa en su jardín,* Barcelona, Ediciones B, 1987.

Lleva un escueto prólogo de cuatro páginas de Francisco Umbral que carece de interés. Reproduce literalmente una de las últimas ediciones de Aguilar anteriores a la vigésimo segunda.

* * *

Resumiendo: Toda edición posterior a 1954 sigue a Losada o Aguilar en distintas proporciones, al menos hasta 1980 en que Akal presenta una nueva opción. Losada, repetimos, reproduce el texto B; Aguilar, que acepta a Losada, lo va corrigiendo según el texto A, a través de las veintidós ediciones existentes, pero siempre parcialmente. Por suerte, el texto C —también copia de Pura Ucelay, y que para evitar mayor confusión debía desautorizarse— no ha salido del archivo García Lorca.

Hasta ahora son solamente dos las ediciones críticas: Aguilar y Akal; Dryden y Holt, dedicadas a estudiantes norteamericanos, están anotadas pero en inglés; todas las demás editan el texto sin anotar, solamente acompañado de un estudio o introducción más o menos extenso.

La importante edición de las obras de Federico García Lorca de Alianza Editorial proyectada en veinte volúmenes, a cargo del excelente lorquista Mario Hernández, no ha alcanzado todavía la publicación de *Amor de Don Perlimplín*.

ESTUDIOS

Libros

ADAMS, Mildred, *García Lorca: Playwright and Poet,* Nueva Yok,
Braziller, 1977.

AGUILERA SASTRE, Juan, *Introducción a la vida y obra de Cipriano
Rivas Cherif,* tesis de licenciatura, Universidad de Zaragoza, 1983.

—, Aznar Soler, Manuel y De Rivas, Enrique, *Cipriano de Rivas
Cherif, retrato de una utopía, Cuadernos* de *El Público,* núm. 42,
Madrid, Ministerio de Cultura, diciembre de 1989.

ALLEN, Rupert C., *Psyche and Symbol in the Theater of Federico
García Lorca, Perlimplín, Yerma, Blood Wedding,* Austin, The
University of Texas Press, 1974.

ANDURA, Fernanda, y EIZAGUIRRE, Ana, «Federico García Lorca
y su teatro», Ayuntamiento de Madrid, Teatro Español,
Colección *Cuadernos de Exposiciones,* 1, 1984-85.

AUB, Max, *Conversaciones con Buñuel,* Madrid, Aguilar, 1985.

AUCLAIR, Marcelle, *Vida y muerte de García Lorca,* México, Era,
1972.

BOREL, Jean Paul, *El teatro de lo imposible,* Madrid, Guadarrama,
1966.

BALBOA ECHEVERRÍA, Miriam, *Lorca: el espacio de la representación,*
Barcelona, Edicions del Mall, 1986.

BORRÁS, Tomás, y MARTÍNEZ SIERRA, Gregorio, *Un teatro de arte
en España,* Madrid, Renacimiento, 1925.

BUÑUEL, Luis, *Mi último suspiro,* Barcelona, Plaza y Janés, 1982.

CANO, José Luis, *García Lorca,* Barcelona, Destino, 1962.

CARO BAROJA, Julio, *Los Baroja,* Madrid, Taurus, 1972.

—*Ensayos sobre la literatura de cordel,* Madrid, Revista de Occidente, 1969.

CORREA, Gustavo, *La poesía mítica de Federico García Lorca,* Eugene, Oregon, University of Oregon Publications, 1957.

DÍAZ CANEDO, Enrique, *Obras, artículos de crítica teatral. El teatro español de 1914 a 1936. Elementos de renovación,* vol. V, México, Joaquín Ortiz, 1968.

FEAL DEIBE, Carlos, *Eros y Lorca,* Barcelona, Edhasa, 1973.

FERNÁNDEZ CIFUENTES, Luis, *García Lorca en el teatro: la norma y la diferencia,* Zaragoza, Prensas Universitarias, 1986.

GARCÍA LORCA, Francisco, *Federico y su mundo,* edición y prólogo de Mario Hernández, Madrid, Alianza Editorial, 1980.

GARCÍA POSADA, Miguel, *García Lorca,* Madrid, Edaf, 1979.

—*F. García Lorca, Obras III, Teatro, 1,* Madrid, Akal, 1980.

—«Lorca, cartas inéditas, 1916-1925», *ABC Literario,* 3 de febrero, 1990, pág. 11.

GIBSON, Ian, *Federico García Lorca,* Barcelona, Grijalbo, 1985, 2 vols.

GONZÁLEZ DEL VALLE, Luis T., *El teatro de Federico García Lorca y otros ensayos sobre literatura española e hispanoamericana,* Lincoln, Nebraska, Society of Spanish and Spanish American Studies, 1980.

HIGGINBOTHAM, Virginia, *The comic spirit of Federico García Lorca,* Austin, University of Texas Press, 1975.

HONING, Edwin, *García Lorca,* Norfolk, Connecticut, New Directions, 1944.

LAFFRANQUE, Marie, *Federico García Lorca,* París, Seghers, 1966.

—*Federico García Lorca. Teatro inconcluso: fragmentos y proyectos inacabados,* Granada, Universidad de Granada, 1987.

LIMA, Robert, *The theatre of García Lorca,* Nueva York, Las Americas, 1963.

MARTÍNEZ NADAL, Rafael, *El Público. Amor y muerte en la obra de Federico García Lorca,* México, Mortiz, 1970.

MARRAST, Robert, *El teatre durant la Guerra Civil Espanyola,* Barcelona, Publicacions de l'Institut del Teatre, 1978.

MAURER, Christopher, *Federico García Lorca, Epistolario,* Madrid, Alianza Editorial, 1983, 2 vols.

MENARINI, Piero, *Federico García Lorca, Lola la comedianta,* Madrid, Alianza Tres, 1981.

—*Federico García Lorca, Canciones y primeras canciones,* Madrid, Espasa-Calpe, 1986.

MORA GUARNIDO, José, *Federico García Lorca y su mundo,* Buenos Aires, Losada, 1958.

Morla Lynch, Carlos, *En España con Federico García Lorca,* Madrid, Aguilar, 1958.

Mundi Pedret, Francisco, *El teatro de la Guerra Civil,* Barcelona, Promociones y Publicaciones Universitarias, 1987.

Pittaluga, Gustavo, *Canciones del teatro de Federico García Lorca,* Madrid, Unión Musical Española, sin fecha (1961?).

Río, Ángel del, *Federico García Lorca, vida y obra,* Nueva York, Hispanic Institute in the United States, 1941.

Rivas Cherif, Cipriano, *Retrato de un desconocido, vida de Manuel Azaña,* Barcelona, Grijalbo, 1980.

Rodrigo, Antonina, *García Lorca en Cataluña,* Barcelona, Planeta, 1975.

—*Lorca, Dalí. Una amistad traicionada,* Barcelona, Planeta, 1981.

—*García Lorca, el amigo de Cataluña,* Barcelona, Edhasa, 1984.

Rougemont, Denis de, *El amor y occidente,* traducción de A. Vicens, Barcelona, Kairós, 1978.

Sánchez, Roberto, *García Lorca: estudio sobre su teatro,* Madrid, Jura, 1950.

Sánchez Vidal, Agustín, *Buñuel, Lorca, Dalí: el enigma sin fin,* Barcelona, Planeta, 1988.

Tinnell, Roger D., *Federico García Lorca. Catálogo-discografía de las «Canciones populares antiguas» y de música basada en textos lorquianos,* University of New Hampshire, Plymouth State College, 1986.

Artículos

Aub, Max, «Algunos apuntes del teatro español de 1920 a 1930», *Revista Hispánica Moderna,* I a IV, enero-octubre 1965, págs. 17-28.

Alberich Sotomayor, José, «El erotismo femenino en el teatro de García Lorca», *Papeles de Sons Armadans,* XXXIX, CXV, octubre 1965, págs. 8-36.

Álvarez de Miranda, Ángel, «Poesía y religión», *Obras,* Madrid, Cultura Hispánica, 1959, págs. 43-111.

Allen, Joseph, y Caballero, Juan, «Introducción» a *La casa de Bernarda Alba,* Madrid, Cátedra, 1976, págs. 11-102.

Devoto, Daniel, «Notas sobre el elemento tradicional en la obra de Federico García Lorca», *Federico García Lorca,* edición Ildefonso Manuel Gil, Madrid, Taurus, 1975, páginas 23-72.

BALBOA ECHEVERRÍA, Miriam, «The Inner Space in *The Love of Don Perlimplín con Belisa en su jardín* (sic)», *Romanic Review*, LXXIII, I, enero 1982, págs. 98-109.

COLLECCIA, Francesca, «Don Perlimplín: some considerations of the male role in the Theatre of García Lorca», *García Lorca Review*, 4, núm. 1, primavera 1976, págs. 71-74.

FEAL DEIBE, Carlos, «Crommelynck y Lorca: variaciones sobre un mismo tema», *Revue de Littérture Comparée*, 1970, vol. 44, págs. 403-409.

FERGUSSON, Francis, «Don Perlimplín: el teatro-poesía de Lorca», *Federico García Lorca*, edición Ildefonso Manuel Gil, Madrid, Taurus, 1973, págs. 175-186.

FERNÁNDEZ CIFUENTES, Luis, García Lorca y el teatro convencional», *Iberomania*, núm. 17, 1983, págs. 66-79.

FERNÁNDEZ MONTESINOS, Manuel, «Inéditos de Lorca: *Madrigal Apasionado» Los domingos de ABC*, 17 de agosto, 1986, pág. 9.

GARCÍA LORCA, Francisco, «Introducción», *From Lorca's Theatre, Five Plays of Federico García Lorca*, Nueva York, New Directions, 1963.

GONZÁLEZ GUZMÁN, Pascual, «Los dos mundos de Don Perlimplín», *Revista de Libros*, Madrid, IV, diciembre 1959.

GRANT, Helen, «Una aleluya erótica de Federico García Lorca y las aleluyas populares del siglo XIX», *Actas del primer congreso internacional de hispanistas*, Oxford, Dolphin Book, 1964, págs. 307-314.

—«El mundo al revés», *Hispanic Studies in Honour of Joseph Manson* (separata en Biblioteca Nacional sin consignar editor), 1974, págs. 119-137.

HERNÁNDEZ, Mario, «Prólogo», *La zapatera prodigiosa*, Madrid, Alianza Editorial, 1982, págs. 9-44.

HORMIGÓN, J. A., «Valle Inclán y el teatro de la Escuela Nueva», *Estudios Escénicos*, núm. 16, XII, 1972, págs. 11-21.

HOYO, Arturo del, «Compilador y cuentista», *El País*, 15 de diciembre, 1986, La Cultura, pág. 33.

LAFFRANQUE, Marie, «Bases cronológicas para el estudio de Federico García Lorca», *Federico García Lorca*, edición Ildefonso Manuel Gil, págs. 421-470.

MARTÍN, Eutimio, «Federico García Lorca un precursor de la "Teología de la liberación" (su primera obra dramática inédita)», *Lecciones sobre García Lorca*, Granada, Comisión Nacional del Cincuentenario, 1986, págs. 25-33.

Mora Guarnido, José, «Crónicas granadinas: El teatro "cachiporra" andaluz», *La Voz,* 12 de enero de 1923, pág. 2.

— «Crónicas granadinas: El Teatro "cachiporra" de Andalucía», *La Voz,* 19 de enero, 1923, pág. 4.

Onís, Federico de, «García Lorca folklorista», *España en América,* Madrid, Librería Villegas, 1955, págs. 765-769.

Río, Ángel del, «Introducción», *Poeta en Nueva York,* Nueva York, Grove Press, 1955, págs. xv-xvi.

— «Lorca's Theater», *Lorca,* edición Manuel Durán, Englewood Cliffs, N. J., Prentice-Hall, 1962.

Sáez, Richard, «The ritual sacrifice in Lorca's *Poet in New York*», ed. M. Durán, Englewood Cliffs, N. J., Prentice-Hall, 1962.

Salinas, Pedro, «Lorca and the Poetry of Death», *Lorca,* ed. M. Durán, Englewood Cliffs, N. J., Prentice-Hall, 1962, páginas 100-107.

Soria, Andrés, «Una fiesta íntima de arte moderno en la Granada de los años veinte», *Lecciones sobre Federico García Lorca,* Granada, Comisión Nacional del Cincuentenario, 1986, págs. 149-179.

Ucelay, Margarita, «*Amor de Don Perlimplín con Belisa en su jardín*» de Federico García Lorca: notas para la historia de la obra», *Essays on Hispanic Literature in Honor of Edmond L. King,* Londres, Tamesis Books, 1983, págs. 233-243.

Young, Howard T., «Federico García Lorca: The Magic of Reality, The Rites of Love and Death», *The Victorious Expresion,* Madison, The University of Wisconsin, 1964, págs. 139-216.

SIGLAS

Texto A de Anfistora............ TA
Texto B de Anfistora............ TB
Texto C Archivo García Lorca..... TC

EDICIONES

Losada, *Obras Completas* L
Aguilar, *Obras Completas*........... Ag
Akal, *Obras* .... Ak

Ediciones B.................... B
Busma .... Bu
Dryden....................... D
Emesa........................ E
Holt .... H
Taurus .... T

Consignaremos en las notas, en primer lugar, los tres textos existentes. En segundo lugar, las ediciones de obras completas o anotadas en orden cronológico (es decir, L, Ag, Ak), seguidas por las siglas en orden alfabético de las restantes. Cotejamos en Losada de la primera a la novena edición; en Aguilar, las veintidós existentes hasta la fecha. Si la variante se presenta en varias ediciones, señalaremos junto a la sigla el número de la primera y la última edición en que aparece. Si la variante se conserva desde la primera edición hasta la vigésimo segunda (la última, por el momento), la sigla no llevará número.

AMOR DE DON PERLIMPLÍN CON BELISA EN SU JARDÍN

ALELUYA ERÓTICA EN CUATRO CUADROS

(Versión de cámara)

PERSONAJES

Don Perlimplín..........................

Belisa..................................

Marcolfa................................

Madre de Belisa.........................

Duende 1ª...............................

Duende 2ª ....

===============

Federico García Lorca

CUADRO PRIMERO[1]

Casa de DON PERLIMPLÍN. *Paredes verdes con las sillas y muebles pintados en*[2] *negro. Al fondo, un balcón por el que se verá el balcón de* BELISA. [•]
PERLIMPLÍN *viste casaca verde y*[3] *peluca blanca llena de bucles.* MARCOLFA, criada, el clásico traje de rayas.

PERLIMPLÍN.—¿Sí?
MARCOLFA.—Sí.
PERLIMPLÍN.—Pero ¿por qué sí?
MARCOLFA.—Pues porque sí.
PERLIMPLÍN.—¿Y si yo te dijera que no?
MARCOLFA.—*(Agria.)* ¿Que no?
PERLIMPLÍN.—No.
MARCOLFA.—Dígame, señor mío, las causas de ese no[4].
PERLIMPLÍN.—*(Pausa.)* Dime tú, doméstica perseverante, las causas de ese sí.

---

[1] Los tres textos TA, TB, TC, y todas las ediciones mantienen Prólogo. Lorca hizo la corrección en la portada, solamente olvidando pasarla al texto.
[2] «de negro», textos: TB, TC. Ediciones: L, Ag, Ak, B, Bu, D, E, H, T. Error de copia TB. «en negro» quiere indicar que los muebles están pintados en tal color, pero en el mismo telón, formando parte de él.
[•] «Sonata»: TA. Ediciones: Ag, B, Bu, E, T.
No es texto, sino anotación escénica apuntada en lápiz negro y subrayada con línea doble, letra de P. Ucelay. Indica que el piano toca una sonata mientras se levanta el telón. En adelante se señalarán con el signo [•] los lugares que en el apógrafo corresponden a las anotaciones escénicas, textos suprimidos, etc., que iremos consignando a pie de página.
[3] «viste casaca verde y lleva peluca blanca»: L, Ak, D, H. «casaca verde y peluca blanca»: Ag, B, Bu, E, T.
[4] En TA el «no» está subrayado, para mayor énfasis seguramente.

MARCOLFA.—Veinte y veinte son cuarenta.....

PERLIMPLÍN.—*(Escuchando.)* Adelante.

MARCOLFA.—Y diez cincuenta.

PERLIMPLÍN.—Vamos.

MARCOLFA.—Con cincuenta años ya no se es un niño.

PERLIMPLÍN.—Claro.

MARCOLFA.—Yo[5] me puedo morir de un momento a otro.

PERLIMPLÍN.—¡Caramba![6]

MARCOLFA.—*(Llorando.)* ¿Y qué será de usted sólo en este mundo?

PERLIMPLÍN.—¿Qué sería?

MARCOLFA.—Por eso tiene que casarse.

PERLIMPLÍN.—*(Distraído.)* ¿Sí?

MARCOLFA.—*(Enérgica.)* Sí.

PERLIMPLÍN.—*(Angustiado.)* Pero Marcolfa.... ¿por qué sí? Cuando yo era[7] niño una mujer estranguló a su esposo. Era zapatero. No se me olvida. Siempre he pensado no casarme. Yo con mis libros tengo bastante[8]. ¿De qué me va a servir?

MARCOLFA.—El matrimonio tiene grandes encantos, mi señor. No es lo que se ve por fuera. Está lleno de cosas ocultas. Cosas que no esta[9] bien que sean dichas por una servidora.... Ya se ve......

PERLIMPLÍN.—¿Qué?[10]

MARCOLFA.—Me he puesto colorada.

(Pausa. Se oye un piano.)

---

[5] «Ya me puedo morir»: L1 a L3, Ag, B, Bu, E, T.

[6] «¡Claro!: L1 a L9.

[7] «Cuando yo niño»: TA, TB, TC. Todas las ediciones corrigen: «Cuando yo era niño».

[8] «Yo con mis libros tengo bastante»: TA, dictado por Lorca durante el ensayo y añadido en tinta negra. Letra de Pura Ucelay. Aceptado por TB, TC, y por todas las ediciones.

[9] «están bien»: Ag20 a Ag22.

[10] «¿Qué?»: TA, TB, TC. «¿Y qué?»: L1 a L9, Ag, Ak, B, Bu, D, H, E, T.

UNA VOZ.—*(Dentro, cantando.)*[11]

   Amor, amor.
   Entre mis muslos cerrados
   nada como un pez el sol[12].
   Agua tibia entre los juncos,
   amor.
   ¡Gallo, que se va la noche!
   ¡Que no se vaya, no! [•]

MARCOLFA.—Verá mi señor la razón que tengo.

PERLIMPLÍN.—*(Rascándose la cabeza.)* Canta bien.

MARCOLFA.—Esa es la mujer de mi señor. La blanca Belisa.

  PERLIMPLÍN.—Belisa.... Pero no sería mejor....

MARCOLFA.—No.... venga ahora mismo[13]. *(Le coge de la mano y se acercan*[14] *al balcón.)* Diga usted Belisa.....

PERLIMPLÍN.—Belisa.....

MARCOLFA.—Más alto.

PERLIMPLÍN.—¡Belisa!....

(El balcón de la casa de enfrente se abre y aparece BELISA *resplandeciente de hermosura. Está medio desnuda.)*[15]

BELISA [• •].—¿Quién me llama?[16]

---

[11] «Una voz»: TA. «Voz de Belisa cantando»: texto B. «Una voz cantando»: texto C. «Voz de Belisa (dentro, cantando)»: L1 a L9, Ak, D, H, T. «Una voz (dentro, cantando)»: Ag, E, B, Bu. Aceptamos esta última forma por considerar que TA podía prestarse a confusión y marcar solamente un recitado sobre el piano.

[12] «Entre mis muslos cerrados / nada un como un pez el sol»: omitido por autocensura en D.

[•] En TA las siete líneas de la canción quedan señaladas con una raya vertical en lápiz azul. Es indicación escénica que marca la entrada de la música.

[13] TA marca un sólo signo de exclamación al final de la frase. Omitido en textos y ediciones.

[14] «se acerca al balcón»: L1 a L9, A, B, Bu, D, E, T.

[15] «Está medio desnuda»: tachado en lápiz rojo por la censura gubernativa. Omitido por autocensura en D.

[• •] TA: cruzado con una raya en lápiz el nombre de Belisa, marca la salida del personaje al paño.

[16] «¿Quién llama?»: L1 a L9, A, B, Bu, D, E, T.

MARCOLFA.—*(Escondiéndose detrás de la cortina del balcón.)* Conteste.

PERLIMPLÍN.—*(Temblando.)* La llamaba yo.

BELISA.—¿Sí?

PERLIMPLÍN.—Sí.

BELISA.—Pero[17] ¿por qué sí?

PERLIMPLÍN.—Pues porque sí.

BELISA.—¿Y si yo le dijese[18] que no?

PERLIMPLÍN.—Lo sentiría.... porque.... hemos decidido que me quiero casar.

BELISA.—*(Ríe.)* ¿Con quién?

PERLIMPLÍN.—Con usted......

BELISA.—*(Seria.)* Pero..... *(A voces.)* Mamá, mamá, mamaíta [•].

MARCOLFA.—Esto va bien.

(Sale la MADRE *con una gran peluca dieciochesca llena de pájaros, cintas y abalorios.)*

BELISA.—Don Perlimplín se quiere casar conmigo. ¿Qué hago?

MADRE [• •].—Buenísimas tardes, encantador vecinito mío. Siempre dije a mi pobre hija que tiene usted la gracia y modales de aquella gran señora que fue su madre y a la cual no tuve la dicha de conocer.

---

[17] «Pero» en TA escrito sobre «Y», que queda de esta forma tachada. Corrección dictada por Lorca. Letra de Santiago Ontañón. Todos los textos y ediciones la aceptan.

[18] «le dijese»: TA, TC; Ak, H. «le dijera»: TB; L, Ag, B, Bu, D, E, T.

[•] TA: raya de lápiz negro. Indicación escénica que advierte que el personaje de la Madre debe estar dispuesto para salir.

[• •] TA: «Paño» en lápiz negro, letra de García Lorca. Es decir: Al paño. En lenguaje teatral se indica así que el personaje en cuestión habla desde detrás de un telón o asomado a uno de los vanos de la decoración. En este caso la Madre junto con Belisa ocuparán el hueco que forma la gran ventana o balcón de la casa de ésta. La acotación que anuncia su salida aparece en el texto tres líneas más arriba, pero la corrección «Al paño» indica que la entrada de la Madre debe hacerse más abajo, en este punto preciso. El cambio parece obedecer a la posibilidad de que la línea de Belisa interfiriese con la espectacular aparición de la Madre. Belisa, pues, debía decir su línea justo antes de la entrada de ésta. Este cambio indicado en TA no quedó recogido por ningún otro texto o edición.

PERLIMPLÍN.—¡Gracias!....

MARCOLFA.—*(Furiosa, en la cortina.)*[19] ¡He decidido que...! ¡Vamos![20]

PERLIMPLÍN.—Hemos decidido que vamos....

MADRE.—A contraer matrimonio, ¿no es así?

PERLIMPLÍN.—Así es.

BELISA.—Pero mamá.... ¿Y yo?

MADRE.—Tú estás conforme, naturalmente. Don Perlimplín[21] es un encantador marido.

PERLIMPLÍN.—Espero serlo, señora.

MARCOLFA.—*(Llamando a Don Perlimplín.)* Esto está casi terminado.

PERLIMPLÍN.—¿Crees tú? *(Hablan.)*

MADRE.—*(A Belisa.)* Don Perlimplín tiene muchas tierras. En las tierras hay muchos gansos y ovejas. Las ovejas se llevan al mercado. En el mercado dan dineros[22] por ellas. Los[23] dineros dan la hermosura.... Y la hermosura es codiciada por los demás[24] hombres.

PERLIMPLÍN.—Entonces......

MADRE.—Emocionadísima..... Belisa.... vete dentro.... no está bien que una doncella oiga ciertas conversaciones.

BELISA.—Hasta luego..... *(Se va.)*

MADRE.—Es una azucena..... Ve usted su cara. *(Bajando la voz.)* Pues si la viese[25] por dentro.... ¡Como de azúcar!..... Pero.... ¡perdón! No he de ponderar estas cosas a persona tan moderna y competentísima como usted.....

---

[19] «en la cortina»: TA, TC. «desde la cortina»: TB; L, A, Ak, B, Bu, D, E, H, T.

[20] «He decidido que... vamos...»: TB; «He decidido... que... vamos»: TC; «He decidido que vamos»: L; «He decidido que vamos...» Ag1 a Ag18, Bu, D, E; «He decidido que... ¡vamos!»: Ag19 a Ag22, Ak, B, H, T.

[21] «Don Perlimplín» añadido en TA en manuscrito, lápiz negro, letra de Santiago Ontañón. Aceptado por todos los textos y ediciones.

[22] «dan dinero»: TB, TC; L, Ag, Ak, B, Bu, D, E, T.

[23] «Y los dineros»: «Y» tachado con tinta negra en TA. Aceptado por todos.

[24] «demás»: añadido en TA en manuscrito, tinta negra, letra de Pura Ucelay. Aceptado por todos.

[25] «si la viese»: TA, TB, TC; Ak, H. «si la viera»: L, Ag, B, Bu, E, T.

PERLIMPLÍN.—¿Sí?

MADRE.—Sí.... lo he dicho sin ironía.

PERLIMPLÍN.—No sé cómo expresarle nuestro agradecimiento....

MADRE.—¡Oh!... nuestro agradecimiento........ qué delicadeza tan extraordinaria. El agradecimiento de su corazón y el de usted mismo.... Lo he entendido.... lo he entendido...[26]. A pesar que hace veinte años que no trato a un hombre.

MARCOLFA.—La boda....[27].

PERLIMPLÍN.—La boda.....

MADRE.—En cuanto quiera.... aunque.... *(Saca un pañuelo y llora.)* A todas las madres.... Hasta luego.... *(Se va.)*

MARCOLFA.—¡Por fin!

PERLIMPLÍN.—¡Ay Marcolfa, Marcolfa, en qué mundo me vas a meter![28]

MARCOLFA.—En el mundo del matrimonio.

PERLIMPLÍN.—Y si te soy franco, siento una sed.... ¿Por qué no me traes agua?

(Marcolfa se le acerca y le da un recado al oído.)[29]

PERLIMPLÍN.—¿Quién lo puede creer?

(Se oye el piano. El teatro queda en penumbra[30]*. BELISA descorre las cortinas de su balcón. Se ve a BELISA casi desnuda*[31] *cantando lánguidamente.)*

[•]

---

[26] «lo he entendido»: la repetición de la frase se añade en manuscrito en TA. Tinta negra, letra de Pura Ucelay. Dictado por Lorca durante ensayo. Aceptado por TB, TC, y todas las ediciones.

[27] TA y TC marcan la frase entre paréntesis. Acertadamente las ediciones añaden *(Aparte)* detrás del nombre de Marcolfa.

[28] Igual en TB y TC. Todas las ediciones corrigen: «¡Ay Marcolfa, Marcolfa!, ¿en qué mundo me vas a meter?».

[29] «le dice algo al oído»: TC.

[30] «en penumbra»: TA, TB, TC. «en la penumbra»: todas las ediciones.

[31] «Se la ve a Belisa casi desnuda cantando»: TA, TB. «y se la ve casi desnuda cantando»: TC. «Se ve a Belisa casi desnuda cantando»: Ak, H. «casi desnuda, cantando»: L, Ag, B, Bu, E, T. La frase entera se omite por autocensura en D.

[•] «P. cortinas»: preparar cortinas. Indicación escénica, lápiz negro, letra de Santiago Ontañón.

Voz de Belisa [•].—¡Amor! ¡Amor!
          Entre mis muslos cerrados
          nada como un pez el sol
          [• •]
Marcolfa.—¡Hermosa doncella!
Perlimplín.—¡Como de azúcar!... blanca por dentro.
   ¿Será capaz de estrangularme?
Marcolfa.—La mujer es débil si se la asusta a tiempo.
Voz de Belisa [• • •].—¡Amor!
          ¡Gallo que se va la noche!
          Que no se vaya, no[32].
Perlimplín.—¿Qué dice Marcolfa? ¿Qué dice? (Marcol-
   fa ríe.)[33] ¿Y qué es esto que me pasa?... ¿Qué es esto?

[• • • •]   (Sigue sonando el piano. Por el balcón pasa una
                    bandada de pájaros de papel negro.)

          [• • • • •]

[•] «Voz de Belisa» cruzada en lápiz negro. Indicación escénica que
marca el comienzo de la canción acompañada por el piano, que no cesará
ya de tocar hasta que caiga el telón.

[• •] «Amor» cuarta línea de la canción tachada en tinta negra durante
los ensayos por indicación de Lorca. Los cuatro versos quedan enmarcados
por una raya vertical, indicación escénica de la duración de la música.
Cruzados los cuatro versos por el lápiz rojo de la censura que marca
también el margen con una cruz. Sustituidos los versos segundo y tercero
por autocensura en D, como «agua tibia entre los juncos / amor».

[• • •] «Voz de Belisa» cruzada en lápiz negro señalando tres líneas más
de canción.

[32] «Que no se vaya no» escrito sobre la palabra «¡Amor!» que formaba
originalmente la tercera línea de la canción y queda así definitivamente
tachada. Es difícil de leer. Tinta negra, letra de Pura Ucelay. Aceptado por
todos los textos y ediciones. Arturo del Hoyo en Notas al Texto (O. C., II,
1415) apunta que dicha línea falta en Losada; en realidad está presente de la
1.ª a la 6.ª edición, falta por error en la 7.ª, 8.ª y 9.ª.

[33] La risa de Marcolfa, según Lorca en los ensayos de Anfistora,
continuaba hasta el final apoyada en las largas escalas que tocaba el piano.

[• • • •] «E cortinas»: echar cortinas. Indicación escénica en lápiz negro,
letra de Santiago Ontañón.

[• • • • •] TA, TB, no llevan indicación alguna al fin del cuadro. TC,
señala «Cortina» recordando seguramente que éstas fueron utilizadas en la
puesta en escena del estreno, en lugar de telón. Todas las ediciones marcan
«Mutación».

CUADRO SEGUNDO[1]

Sala[2] *de* DON PERLIMPLÍN. *En el centro hay una gran cama con dosel y penachos de plumas. En las paredes hay seis puertas. La primera de la derecha sirve de entrada y salida a* DON PERLIMPLÍN [•]. *Es la primera noche de casados*[3].

[• •] *(*MARCOLFA, *con un candelabro, en la puerta primera de la izquierda.)*[4]

MARCOLFA.—Buenas noches.
VOZ DE BELISA.—Adiós, Marcolfa.

---

¹ «Cuadro Primero»: Ag1 a Ag12, Ak, Bu. «Acto Único, Cuadro Primero»: AT, TB, TC; L, Ag13 Ag22, B, D, H, T. Como ya señalamos, la nueva división de la obra «en cuatro cuadros» fue hecha por Lorca solamente en la portada. La confusión creada lleva a unas ediciones —L, Ak, D, H— a anunciar el nuevo subtítulo, pero reproduciendo el reparto original: «Prólogo y Acto Único en Tres cuadros», en el que no aparece el cuarto cuadro anunciado. Peor es el caso de Ag, B, Bu, E, T, que, utilizando también el mismo reparto original, subtitulan la obra «en Cuatro cuadros y un Prólogo», lo que hace esperar cinco divisiones internas inexistentes.

² «Sala»: así en los tres textos y todas las ediciones. Sólo la traducción de M. Adams reconoce que se trata del dormitorio.

[•] «Música»: TA, escrito en diagonal sobre las líneas 2 y 3, en lápiz negro, letra de Santiago Ontañón. Indicación escénica que no recogen TB, TC, ni ninguna edición. Se refiere a la sonatina de Scarlatti que el piano ha interpretado durante el cambio de escena y que debe terminar antes de la entrada de los personajes.

³ «La primera noche de casados»: TA, TB, TC. «Es la primera noche de casados»: L, Ag, Ak, B, Bu, D, E, H, T.

[• •] «Luz»: indicación escénica de la intensidad de luz que debe marcar la entrada de Marcolfa al comienzo del acto. Lápiz negro, letra de Santiago Ontañón.

⁴ «en la puerta primera de la izquierda»: TA, TB, TC; Ak, H. «en la primera de la izquierda»: L, Ag, B, Bu, D, E, T.

(Sale Perlimplín *vestido magníficamente.)*

Marcolfa.—Buena noche de boda tenga mi señor.
Perlimplín.—Adiós, Marcolfa.

> *(Sale* Marcolfa. Perlimplín *se dirige de puntillas a la habitación de enfrente y mira desde la puerta.)*

Belisa.... con tantos encajes pareces una ola y me das el mismo miedo que de niño tuve al mar. Desde que tú viniste de la iglesia está mi casa llena de rumores secretos y el agua se entibia ella sola[5] en los vasos... ¡Ay!... Perlimplín.... ¿dónde estás, Perlimplín? *(Sale de puntillas.)*

> *(Aparece* Belisa *vestida con un gran traje de dormir lleno de encajes. Una cofia inmensa le cubre la cabeza y lanza una cascada de puntillas y entredoses hasta sus pies[6]. Lleva el pelo suelto y los brazos desnudos.)*

Belisa.—La criada perfumó esta habitación con tomillo y no con menta como yo le indiqué...[7]. *(Va hacia el lecho.)* Ni puso a la cama[8] las finas ropas de hilo que tiene. Marcolfa...[9]. *(En este momento suena una música [•] suave de guitarras.* Belisa *cruza las manos sobre el pecho.)* ¡Ay! El que me busque con ardor me encontrará. Mi

---

[5] «ella sola»: TA, añadido en manuscrito. Tinta negra, letra de Federico García Lorca. Aceptado por TB, TC y todas las ediciones.

[6] «Una cofia inmensa le cubre la cabeza y lanza una cascada de puntillas y entredoses hasta sus pies»: TA; Ag, Ak, B, Bu, E, H, T. «Aparece Belisa vestida con un gran traje de dormir lleno de encajes. Lleva el pelo suelto y los brazos desnudos»: TB, TC, L, D. Pura Ucelay en las copias TB y TC sustituyó la acotación de TA, por la forma en que Belisa apareció en escena con motivo del estreno.

[7] «le indiqué»: TA, Ak, Bu. «la indiqué»: TB, TC; L, Ag, B, D, E, H, T.

[8] «a la cama»: TA. «En la cama»: TB, TC; y todas las ediciones.

[9] «que tiene. Marcolfa...»: TA, TB. TC omite «Marcolfa». L sustituye el punto por una coma. Pero Ag, Ak, B, Bu, D, E, H, T, corrigen la puntuación como: «que tiene Marcolfa...», con lo que cambia el sentido de la frase, ya que Belisa en TA, TB, está llamando a la criada.

[•] TA: la acotación aparece cruzada por una raya de lápiz negro; es indicación del comienzo de la música.

sed no se apaga nunca, como nunca se apaga la sed de los mascarones que echan el agua en las fuentes. *(Sigue la música.)* ¡Ay qué música, Dios mío! ¡Qué música! Como el plumón caliente de los cisnes..... ¡Ay! Pero, ¿soy yo?[10], ¿o es la música?

Se echa sobre los hombros una gran capa de terciopelo rojo y pasea por la escena. Calla [•] la música y se oyen cinco silbidos.)

BELISA.—Son cinco.

(Aparece PERLIMPLÍN.*)*

PERLIMPLÍN.—¿Te molesto?
BELISA.—¿Cómo es posible?
PERLIMPLÍN.—¿Tienes sueño?
BELISA.—*(Irónica.)* ¿Sueño?
PERLIMPLÍN.—La noche se ha puesto un poco fría. *(Se frota las manos.)*

(Pausa.)

BELISA.—*(Decidida.)* Perlimplín.
PERLIMPLÍN.—*(Temblando.)* ¿Qué quieres?
BELISA.—*(Vaga.)* Es un bonito nombre, Perlimplín.
PERLIMPLÍN.—Más bonito es el tuyo, Belisa.
BELISA.—*(Riendo.)* ¡Oh! ¡Gracias!

(Pausa corta.)

PERLIMPLÍN.—Yo quería decirte una cosa.
BELISA.—¿Y es?
PERLIMPLÍN.—He tardado en decidirme... Pero....
BELISA.—Di.
PERLIMPLÍN.—Belisa... ¡yo te amo!

---

[10] «¡Ay! Pero ¿soy yo?»: TA, TB, TC. «¡Ay! ¿Soy yo?»: todas las ediciones.

[•] «Calla» subrayado. Indicación escénica que avisa el fin de la música y la entrada de los silbidos.

BELISA.—¡Oh, caballerito!....[11] es ésa tu obligación[12].

PERLIMPLÍN.—¿Sí?

BELISA.—Sí.

PERLIMPLÍN.—Pero ¿por qué sí?

BELISA.—*(Mimosa.)* Pues porque sí.

PERLIMPLÍN.—No.

BELISA.—¡Perlimplín....!

PERLIMPLÍN.—No, Belisa. Antes de casarme contigo yo no te quería.

BELISA.—*(Guasona.)* ¿Qué dices?

PERLIMPLÍN.—Me casé... ¡por lo que fuera!, pero no te quería. Yo no había podido[13] imaginarme tu cuerpo hasta que lo vi por el ojo de la cerradura cuando te vestían de novia[14]. Y entonces fue cuando sentí el amor, ¡entonces!, como un hondo corte de lanceta en mi garganta.

BELISA.—*(Intrigada.)* Pero ¿y las otras mujeres?

PERLIMPLÍN.—¿Qué mujeres?

BELISA.—Las que tú conociste antes.

PERLIMPLÍN.—Pero ¿hay otras mujeres?[15].

BELISA.—*(Levantándose.)*[16] ¡Me estás asombrando!

---

[11] Añadimos signo de cerrar exclamación. Es corriente que Lorca no utilice el signo de abrir exclamaciones o interrogaciones y consigne sólo el de cerrarlas; pero, en este caso, TA no presenta más que un signo de abrir exclamación.

[12] «es ésa tu obligación»: TA, TB, TC; Ak, H. «ésa es tu obligación»: L, Ag, B, Bu, D, E, T.

[13] «ver tu»: tachado en TA, sustituido por «imaginarme». Parece error del copista, ya que la variante está mecanografiada y tachada con la letra x repetida sobre ambas palabras. No se encuentra en otros textos o ediciones.

[14] «hasta que lo vi por el ojo de la cerradura cuando te vestían de novia»: TA, añadido en tinta negra y en manuscrito por Lorca durante el ensayo. Copiado al margen izquierdo de la página, en lápiz, por Santiago Ontañón, intentando aclarar la mala letra del poeta, pero equivocando «te vestían» por «te vestía». TB, TC, y Ak, H, reproducen bien esta adición, pero L, Ag, B, Bu, D, E, T, dan «te vestías de novia».

[15] L1 repite línea anterior: «¿y las otras mujeres?». Corregido en L9.

[16] Acotación omitida en TB; L, Ak, D, H. Aparece en TA, TC; Ag, B, Bu, E, T. El texto no indica cuándo se ha sentado Belisa.

PERLIMPLÍN.—El primer asombrado soy yo. *(Pausa. Se oyen los cinco silbidos.)* [•] ¿Qué es eso?

BELISA.—El reloj.

PERLIMPLÍN.—¿Son las cinco?

BELISA.—Hora de dormir.

PERLIMPLÍN.—¿Me das permiso para quitarme la casaca?

BELISA.—Desde luego. *(Bostezando.)* Maridito y apaga la luz si te place[17].

PERLIMPLÍN.—*(Apaga la luz* [• •]. *En voz baja.)* Belisa.

BELISA.—*(En voz alta.)* ¿Qué, hijito?

PERLIMPLÍN.—*(En voz baja.)* He apagado la luz.

BELISA.—*(Guasona.)* Ya lo veo.

PERLIMPLÍN.—*(En voz mucho más baja.)* Belisa....

BELISA.—*(En voz más alta.)* ¿Qué?, ¿encanto?[18]

PERLIMPLÍN.—¡Te adoro!

[• • •]

[•] Cruzada con raya de lápiz la primera palabra de la acotación y subrayada la tercera. Escrito debajo: «P luz» (Preparar luz). Letra de Santiago Ontañón. Son indicaciones escénicas que avisan el próximo cambio de luz.

[17] Los otros dos textos y todas las ediciones corrigen la puntuación de esta línea, que parece obviamente defectuosa. Sin embargo, la interrupción que representa el bostezo justifica el punto al final de la primera frase y la mayúscula que da comienzo a una frase nueva.

[• •] Cruzada en lápiz la palabra «luz». Indicación escénica.

[18] «En voz más alta»: TA, TB, TC. «En voz alta»: L, Ag, Ak, B, Bu, D, E, H, T. Todas las ediciones, siguiendo un error de Losada, suprimen el comparativo, tan importante en este caso en que marca el crescendo y diminuendo de ambas voces ejemplificando su carácter de dúo musical.

[• • •] Cuatro líneas tachadas en TA: «(Se oyen más fuertes los cinco sil- / bidos y Belisa destapa la cama. /PERLIMPLÍN *(Con sobresalto)* Otra vez el reloj?... / ¡Belisa!». La acotación que forma las dos primeras líneas aparece cruzada por una sola raya de lápiz, pero la intervención de Perlimplín está enérgicamente borrada con ocho o diez trazos de ida y vuelta en tinta negra. La omisión de las líneas tachadas en TA es aceptada por TB, TC, y las ediciones L, Ak, D, H; pero en Aguilar, Del Hoyo, sin mayor explicación, omite solamente las dos últimas líneas tachadas y no las dos primeras, que incorpora a la acotación, equivocando además el personaje que debía ejecutar la acción decisiva de destapar la cama, que queda en su edición inapropiadamente como Perlimplín en lugar de Belisa: «(Se oyen más fuertes los cinco silbidos y destapa la cama. Dos DUENDES saliendo... etc.)». B, Bu, E y T copian a Aguilar. Es éste un ejemplo de la formación caprichosa de textos híbridos.

(Dos Duendes *saliendo por lados opuestos del escenario corren una cortina de tonos grises* [●]. *Queda el teatro en penumbra, con dulce tono de sueño*[19]. *Suenan flautas* [● ●]. *Deben ser dos niños. Se sientan en la concha del apuntador cara al público.)*

Duende 1.°—¿Cómo te va por lo oscurillo?[20]

Duende 2.°—Ni bien ni mal, compadrillo.

Duende 1.°—Ya estamos.

Duende 2.°—Y qué te parece. Siempre es bonito tapar las faltas ajenas.

Duende 1.°—Y que luego el público se encargue de destaparlas.

Duende 2.°—Porque si las cosas no se cubren con toda clase de precauciones...

Duende 1.°—No se descubren nunca.

Duende 2.°—Y sin este tapar y destapar.....

Duende 1.°—¡Qué sería de las pobres gentes!

Duende 2.°—*(Mirando la cortina.)* ¡Que no quede ni una rendija!

Duende 1.°—Que las rendijas de ahora son oscuridad mañana. *(Ríen.)*

Duende 2.°—Cuando las cosas están claras...[21]

Duende 1.°—El hombre se figura que no tiene necesidad de descubrirlas.

Duende 2.°—Y se van a las cosas turbias para descubrir en ellas secretos que ya sabía.

[●] «Cortinas dentro», notación escenográfica en TA, en el margen derecho de la acotación. En lápiz y letra de S. Ontañón, hace referencia a un segundo par de cortinas dentro de la embocadura que debían ser descorridas por los Duendes.

[19] «Queda el teatro en penumbra, con dulce tono de sueño. Suenan flautas»: TA, TB; Ak, H. «Queda el teatro en penumbra. Con dulce tono de sueño, suenan flautas»: L, Ag, B, Bu, D, E, T. TC omite «Suenan flautas»

[● ●] «Suenan flautas» subrayado, como indicación escénica de entrada de la música.

[20] «¿Cómo te va por lo oscurillo?»: TA, TB, TC; Ak, H. «Y ¿cómo te va por lo oscurillo?»: L, Ag, B, Bu, D, E, T.

[21] «están tan claras»: L, D.

D<small>UENDE</small> 1.º—Pero para eso estamos nosotros aquí. ¡Los duendes!

D<small>UENDE</small> 2.º—¿Tú conocías a Perlimplín?

D<small>UENDE</small> 1.º—Desde niño.

D<small>UENDE</small> 2.º—¿Y a Belisa?

D<small>UENDE</small> 1.º—Mucho. Su habitación exhalaba un perfume tan intenso, que una vez me quedé dormido y desperté entre las garras de sus gatos. *(Ríen.)*

D<small>UENDE</small> 2.º—Este asunto estaba.....

D<small>UENDE</small> 1.º—¡Clarísimo!

D<small>UENDE</small> 2.º—Todo el mundo se lo imaginaba.

D<small>UENDE</small> 1.º—Y el comentario huiría hacia medios más misteriosos.

D<small>UENDE</small> 2.º—¡Por eso! Que no se descorra todavía nuestra eficaz y socialísima pantalla.

D<small>UENDE</small> 1.º—¡No, que no se enteren!

[•]

D<small>UENDE</small> 2.º—El alma de Perlimplín, chica y asustada como un patito recién nacido, se enriquece y sublima en estos instantes...

[• •] *(Ríen.)*

D<small>UENDE</small> 1.º [• • •].—El público está impaciente.

D<small>UENDE</small> 2.º—Y tiene razón. ¿Vamos?

[•] Dos líneas cortadas en TA: «D<small>UENDE</small> 2.º *(Mirando y riendo.)* ¡Qué barbaridad! / D<small>UENDE</small> 1.º ¡Es atroz!». Escrito al margen derecho: «Sí», en letra de Pura Ucelay, significa que el corte dictado por Lorca durante el ensayo fue corroborado más tarde por el poeta. TB, TC y todas las ediciones aceptan el corte.

[• •] Corte de siete líneas en TA: «D<small>UENDE</small> 1.º Y...... / D<small>UENDE</small> 2.º Y...... / D<small>UENDE</small> 1.º Calla. Esto no se puede decir. / D<small>UENDE</small> 2.º Aunque ustedes lo deseen.... Pero no está bien que se diga porque no es humano. / D<small>UENDE</small> 1.º Y conste que nos referimos a ella.» Escrito al margen derecho: «Sí», en letra de Pura Ucelay. Aceptado por textos y ediciones.

[• • •] El corte interfería con la alternancia del diálogo entre los duendes al coincidir el final de aquél con el mismo duende 2.º, que había hablado por última vez. En TA el texto queda confuso y sin corregir. TC intercambia este punto el número de cada duende, pero sin alterar las líneas de diálogo. TB cambia el número de duende 2.º a duende 1.º, incluyendo en la siguiente línea del duende 2.º la pregunta «¿Vamos?», que formaba el próximo parlamento del duende opuesto. Las nueve ediciones siguen a TB. Aceptamos también esta solución.

Duende 1.º—Vamos. Ya siento un dulce fresquillo por mis espaldas.

Duende 2.º—Cinco frías camelias de madrugada se han abierto en las paredes de la alcoba.

Duende 1.º—Cinco balcones sobre la ciudad.

(Se levantan y se echan unas grandes capuchas azules.) [•]

Duende 2.º—Don Perlimplín. ¿Te hacemos un mal o un bien?

Duende 1.º—Un bien... porque no es justo poner ante las miradas del público el infortunio de un hombre bueno.

Duende 2.º—Es verdad, compadrillo: que no es lo mismo decir «yo he visto» que «se dice».

Duende 1.º—Mañana lo sabrá toda la gente.

Duende 2.º—Y es lo que deseamos.

Duende 1.º—Comentario quiere decir mundo.

Duende 2.º—Chist.......

(Empiezan a sonar las flautas.) [• •]

Duende 1.º—Chist.....

Duende 2.º—¿Vámonos por lo oscurillo?

Duende 1.º—Vámonos ya, compadrillo[22].

Duende 2.º—¿Ya?

Duende 1.º—¡Ya!

(Corren la cortina[23]. Aparece Don Perlimplín *en la*

[•] «capuchas azules» subrayado en TA en tinta negra. Parece aviso de final de la escena, para lo que se requiere música y descorrer cortinas.

[• •] «flautas» subrayado en TA. Indicación escénica, entrada de la música.

[22] Las últimas dos líneas: «¿Vámonos por lo oscurillo? / Vámonos ya, compadrillo», están añadidas en TA a pie de página, en tinta negra, por García Lorca. TB y TC las recogen. L copia mal, comiéndose una sílaba en cada línea, con lo que destruye el sonsonete octosilábico del despido ritual de los duendes. Ag, B, D, E y T siguen a L., dando, pues, «¿Vamos por lo oscurillo? / Vamos ya, compadrillo», en Bu se suprime la segunda línea. Entre las ediciones, sólo Ak y H las reproducen bien.

[23] «Descorren la cortina»: en TA, indicación en lápiz al margen izquierdo de la acotación, con letra de S. Ontañón, que aclara la acción de los duendes. No está recogida en ningún otro texto o edición.

Duende 2ª   ¿Ya?

Duende 1ª   ¡Ya.!

> (CORREN LA CORTINA.APARECE DON PER-
> LIMPLIN EN LA CAMA. ~~XXXXX XXXX XXXXXXX~~
> ~~XXXXXXXXXX XX XXXXXX XXX XX XXXXXX~~.BELI-
> SA A SU LADO.LOS CINCO BALCONES DEL
> FONDO ESTÁN ABIERTOS DE PAR EN PAR.
> POR ELLOS ENTRA LA LUZ BLANCA DE LA
> MADRUGADA.)

Perlim.   (DESPERTANDO)

Belisa,Belisa ¡Contesta!

Belisa.   (FINGIENDO QUE DESPIERTA)

Perlimplinito ¿ Que quieres?

Perlim.   ¡Dime pronto!

Belisa.   ¿Que te voy a decir? ¡Yo quedé dormida
            mucho antes que tu!

Perlim.   (SE ECHA DE LA CAMA.VA VES-
                     TIDO CON CASACA)

            ¿Por que están los balcones abiertos?

Belisa.   Porque esta noche ha corrido el aire
            como nunca.

Perlim.   ¿Por que tienen los balcones cinco es-
            calas que llegan al suelo?

Belisa.   Porque así es la costumbre en el país
            de mi madre.

cama *[con unos grandes cuernos de ciervo en la cabeza]*[24]. *Belisa a su lado. Los cinco balcones del fondo están abiertos de par en par. Por ellos entra la luz blanca* [•] *de la madrugada.)*

PERLIMPLÍN.—*(Despertando.)* Belisa, Belisa. ¡Contesta!

BELISA.—*(Fingiendo que despierta.)* Perlimplinito[25]. ¿Qué quieres?

PERLIMPLÍN.—¡Dime pronto!

BELISA.—¿Qué te voy a decir? ¡Yo quedé dormida[26] mucho antes que tú!

PERLIMPLÍN.—*(Se echa de la cama. Va vestido con casaca.)* ¿Por qué están los balcones abiertos?

BELISA.—Porque esta noche ha corrido el aire como nunca.

---

[24] Damos la posible lectura del tachón de la censura gubernativa en TA. Hecho con tinta china, dejó nueve palabras totalmente ilegibles. Se puede contar, sin embargo, el número de letras que contiene cada uno de los nueve bloques, a saber: 3, 4, 7, 7, 2, 6, 2, 2, 6. La lectura, pues, de no ser la indicada: «con unos grandes cuernos de ciervo en la cabeza», sólo permitiría la sustitución de «grandes» por «enormes» o «dorados», palabras las tres de siete letras. En TB, Pura Ucelay reemplazó el tachón por la siguiente nota explicativa: «Aquí no se puede leer la acotación de Federico por estar cuidadosamente borrada por la censura de la Dictadura. Pero se trata de que Perlimplín aparece con unos cuernos enormes dorados y florecidos»; lectura caprichosa por parte de la copista, ya que no se ajusta ni al texto ni tampoco a la puesta en escena, pues si en ésta los cuernos eran dorados y estaban efectivamente adornados de flores, eran obviamente pequeños. No obstante, en TC da: «con unos enormes cuernos dorados». Entre las nueve ediciones encontramos cinco variantes: «L reproduce literalmente la nota de Pura Ucelay en TB, cambiando únicamente el familiar «Federico» por «el autor» y consignando al final «N. de E.» (Nota del Editor). Es éste un ejemplo que evidencia el origen de la edición de Losada en una copia de TB. Ag y T dan: «con unos grandes cuernos dorados de ciervo en la cabeza»; Ak, H y B: «con unos cuernos dorados de ciervo en la cabeza»; Bu y E: «con unos grandes cuernos dorados»; finalmente, D omite por autocensura las nueve palabras.

[•] «luz blanca» subrayado en TA. Indicación escénica de cambio de luz.

[25] «Perlimplimpinito»: L; Ag1 a Ag13; Bu, E.

[26] «Yo no quedé dormida»: L1 a L4; «Yo me quedé dormida»: L9, Ag19 a Ag22, Ak, B, D, H.

PERLIMPLÍN.—¿Por qué tienen los balcones cinco escalas que llegan al suelo?

BELISA.—Porque así es la costumbre en el país de mi madre.

PERLIMPLÍN.—Y ¿de quiénes son aquellos cinco sombreros que veo debajo de los balcones?

BELISA.—*(Saltando de la cama en espléndida toilete.)* [27] De los borrachitos que van y vienen Perlimplinillo, ¡amor!

PERLIMPLÍN.—*(Mirándola* [28] *y quedándose embobado.)* ¡Belisa! ¡Belisa! ¿Y por qué no? Todo lo explicas bien. Estoy conforme. ¿Por qué no ha de ser así?

BELISA.—*(Mimosa.)* No soy mentirosilla.

PERLIMPLÍN.—Y yo cada minuto te quiero más.

BELISA.—Así me gusta.

PERLIMPLÍN.—¡Por primera vez en mi vida estoy contento! *(Se acerca y la abraza, pero en ese instante se retira* [29] *bruscamente de ella.)* Belisa. ¿Quién te ha besado? ¡No mientas, que lo sé!

BELISA.—*(Cogiéndose el pelo* [30] *y echándolo por delante.)* Ya lo creo que lo sabes! ¡Qué maridito tan bromista tengo! *(En voz baja.)* ¡Tú! ¡Tú me has besado!

PERLIMPLÍN.—¡Sí! Yo te he besado....¿pero y si te hubiese besado alguien más.....? [31] Si te hubiese besado alguien más... ¿tú me quieres?

---

[27] «en espléndida toilete»: omitido en TB posiblemente por error, que pasa a TC y a todas las ediciones.

[28] «mirándola y quedándose embobado»: TA, TB, TC. «La mira, quedándose embobado»: todas las ediciones.

[29] «se retira»: TA, TC. «se separa»: error de TB que siguen todas las ediciones.

[30] TE: «Recogiéndose el pelo»; omite: «echándolo por delante». TC omite toda la acotación. L, Ak, D, H, siguen a TB. Ag1 a Ag20, E, Bu, E, T, dan: «Recogiéndose el pelo y echándoselo por delante»; pero Ag22 corrige: «Recogiéndose el pelo y echándolo por delante».

[31] «pero y»: en TA escrito en tinta sobre el texto anterior, que queda ilegible. Letra de Pura Ucelay, corrección dictada por Lorca durante el ensayo. TC recoge toda la frase bien, pero en manuscrito, tachando lo mecanografiado previamente. TB omite los signos de interrogación y la

BELISA.—*(Levantando una brazo desnudo.)*[32] Sí, Perlimplín chiquitito[33].

PERLIMPLÍN.—Entonces... ¿qué me importa?... *(Se dirige a ella y la abraza.)*[34] ¿Eres Belisa?...

BELISA.—*(Mimosa y en voz baja.)* ¡Sí!, ¡sí!, ¡sí!, ¡sí!

PERLIMPLÍN.—¡Casi me parece un sueño!

BELISA.—*(Reaccionando.)* Mira, Perlimplín, cierra los balcones, que antes de nada se levantará la gente.....

PERLIMPLÍN.—¿Para qué? Como los dos hemos dormido lo bastante veremos el amanecer.... ¿No te gusta?

BELISA.—Sí, pero.... *(Se sienta en la cama.)*

PERLIMPLÍN.—Nunca había visto la salida del sol.... *(BE-LISA, rendida, cae sobre las almohadas.)* Es un espectáculo que..... parece mentira... ¡me conmueve!... ¿Y a ti? ¿no te gusta?[35] *(Se dirige hacia el lecho.)* Belisa, ¿estás dormida?

BELISA.—*(Entre sueños.)* Sí.

(PERLIMPLÍN, de puntillas, la cubre con un manto[36]. Una luz intensa y dorada[37] entra por los balcones. Bandadas de pájaros de papel los cruzan entre el sonido de las campanas matinales.) [•]

---

corrección manuscrita que presenta TA y cambia la forma del imperfecto de subjuntivo de -ese a -era: «Pero... si te hubiera besado alguien más.» Todas las ediciones siguen a TB.

[32] «Levantando un brazo desnudo»: TA, TC, Ag1 a Ag17, Bu, E. «Levantando un brazo desnudo para abrazarle»: TB añade caprichosamente las dos últimas palabras. Copian a TB: L, Ag18 a Ag22, Ak, Bu, D, H, T.

[33] «chiquito»: L, Ak. D, T.

[34] «Se dirige a ella y la abraza»: TA, TC; Ag, B, Bu, E, T. TB da solamente «la abraza». L sigue a TB. Ak, D, H, omiten toda la acotación.

[35] «a ti»: en TA añadido en tinta negra, letra de Pura Ucelay. TB, TC: «...a ti no te gusta?». «¿A ti no te gusta?»: L, Ag, Ak, B, Bu, D, E, H. «...¿no te gusta?»: T.

[36] TB aclara: «con el manto rojo». TC: «con la capa roja». L, Ak, D, H, copian a TB. Ag, B, Bu, E, T, corrigen: «con un manto rojo». Notemos que se trata de la «gran capa de terciopelo rojo» que Belisa se echó sobre los hombros al comienzo del cuadro.

[37] «Una luz intensa y dorada»: TA, TB; Ag, B, Bu, E, T. «Una luz intensa, dorada»: Ak, D, H. «Una luz intensa dorada»: L. «Una luz dorada»: TC.

[•] «Perlimplín»: cruzado por una raya de lápiz, indica el cambio de

(PERLIMPLÍN *se ha sentado al borde de la cama.*)[38].

PERLIMPLÍN.—Amor, amor
      que estoy herido[39].
      Herido de amor huido,
      herido,
      muerto de amor.
      Decid a todos que ha sido
      el ruiseñor.
      Bisturí de cuatro filos
      garganta rota y olvido.
      Cógeme la mano, amor,
      que vengo muy mal herido,
      herido de amor huido,
      ¡herido!
      ¡Muerto de amor![40].

[•]

TELÓN[41]

---

personaje. Subrayado, también en lápiz: «campanas», como indicación de la entrada del sonido. La improvisada adición del poema, de puño y letra de Lorca, alteró el final del cuadro segundo tal como aparece en TA. Las dos flechas con que el poeta intenta señalar el lugar en que debe quedar incluido parecen indicar claramente que debe ser después de la acotación, y así aparece, en efecto, en textos y ediciones. Pero «las campanas matinales» con que termina el paréntesis marcan el lugar original del cierre de cortinas antes de la inclusión del poema, paralelo en sonido al piano del cuadro primero y las campanas del cuadro final. Las campanas matinales tenían, naturalmente, que amortiguarse pronto para no interferir con la recitación.

[38] Dado lo repentino de la inclusión del poema durante el ensayo, en TA no hay indicación escénica alguna. TB y TC añaden: «PERLIM. (Sentado al borde de la cama). L añade una nueva acotación: «(PERLIMPLÍN se ha sentado al borde de la cama)»; Ak, D, H, siguen a L; Ag, B, Bu, E, T, añaden esta misma línea a la acotación anterior.

[39] «que estoy herido»: en TA se lee claramente el manuscrito de Lorca. TC lo reproduce bien y Ak, B, D, H, T, lo siguen correctamente. TB lee por error: «que estás herido», de donde se deriva la mala versión de L, y de Ag1 a Ag17, Bu y E: «que está herido». De Ag18 a Ag22 está ya corregido.

[40] Corregimos la puntuación, suprimiendo las mayúsculas iniciales de línea (tan características de Lorca) en las líneas 4, 12, 13 y 14; se añade

coma al final de la tercera línea, coma al final de la cuarta; en la décima línea se añade una coma después de la tercera palabra y otra después de la última, y se añaden comas, respectivamente, al final de las líneas once y doce. Coincidimos, pues, excepto en el final de la tercera línea, con la puntuación de Ag, B, D, E, H y T. Las tres ediciones restantes no difieren mucho: L sustituye el punto por coma en la novena línea, Ak termina la primera línea con punto y Bu añade un punto en la octava. TB copia la puntuación del original excepto en la línea once, que termina con un punto, y las dos últimas líneas, donde suprime las exclamaciones sustituyéndolas por puntos respectivos. TC termina con un punto la línea doce, en punto y coma la trece, y añade puntos de exclamación en la catorce. TB comienza con mayúscula cada línea y TC añade mayúsculas a comienzo de línea solamente en las 4, 12, 13 y 14.

[•] En el ángulo inferior derecho, en lápiz y subrayado, letra de S. Ontañón, se lee: «E'cortinas», que corresponde a la inscripción en el ángulo superior izquierdo, líneas más arriba: «P'cortinas». Se trata de indicaciones escénicas: «preparar cortinas» y «echar cortinas», respectivamente.

⁴¹ En la ocasión del estreno no se utilizó el telón; la falsa embocadura que achicaba el escenario se cerraba con cortinas, pero en el texto —es decir, en TA—, el cuadro termina con la palabra habitual: «telón». TC, que la reproduce, es la única excepción. TB, sin duda recordando aquella específica puesta en escena, indica «Cortina». Todas las ediciones reproducen este término.

CUADRO TERCERO[1]

Comedor de PERLIMPLÍN. *Las perspectivas están equivocadas deliciosamente. La mesa con todos los objetos pintados como en una «Cena»[2] primitiva.*

PERLIMPLÍN.—¿Lo harás como te digo?

MARCOLFA.—*(Llorando.)* Descuide el señor.

PERLIMPLÍN.—Marcolfa, ¿por qué sigues llorando?

MARCOLFA.—Por lo que sabe su merced. [•] La noche de boda entraron cinco personas por los balcones. Cinco. Representantes de las cinco razas de la tierra. El europeo con su barba, el indio, el negro, el amarillo y el norteamericano. Y usted sin enterarse....

PERLIMPLÍN.—Eso no tiene importancia......

MARCOLFA.—Figúrese. Ayer la vi con otro.

PERLIMPLÍN.—*(Intrigado.)* ¿Cómo?

---

[1] Seguimos, como ya hemos indicado repetidamente, la división en cuatro cuadros. Corregimos, pues, la designación de este cuadro, que aparece como «cuadro segundo» en todas las ediciones.

[2] «una cena»: TA, TB, TC; L, Ag1 a Ag17, Ak, Bu, E. «una Cena»: D, H. «una "Cena"»: Ag18 a Ag22, B, T. Se refiere, obviamente, a la visión de un cuadro primitivo de la última Cena. La insistencia en el efecto naif de las perspectivas equivocadas es reminiscente del espíritu infantil de la aleluya y de las ingenuas perspectivas de sus viñetas.

[•] Escrito en el margen derecho, en tinta negra, letra de Pura Ucelay: «ojo» «(1)» «(salto)»; en el revés de la página anterior, en letra de Santiago Ontañón, en lápiz: «ojo» «(1)» «Salto aquí». Se sigue, de mano del mismo, la copia de las seis líneas, desde: «La noche de boda...» hasta «usted sin enterarse», terminando con la llamada «(2)», que coincide en el texto con «(2)» junto a la siguiente línea de Perlimplín. Esta importante adición, dictada por Lorca durante el ensayo, se recoge en TB, TC y en todas las ediciones.

MARCOLFA.—Y no se ocultó de mí.

PERLIMPLÍN.—Pero yo soy feliz, Marcolfa.

MARCOLFA.—Me deja asombrada el señor.

PERLIMPLÍN.—Feliz como no tienes idea. He aprendido muchas cosas y, sobre todo, puedo imaginarlas......

MARCOLFA.—Mi señor la quiere demasiado.

PERLIMPLÍN.—No tanto como ella merece.

MARCOLFA.—Aquí llega.

PERLIMPLÍN.—Vete.

(Se va MARCOLFA *y* PERLIMPLÍN *se oculta en un rincón. Entra* BELISA.*)* [•]

BELISA.—Tampoco he conseguido verlo. En mi paseo por la alameda venían todos detrás menos él. Debe tener la piel morena y sus besos deben perfumar y escocer al mismo tiempo como el azafrán y el clavo. A veces pasa por debajo de mis balcones y mece su mano lentamente en un saludo que hace temblar mis pechos.

PERLIMPLÍN.—¡Ejem!

BELISA.—*(Volviéndose.)* ¡Oh! ¡Qué susto me has dado!

PERLIMPLÍN.—*(Acercándose cariñoso.)* Observo que hablas sola[3].

BELISA.—*(Fastidiada.)* ¡Quita!

PERLIMPLÍN.—¿Quieres que demos un paseo?

BELISA.—No.

PERLIMPLÍN.—¿Quieres que vayamos a la confitería?

BELISA.—¡He dicho que no!

PERLIMPLÍN.—Perdona.

(Una piedra en la que hay una carta arrollada cae por el balcón [• •]. PERLIMPLÍN *la recoge.)*

[•] «Entra Belisa»: añadido a la acotación en todas las ediciones. TA, TB, TC, no marcan la entrada del personaje.

[3] Puntos de exclamación en TA, TC. Omitidos en TB y todas las ediciones. «Observo que hablas... sola»: Ag, B, Bu, E, T.

[• •] La acotación está cruzada por una línea en lápiz. Es indicación escénica que marca la entrada de la «piedra», palabra por este motivo

BELISA.—*(Furiosa.)* ¡Dame!

PERLIMPLÍN.—¿Por qué?

BELISA.—¡Porque eso era[4] para mí!

PERLIMPLÍN.—*(Burlón.)* ¿Quién te lo ha dicho?[5]

BELISA.—¡Perlimplín![6] ¡No la leas!

PERLIMPLÍN.—*(Poniéndose fuerte en broma.)* ¿Qué quieres decir?

BELISA.—*(Llorando.)* ¡Dame esa carta!

PERLIMPLÍN.—*(Acercándose.)* ¡Pobre Belisa! Porque comprendo tu estado de ánimo te entrego este[7] papel que tanto supone para ti... *(BELISA coge el papel y lo guarda en el pecho.)* Yo me doy cuenta de las cosas. Y aunque me hieren[8] profundamente comprendo que vives un drama[9].

BELISA.—*(Tierna.)* ¡Perlimplín!...

PERLIMPLÍN.—Yo sé que tú me eres fiel[10] y lo[11] sigues siendo.

BELISA.—*(Gachona.)* No conocí más hombre que mi Perlimplinillo.

PERLIMPLÍN.—Por eso quiero ayudarte como debe hacer todo buen marido cuando su esposa es un dechado de

---

subrayada en TA. Notemos que en las indicaciones escenográficas no se había mencionado la existencia del balcón.

[4] «¡Porque eso era para mí!»: TA, TC. «Porque eso era para mí»: TB; Ag, B, Bu, E. «Porque eso es para mí»: L, Ak, D, H, T.

[5] «¿Quién te lo ha dicho?»: TA, TB, TC. «¿Y quién te lo ha dicho?: L, Ag, Ak, B, Bu, D, E, H, T.

[6] «¡¡Perlimplín!!»: ejemplo de admiraciones dobles que que no corresponden a Lorca. L las añade caprichosamente y Ag, B, Bu, D, E, T las reproducen. Los textos TA, TC, marcan puntos de admiración sencillos; TB los omite.

[7] «este pobre papel»: en TA, «pobre» está tachado en tinta. No aparece en ningún otro texto o edición.

[8] «me hieren»: TA, TB, TC; Ag, Ak, B, Bu, E, H, T. «me hiere»: L, D.

[9] «vives un drama»: TA, TB, TC; Ak, H. «vives en un drama»: L, Ag, B, Bu, D, E, T.

[10] «Yo sé que tú me eres fiel y lo sigues siendo»: TA, TB. «Yo sé que tú me eres fiel y lo seguirás siendo»: TB; Ak, Bu, D, H. «Y sé que tú me eres fiel y lo seguirás siendo»: Ag, B, E, T. «Yo sé que tú me eres infiel y lo seguirás siendo»: L.

[11] «lo»: en TA, «l» manuscrita en tinta negra parece corregir una letra equivocada, ilegible por coincidir con el sello de la Sala Rex.

virtud..... [●] Mira. *(Cierra las puertas*[12] *y adopta un aire de misterio.)*[13] ¡Yo lo sé todo!.... Me di cuenta enseguida. Tú[14] eres joven y yo soy viejo... ¡Qué le vamos a hacer!.... pero lo comprendo perfectamente. *(Pausa. En voz baja.)* ¿Ha pasado hoy por aquí?[15]

BELISA.—Dos veces.

PERLIMPLÍN.—¿Y te ha hecho señas?

BELISA.—Sí..... pero de una manera un poco despectiva.... ¡y eso me duele!

PERLIMPLÍN.—No temas. Hace quince días vi a ese joven por vez primera[16]. Te puedo decir con toda sinceridad que su belleza me deslumbró.[17] Jamás he visto un hombre en que lo varonil y lo delicado se den de una manera más armónica. Sin saber por qué, pensé en ti. [● ●]

BELISA.—Yo no le he visto la cara.... pero....

PERLIMPLÍN.—No tengas miedo de hablarme... yo sé que tú le amas... Ahora te quiero como si fuera tu padre.... ya estoy lejos de las tonterías..... así es.....

BELISA.—Él me escribe cartas.

PERLIMPLÍN.—Ya lo sé.

BELISA.—Pero no se deja ver.

PERLIMPLÍN.—Es raro.

BELISA.—Y hasta parece..... que me desprecia.

PERLIMPLÍN.—¡Qué inocente eres!

[●] Una línea en lápiz cruza los puntos suspensivos; corresponde a otra que cruza la acotación siguiente. Son notación escénica que avisa del próximo cierre de las puertas.

[12] «las puertas»: TA, TB, TC; L, Ak, D, H. «la puerta»: Ag, B, Bu, E, T.

[13] «un aire de misterio»: TA, TB, TC; Ag, Bu, B, E, T. «un aire misterioso»: L, Ak, D, H.

[14] «Tú»: añadido en TA, en manuscrito, posible letra de G. Lorca. Recogido en TB, TC y todas las ediciones.

[15] «¿Ha pasado hoy por aquí?»: TA, TB, TC; Ag, B, Bu, E, T. «¿Ha pasado hoy por aquí?»: L, Ak, D, H.

[16] «por vez primera»: TA, TB. «por primera vez»: todas las ediciones.

[17] TA abre aquí un punto de exclamación que se pierde, posiblemente por la longitud de la frase.

[● ●] «y una ola de sangre nubló mi vista»: línea tachada en TA. Compuesta por siete palabras, puede leerse con facilidad. Al margen, también en

BELISA.—Lo que no cabe duda es que me ama como yo deseo....

PERLIMPLÍN.—*(Intrigado.)* ¿Dices?

BELISA.—Las cartas de los otros hombres que yo he recibido...[18] y que no he contestado porque tenía a mi maridito, me hablaban de países ideales, de sueños y de corazones heridos.... pero estas cartas de él.... mira.....

PERLIMPLÍN.—Habla sin miedo.

BELISA.—Hablan de mí.... de mi cuerpo....

PERLIMPLÍN.—*(Acariciándole los cabellos.)*[19] ¡De tu cuerpo!

BELISA.—¿Para qué quiero tu alma? Me dice. El alma es el patrimonio de los débiles, de los héroes tullidos y las gentes enfermizas. Las almas hermosas están en los bordes de la muerte, reclinadas sobre cabelleras blanquísimas y manos macilentas. Belisa ¡No es tu alma lo que yo deseo![20], ¡sino tu blanco y mórbido cuerpo estremecido![21]

PERLIMPLÍN.—¿Quién será ese bello joven?

BELISA.—Nadie lo sabe.

PERLIMPLÍN.—¿Nadie? *(Inquisitivo.)*[22]

BELISA.—Yo he preguntado a todas mis amigas.

PERLIMPLÍN.—*(Misterioso y decidido.)* ¿Y si yo te dijera que lo conozco?

[•]

---

tinta negra: «Sí», en letra de Pura Ucelay, quiere decir que el corte dictado durante el ensayo ha sido ratificado por Lorca. TB y TC aceptan la omisión de la línea, que no pasa a ninguna de las ediciones.

[18] «que yo he recibido»: TA, TB, TC; Ag, B, Bu, E, T. «que he recibido»: L, Ak, D, H.

[19] «Acariciándole los cabellos»: TA, TC; Ag, Ak, B, Bu, E, H, T. «Acariciándola los brazos»: TB. «Acariciándole los brazos»: L.

[20] «lo que yo deseo»: en TA, añadido en manuscrito al final del párrafo por Lorca, tinta negra.

[21] tachado «lo que yo deseo» en TA, que ha sido traspuesto en manuscrito a la frase anterior. «Sí», en letra de Pura Ucelay, confirma el cambio.

[22] «(inquisitivo)»: añadido de mano de García Lorca, tinta negra.

[•] «P. cortinas»: (preparar cortinas) en lápiz, en el ángulo superior izquierdo, letra de S. Ontañón, indicación escénica que prepara el fin de acto.

BELISA.—¿Es posible?[23]

PERLIMPLÍN.—*(Se levanta.)*[24] Espera. *(Va al balcón.)* ¡Aquí está![25].

BELISA.—*(Corriendo.)* ¿Sí?

PERLIMPLÍN.—Acaba de volver la esquina.

BELISA.—*(Sofocada.)* ¡Ay!

PERLIMPLÍN.—Como soy un viejo quiero sacrificarme por ti. Esto que yo hago no lo hizo nadie jamás. Pero ya[26] estoy fuera del mundo y de la moral ridícula de las gentes. Adiós.

BELISA.—¿Dónde vas?

PERLIMPLÍN.—*(Grandioso, en la puerta.)* ¡Más tarde lo sabrás todo! ¡Más tarde!

TELÓN[27]

[•]

---

[23] TA marca puntos de exclamación aunque es obvio que se trata de una pregunta. TB, TC y todas las ediciones corrigen cambiando a puntos de interrogación.

[24] *«(Se levanta)»:* acotación que sólo aparece en TA. Omitida en TB, TC y todas las ediciones. No sabemos si TB la suprime por error o porque no responde al desarrollo de la acción, ya que no hay indicación de que el personaje se haya sentado previamente. Además, la descripción escenográfica parece dar a entender que no hay más muebles en escena que los pintados en el telón de fondo.

[25] La exclamación está marcadamente subrayada en TA, aunque no encontramos razón para ello.

[26] «ya»: en TA, en tinta negra, «a» escrita sobre «o», que queda tachada.

[27] Ya explicamos al final del cuadro segundo la confusión entre los términos «telón» y «cortina», ocasionada por la contradicción entre texto y una específica puesta en escena. TA, TB, TC y L dan «Telón»; pero Ag, Ak, B, Bu, D, E, H, T, prefieren «Cortina».

[•] «E»: en el margen inferior izquierdo, indicación escénica: «echar telón». Término, este último, cruzado con lápiz, indicando que a él se refiere la «E».

CUADRO CUARTO[1]

Jardín de cipreses y naranjos[2]. *Al levantarse el telón aparecen* PERLIMPLÍN *y* MARCOLFA *en el jardín.*

MARCOLFA.—¿Es hora ya?

PERLIMPLÍN.—No. Todavía no es hora.

MARCOLFA.—¿Pero qué ha pensado mi señor?

PERLIMPLÍN.—Todo lo que no había pensado antes.

MARCOLFA.—*(Llorando.)* ¡Yo tengo la cupa!

PERLIMPLÍN.—¡Oh!... ¡Si vieras qué agradecimiento guarda mi corazón hacia ti!

MARCOLFA.—Antes todo estaba[3] liso. Yo le llevaba por las mañanas el café con leche y las uvas.

PERLIMPLÍN.—Sí.... ¡las uvas!, las uvas[4], pero ¿y yo?... Me parece que han transcurrido cien años. Antes no podía pensar en las cosas extraordinarias que tiene el mundo... Me quedaba en las puertas... En cambio ahora... El amor de Belisa me ha dado un tesoro precioso que yo ignoraba..... ¿Ves? Ahora cierro los ojos y.... veo lo

---

[1] Como ya hemos explicado, TA olvida consignar en el texto la división en «Cuatro Cuadros» que anuncia en la portada. TB, TC y todas las ediciones darán, pues, aquí: «Cuadro tercero».

[2] «naranjas»: error en TA. Textos y ediciones corrigen por «naranjos».

[3] «estaba liso»: TA, TC; Ag, B, Bu, E, T. «era liso»: TB; L, Ak, D, H.

[4] Añadido en manuscrito durante el ensayo: «¡las uvas!» con signos de exclamación y letra de Lorca; la repetición «las uvas» en letra de Pura Ucelay sin signos de exclamación. TB, TC y todas las ediciones incluyen esta adición pero con la más variada puntuación, desde «¡Las uvas! ¡¡Las uvas!!» de L1, hasta «¡Las uvas! ¿las uvas?» de L9, con predominio de «¡Las uvas! ¡Las uvas!» de Ag, B, Bu, D, E, T. Ak y H coinciden con nosotros. TC omite «pero».

que quiero... por ejemplo.... a mi madre cuando la visitaron las hadas[5] de los contornos..... ¡Oh!.... tú sabes cómo son las hadas?[6]... pequeñitas..... ¡es admirable! ¡pueden bailar sobre mi dedo meñique!

MARCOLFA.—Sí, sí, las hadas, las hadas....[7] pero ¿y lo otro?

PERLIMPLÍN.—¡Lo otro! ¡Ah! *(Con satisfacción.)* ¿Qué le dijiste a mi mujer?

MARCOLFA.—Aunque no sirvo para estas cosas, le dije lo que me indicó el señor... que ese joven.... vendría esta noche a las diez en punto al jardín, envuelto como siempre en su capa roja.

PERLIMPLÍN.—¿Y ella?....

MARCOLFA.—Ella se puso encendida como un geranio, se llevó las manos al corazón y quedó besando[8] apasionadamente sus hermosas trenzas de pelo.

PERLIMPLÍN.—*(Entusiasmado.)* De manera que se puso encendida como un geranio[9]..... y ¿qué te dijo?[10]

MARCOLFA.—Suspiró nada más. ¡Pero de qué manera!

PERLIMPLÍN.—¡Oh sí!.... ¡Como mujer alguna lo hizo! ¿verdad?

MARCOLFA.—Su amor debe rayar en la locura.

PERLIMPLÍN.—*(Vibrante.)* ¡Eso es! Yo necesito que ella ame a ese joven más que a su propio cuerpo y ¡No hay duda que lo ama!

---

[5] «las Hadas»: L, Ag, B, Bu, E, T, inexplicablemente reproducen el término con mayúscula tantas veces como aparece en el texto, aparentemente confundiendo las hadas, criaturas fantásticas, con un nombre propio o apellido.

[6] En TA comienza la frase con signo de exclamación y termina con interrogación. En realidad, podría ser una cosa u otra. Para TB, TC; Ag, Ak, B, H, T, es interrogación; para L, Bu, D, E, es afirmación.

[7] «las hadas, las hadas»: intercalado en manuscrito, lápiz, letra de Santiago Ontañón. Adición aceptada por todos.

[8] «y quedó besando»: TA, TB, TC. «y se quedó besando»: todas las ediciones.

[9] «como un geraneo [sic]»: intercalado en manuscrito, lápiz, letra de Pura Ucelay.

[10] «¿qué te dijo?»: TA, TB, TC. «¿qué dijo?: todas las ediciones.

MARCOLFA.—(*Llorando.*) ¡Me da miedo de .oírlo![11]... Pero, ¡cómo es posible! Don Perlimplín, ¿cómo es posible? ¡Que usted mismo fomente en su mujer el peor de los pecados!

PERLIMPLÍN.—¡Porque Don Perlimplín no tiene honor y quiere divertirse! ¡Ya ves! Esta noche vendrá el nuevo y desconocido amante de mi señora Belisa. ¿Qué he de hacer sino cantar?

(*Cantando.*)

> ¡Don Perlimplín no tiene honor!
> ¡No tiene honor!

MARCOLFA.—Sepa mi señor que desde este momento me considero[12] despedida de su servicio. Las criadas tenemos también vergüenza.

PERLIMPLÍN.—¡Oh, inocente Marcolfa!... Mañana estarás libre como el pájaro...[13] Aguarda hasta mañana.... Ahora vete y cumple con tu deber.... ¿Harás lo que te dije?

MARCOLFA.—(*Yéndose enjugando[14] sus lágrimas.*) ¿Qué remedio me queda? ¡Qué remedio!

PERLIMPLÍN.—¡Bien! ¡Así me gusta!

(*Empieza a sonar una dulce serenata[15]. DON PERLIMPLÍN se esconde detrás de unos rosales.*)[16]

---

[11] «Me da miedo de oírlo»: TA, TB, TC; H. «Me da miedo oírlo»: L, Ag, Ak, B, Bu, D, E, T.

[12] «me considere»: error en TA.

[13] «libre como el pájaro»: TA, TB, TC; Ak, H. «libre como un pájaro»: L, Ag, B, Bu, D, E, T.

[14] «enjugando sus lágrimas»: TA, TC; Ag, Ak, B, Bu, E, H, T. «secando sus lágrimas»: TB; L, D.

[15] Subrayadas las seis palabras que forman la frase en TA. Indicación escénica del comienzo de la canción.

[16] Reproducimos en este caso la versión de TB, que recoge la orquestación de voces tal como fue dirigida por Lorca para su estreno. En primer lugar, la canción era demasiado larga para que Don Perlimplín permaneciese escondido y quedase la escena vacía. El personaje, pues, regresaba a la escena, donde permanecía escuchando y recitando el estribillo al final de cada estrofa. Belisa (o una primera voz, en cualquier otro caso) cantaba de dos en dos los versos de cada estrofa y las Voces «contrapunteaban» cada

BELISA.—*(Dentro, cantando.)*
>Por las orillas del río
>se está la noche mojando.

VOCES.— Se está la noche mojando.

BELISA.— Y en los pechos de Belisa
>se mueren de amor los ramos.

VOCES.— Se mueren de amor los ramos.

PERLIMPLÍN [•] *(Recitando.)* ¡Se mueren de amor los ramos!

BELISA.— La noche canta desnuda
>sobre los puentes de marzo.

VOCES.— Sobre los puentes de marzo.

BELISA.— Belisa lava su cuerpo
>con agua salobre y nardos.

VOCES.— con agua salobre y nardos.

PERLIMPLÍN.—¡Se mueren[17] de amor los ramos!

BELISA.— La noche de anís y plata
>relumbra por los tejados.

VOCES.— Relumbra por los tejados.

---

segundo verso. Esta disposición venía sugerida por la música escogida por el poeta, que efectivamente pedía la repetición de cada segunda línea. En TA se reproduce el poema «Serenata» tal como aparece en *Obras Completas* (I, 354), sustituyendo, como es sabido, el nombre Lolita por Belisa. Perlimplín dice el estribillo y las Voces cantan la estrofa; pero tal arreglo no sería posible de acuerdo con la música, ya que ésta obliga a la duplicación del segundo y cuarto verso. Así lo indican las líneas 2, 4, 7, 9, 12, 14, marcadas en TA, en manuscrito, con un «2». El resultado es, por tanto, muy cercano a la versión de TB. La única diferencia, realmente, estriba en el juego de voces y la disposición tipográfica de la página, mucho más comprensible en TB, razón por la que la reproducimos aquí. Las ediciones que siguen a TA —Ag, B, Bu, E, T—, y que ignoran las marcas de lápiz que indican la duplicación, no podrán ajustar la música. Las ediciones L, Ak, H, D, que siguen la versión TB, presentan cierta confusión. Así L, Ak, H, omiten el penúltimo verso, y L, D, adjudican a las Voces el último estribillo, que debe recitar Perlimplín. D, además, suprime por autocensura los versos penúltimo y antepenúltimo.

[•] «Perlimplín», marcado en TA con doble raya, indica que el personaje, a pesar de la acotación, está presente en escena y recita el estribillo.

[17] En TA, «r» en tinta, manuscrita, sobre «v», corrige el error: «mueven» por «mueren».

BELISA [•].— Plata de arroyos y espejos
y anís de tus muslos blancos.
VOCES.— Y anís de tus[18] muslos blancos.
PERLIMPLÍN.—¡Se mueren de amor los ramos!

(Aparece BELISA por el jardín. Viene[19] espléndidamente vestida. La luna ilumina la escena.)

BELISA.—¿Qué voces llenan de dulce armonía el aire de una sola pieza de la noche? He sentido tu calor y tu peso, delicioso joven de mi alma....[20] ¡Oh!..... las ramas se mueven.... *(Aparece un hombre envuelto en una capa roja y cruza el jardín cautelosamente.)* Chist.... ¡Es aquí!, ¡aquí!.... *(El hombre indica con la mano que ahora vuelve.)* ¡Oh, sí.... vuelve, amor mío! Jazminero flotante y sin raíces, el cielo caerá sobre mi espalda sudorosa... ¡Noche!... noche mía de menta y lapislázuli.....

(Aparece PERLIMPLÍN) [• •]

PERLIMPLÍN.—*(Sorprendido.)* ¿Qué haces aquí?
BELISA.—Paseaba.
PERLIMPLÍN.—¿Y nada más?
BELISA.—En la clara noche.
PERLIMPLÍN.—*(Enérgico.)* ¿Qué hacías aquí?
BELISA.—*(Sorprendida.)* Pero ¿no lo sabías?

[•] En TA, en el margen izquierdo, escrito en lápiz, letra de S. Ontañón: «Belisa». Es la única referencia en TA a la participación del personaje en la canción.

[18] «sus muslos»: En TA, «s» manuscrita en lápiz, sobre «t», cambia «tus muslos» en «sus muslos». Ningún texto o edición acepta el cambio.

[19] «Viene»: TA, Ak, H. Omitido en TB, TC; L, Ag, B, Bu, D, E, T. En la misma acotación y en TA están subrayadas las últimas cinco palabras, como indicación escénica de cambio de luz.

[20] Doce palabras omitidas en D, por autocensura.

[• •] Faltan, o son confusas, las acotaciones que debían indicar el movimiento de los personajes desde el comienzo de la canción. Perlimplín, por ejemplo, debe desaparecer al final de ésta; durante el parlamento de Belisa; entrar y salir envuelto en la capa roja y reaparecer sin capa en el momento en que la protagonista termina de hablar. Las rayas de lápiz que cruzan «hombre» y «Perlimplín» en las dos últimas acotaciones tratan de explicar esto.

PERLIMPLÍN.—Yo no sé nada.

BELISA.—Tú me enviaste el recado.

PERLIMPLÍN.—*(Concupiscente.)* Belisa,.... ¿lo esperas aún?

BELISA.—¡Con más ardor que nunca!

PERLIMPLÍN.—*(Fuerte.)* ¿Por qué?

BELISA.—Porque lo quiero.

PERLIMPLÍN.—¡Pues vendrá!

BELISA.—El olor de su carne le pasa a través de su ropa[21]. Le quiero, Perlimplín, ¡le quiero! ¡Me parece que soy otra mujer!

PERLIMPLÍN.—Ese es mi triunfo.

BELISA.—¿Qué triunfo?

PERLIMPLÍN.—El triunfo de mi imaginación.

BELISA.—Es verdad que me ayudaste a quererlo.

PERLIMPLÍN.—Como ahora te ayudaré a llorarlo.

BELISA.—*(Extrañada.)* Perlimplín, ¿qué dices?....

(El reloj da las diez. Canta el ruiseñor.) [•]

PERLIMPLÍN.—¡Ya es la hora!

BELISA.—Debe llegar en estos instantes.

BELISA.—Envuelto en su capa roja.

PERLIMPLÍN.—*(Sacando un puñal.)* [• •] Roja como su sangre...[22].

BELISA.—*(Sujetándole.)* ¿Qué vas a hacer?

PERLIMPLÍN.—*(Abrazándola.)* Belisa, ¿le quieres?

BELISA.—*(Con fuerza.)* ¡Sí!

PERLIMPLÍN.—Pues en vista de que le amas tanto yo no quiero que te abandone. Y para que sea tuyo completamente se me ha ocurrido que lo lejor es clavarle este puñal en su corazón galante. ¿Te gusta?

BELISA.—¡Por Dios, Perlimplín!

---

[21] Doce palabras omitidas en D, por autocensura.

[•] En TA toda la acotación subrayada, «reloj» cruzado por una raya. Indicación escénica de sonido.

[• •] «Puñal» subrayado en TA. Indicación escénica.

[22] «Mas roja será su sangre»: línea tachada en TA. «Sí» en letra de Pura Ucelay escrito a la derecha. Añadida debajo en tinta negra, en manuscrito de García Lorca, la nueva línea: «Roja como su sangre». Esta última línea es la que aparece en todos los textos y ediciones.

PERLIMPLÍN.—Ya muerto, lo podrás acariciar siempre en tu cama tan lindo y peripuesto sin que tengas el temor de que deje de amarte. Él te querrá con el amor infinito de los difuntos y yo quedaré libre de esta oscura pesadilla de tu cuerpo grandioso. (*Abrazándola.*) Tu cuerpo.... que nunca podría descifrar....[23] (*Mirando al jardín.*) Míralo por dónde viene...[24] Pero[25] suelta, Belisa... ¡suelta! (*Sale corriendo.*)

BELISA.—(*Desesperada.*) Marcolfa, bájame la espada[26] del comedor que voy a atravesar la garganta de mi marido.

(*A voces.*)

> Don Perlimplín
> marido ruin[27]
> como le mates
> te[28] mato a ti.

(*Aparece entre las ramas un hombre envuelto en una amplia y lujosa[29] capa roja. Viene herido y vacilante.*)

---

[23] «¡¡¡que nunca podría descifrar!!!»: L, Ag, B, Bu, D, E, T, dan esta frase con triple signo de exclamación. Curioso error originado en una simple equivocación de máquina. Lo que encontramos al final de la frase en TA no son signos de exclamación, sino la pulsación de la tecla de la raya diagonal en lugar de los puntos suspensivos que se reescriben al lado. Literalmente es: ./././. La frase sin exclamación, en tono menor, es efectivamente más poética, y así aparece en TB, TC; Ak y H.

[24] Once palabras tachadas en TA. Con dificultad puede leerse: «¡Oh sea en hora buena! Qué bello y galán que es...». «Sí» y «Sí» escrito en cada extremo de la tachadura, letra de Pura Ucelay, la confirma. No aparecen en ningún texto o edición.

[25] «Pero»: en TA es la primera palabra después de la tachadura. Omitida por TB y TC, no pasa a ninguna edición.

[26] Francisco García Lorca (*op. cit.*, págs. 46, 47) habla de esta espada familiar que aparece también en *La zapatera prodigiosa*, donde el Niño se ofrece a traer «el espadón grande el abuelo».

[27] El segundo verso: «Don Perlimplín», repetición del primero, está tachado en TA. Al lado, escrito en tinta, letra de Pura Ucelay: «marido ruin». TB, TC, recogen ya la corrección que aparece en todas las ediciones.

[28] En TA «t» en tinta, escrita sobre «l», corrigiendo un obvio error.

[29] «en amplia capa roja»: TB; L y D.

BELISA.—¡Amor!.... ¿quién te ha herido en el pecho? *(El hombre se oculta la cara con la capa. Ésta debe ser inmensa y cubrirle hasta los pies. Abrazándolo[30].)* ¿Quién abrió tus venas para que llenes[31] de sangre mi jardín.... ¡Amor! Déjame ver tu rostro por un instante siquiera... ¡Ay!, ¿quién te dio muerte?.... ¿quién?

PERLIMPLÍN.—*(Descubriéndose.)* Tu marido acaba de matarme con este puñal de esmeraldas. *(Enseña el puñal clavado en el pecho.)*

BELISA.—*(Espantada.)*[32] ¡Perlimplín!

PERLIMPLÍN.—Él salió corriendo por el campo y no le[33] verás más nunca. Me mató porque sabía que te amaba como nadie. Mientras me hería.... gritó: ¡Belisa ya tiene un alma!.... Acércate.

(Está tendido en el banco.)

BELISA.—¿Pero qué es esto?.... ¡Y estás herido de verdad!

PERLIMPLÍN.—Perlimplín me mató..... ¡Ah, Don Perlimplín! Viejo verde, monigote[34] sin fuerzas[35], tú no podías gozar el cuerpo de Belisa... El cuerpo de Belisa era para músculos jóvenes y labios de ascuas[36]... Yo en cambio amaba tu cuerpo nada más.... ¡tu cuerpo!.... pero me ha matado.... con este ramo ardiente de piedras preciosas.

BELISA.—¿Qué has hecho?

PERLIMPLÍN.—*(Moribundo.)* ¿Entiendes?...... Yo soy mi alma y tú eres tu cuerpo.... Déjame en este último

---

[30] «Abrazándolo»: TA, TC. «Abrazándole»: TB y todas las ediciones. Hay veintiséis palabras omitidas en TB (desde «vacilante» hasta «abrazándolo»). Error este último que pasa a L y D.

[31] «llenes de sangre»: TA, TC. «llenases de sangre»: TB y todas las ediciones.

[32] «espantada»: TA, TB, TC; Ag, Ak, B, Bu, E, H, T. «asustada»: L, D.

[33] «no le verás»: TA, TC; L, Ak, D, H. «no lo verás»: TB; Ag, B, Bu, E, T.

[34] «monigote»: añadido entre líneas, en manuscrito, tinta negra, letra de Pura Ucelay. Aceptado por textos y ediciones.

[35] «sin fuerzas»: TA, TB, TC. «sin fuerza»: todas las ediciones.

[36] Doce palabras omitidas en D, por autocensura.

instante, puesto que tanto me has querido, morir abrazado a él.

BELISA.—*(Se acerca medio desnuda y lo abraza*[37]*.)* Sí.... ¿pero y el joven?.... ¿Por qué me has engañado?

PERLIMPLÍN.—¿El joven?....[38] *(Cierra los ojos.)*

(La escena adquiere luz mágica.)[39]

MARCOLFA.—*(Entrando.)* ¡Señora!

BELISA.—*(Llorando.)* ¡Don Perlimplín ha muerto!

MARCOLFA.—¡Lo sabía![40] Ahora le amortajaremos con el rojo traje juvenil con que paseaba bajo sus mismos balcones.

BELISA.—*(Llorando.)* ¡Nunca creí que fuese tan complicado!

MARCOLFA.—Se dio cuenta demasiado tarde. Yo le haré una corona de flores como un sol de mediodía.

BELISA.—*(Extrañada y en otro mundo.)*[41] Perlimplín, ¿qué cosa has hecho, Perlimplín?

[•]

MARCOLFA.—Belisa, ya eres otra mujer... Estás vestida por la sangre gloriosísima[42] de mi señor.

BELISA.—¿Pero quién era este hombre? ¿Quién era?

MARCOLFA.—El hermoso adolescente al que nunca verás el rostro.

---

[37] «lo abraza»: AT y todas las ediciones. «le abraza»: TB, TC. «medio desnuda»: omitido en D.

[38] TC, L y D: «¡El joven!». Las demás ediciones mantienen la interrogación siguiendo a TA, TB.

[39] «luz mágica»: subrayado en TA para marcar cambio de luz. TB, Ag, Ak, B, Bu, D, E, H, T, siguen la acotación de TA. La excepción es L1 a L9, que da: «La escena queda con luz lógica».

[40] Corte de cinco palabras en TA: «Ha muerto de amor tardío». Tachadas en tinta negra. Al margen derecho, en lápiz, «Sí», letra de Pura Ucelay verificando el corte. Aceptado por TB, TC y todas las ediciones.

[41] «y como en otro mundo»: en TB. Todas las ediciones lo siguen.

[•] Al margen derecho: «P. Telón», notación escénica (Preparar telón), en lápiz, letra de S. Ontañón.

[42] «la sangre gloriosísima»: TA, TB, TC; Ak, D, H. «la sangre gloriosísimamente»: L1, L2, corregido en L3 por «gloriosísima». «la sangre gloriosa»: Ag, B, Bu, E, T.

BELISA.—Sí, sí, Marcolfa, le quiero, le quiero[43] con toda la[44] fuerza de mi carne y de mi alma. Pero ¿dónde está el joven de la capa roja?......... Díos mío. ¿Dónde está?

MARCOLFA.—Don Perlimplín, duerme tranquilo... ¡La estás oyendo?.... Don Perlimplín.... ¡la estás oyendo?..........[45].

(Suenan campanas.) [• •]

TELÓN

[• • •]

[43] «le quiero, le quiero»: TA, TB, TC; Ag, B, Bu, E, T. «lo quiero, lo quiero»: L, Ak, D, H.

[44] «la»: añadido en tinta negra, letra de García Lorca.

[45] Hemos respetado en todo caso el número de puntos suspensivos que presenta TA. TB y TC los copian a su aire, caprichosamente. Las ediciones los reducen a los tres acostumbrados.

[• •] Acotación subrayada en TA. Es notación escénica.

[• • •] Centrado hacia la derecha: «E Telón» (Echar telón), en lápiz, letra de Santiago Ontañón. Textos y ediciones coinciden finalmente en la palabra telón.

CANCIONES Y FONDOS MUSICALES
de
AMOR DE DON PERLIMPLÍN CON BELISA EN SU JARDÍN

Sabido es que Lorca solía acompañar sus obras dramáticas por una serie de intervenciones musicales determinadas, ya fuesen canciones interpretadas por los mismos actores o fondos melódicos al servicio de la acción.

No olvidemos que el poeta había dedicado buena parte de su corta vida a la música. Su conocimiento de los cancioneros era sorprendente, y a su melodías recurría en muchas ocasiones, aunque otras veces eran creación propia. Pero las armonizaciones, en cualquier caso, eran siempre suyas, y sobre su excelencia ya recogimos en lugar oportuno la opinión de Manuel de Falla. Añadamos aquí el juicio de Federico de Onís sobre el particular: «Dentro de su sencillez [sus armonizaciones] eran de gran efecto, porque acertaban a descubrir la armonía y ritmo implícitos en la canción... Su interpretación tenía un valor único y supremo porque poseía un mínimum de técnica musical y un máximum de genialidad artística y de comprensión de la música popular que interpretaba.»[1] Lorca enseñaba sus canciones de viva voz acompañándose al piano, mas sus armonizaciones no han llegado a nosotros: nunca llegó a escribirlas[2].

Las páginas que damos aquí están tomadas de la edición de Gustavo Pittaluga *Canciones del teatro de García*

---

[1] *Op. cit.*, pág. 768.
[2] Sin embargo, algunas quedaron registradas en 1931 en los cinco discos de La Voz de su Amo de canciones populares interpretadas por La Argentinita con el acompañamiento al piano del propio Lorca. Sonifolk ha reconstruido y reeditado la serie recientemente.

Lorca[3]. El músico, se encargó de recoger canciones y acompañamientos que retenían en la memoria las hermanas del poeta —Concha e Isabel— y Santiago Ontañón. Gracias a Gustavo Pittaluga podemos conocer hoy las melodías utilizadas por Lorca en aquellas obras dramáticas que alcanzó a ver representadas.

---

[3] Madrid, Unión Musical Española, sin fecha (1961?).

AMOR DE DON PERLIMPLIN CON BELISA EN SU JARDIN

PROLOGO

Casa de Don Perlimplin. Paredes verdes, con las sillas y los muebles pintados de negro. Al fondo, un balcón por el que se verá el balcón de BELISA. Sonata.

I SONATA

PERLIMPLIN.—¿Y qué?
MARCOLFA.—Me he puesto colorada. (Pausa. Se oye un piano).
UNA VOZ. (Dentro cantando).

II ENTRE MIS MUSLOS CERRADOS, NADA COMO UN PEZ EL SOL.

19495

294

no-che a - mor a - mor a - mor, Que no se va - ya, no.

NOTA: Esta canción se repite al final DEL PROLOGO.

CUADRO PRIMERO

BELISA.— La criada perfumó esta habitación con tomillo y no con menta, como yo la indiqué... (*Va hacia el lecho*). Ni puso en la cama las finas ropas de hilo que tiene MARCOLFA... (*En este momento suena una música suave de guitarras...*)

III

GUITARRAS   (♩ = 96)

PERLIMPLIN —¡Te adoro!
(*Se oyen más fuertes los cinco silbidos y destapa la cama. Dos DUENDES, saliendo por los lados opuestos del escenario, corren una cortina de tonos grises. Queda el teatro en penumbra con dulce tono de sueño, suenan flautas...*)

IV   (♩ = 92)

FLAUTAS

DUENDE 2º: ¡Chist!...
(*Empiezan a sonar las flautas*)

19495

295

PERLIMPLIN.—.Porque don Perlimplín no tiene honor y quiere divertirse... ¿Qué he de hacer sino cantar? (Cantando).

V DON PERLIMPLIN NO TIENE HONOR.

Nota. Textualmente, don Perlimplín canta solo. La respuesta del soprano se le atribuye, aquí a MARCOLFA.

PERLIMPLIN.— ¡Bien! ¡Así me gusta!
(Empieza a sonar una dulce serenata. D. Perlimplín se esconde detrás de unos rosales).

VI POR LAS ORILLAS DEL RIO SE ESTA LA NOCHE MOJANDO.

19405

Colección Letras Hispánicas